Mirabell
Hohensalzburg
Hellbrunn
Klesheim
Leopoldskron
Anif
Maria Stein
Kufstein
Hohenwerfen
Mauterndorf
Moosham
Petersberg
Taufers
Bruck
Heinfels
Salamanca
Hochosterwitz
Landskron
Salzburg
Klagenfurt
Villach
Udine
Belluno
Rosenheim
Bad Ischl
Zell a. See
Osttirol
Friuli

Die schönsten Burgen und Schlösser in den Alpen

Dieter Maier

Die schönsten Burgen und Schlösser in den Alpen

Zwischen Graubünden und Kärnten

Verlag Friedrich Pustet Regensburg

CIP-Titelaufnahme der Deutschen Bibliothek

Maier, Dieter:
Die schönsten Burgen und Schlösser in den Alpen : zwischen
Graubünden u. Kärnten / Dieter Maier. – Regensburg :
Pustet, 1989
ISBN 3–7917–1184–9

ISBN 3–7917–1184–9

Umschlagmotiv: Burg Hocheppan gegen Bozen (s. S. 104ff.)
Umschlaggestaltung: Peter Loeffler, Regensburg
Farbreproduktion: OSIRIS, München
Gesamtherstellung: Friedrich Pustet, Regensburg
Printed in Germany 1989

Inhalt

Burgen in den Bergen

Von der Burg zum Schloß

Wenn die Waldleute in Adalbert Stifters Witiko feststellen: »Witiko ist der Herr des ganzen Waldes geworden«, daraus folgern »weil er der Herr des Waldes ist, so wird er sich eine Burg in dem Walde bauen« und den Entschluß fassen, »wir haben davon geredet und sind gekommen, dich zu bitten, hoher Herr, daß du die Burg bei uns bauest«, dann ist damit die Hauptfunktion einer Burg recht eindringlich umrissen. Herrschaft nämlich sollte sie setzen und gleichzeitig Schutz gewähren. Weil das Zusammenleben von Herr und Untertanen in patriarchalischem Vertrauen basierte, verstanden sich die Untertanen als zur Burg gehörender Teil, die mitzugestalten eine Ehre war.
In der Idealvorstellung gehörte es denn auch zum Aufgabenkatalog des edlen Ritters als Lehens- und Herrschaftsträger, den von ihm abhängigen Grundholden Schutz vor Feinden zu garantieren, kirchliche Rechte zu schützen und als Gerichtsherr Streitigkeiten in seinem Lehen zu schlichten. Im Gegenzug hatten die Grundholden aus der Bebauung der ihnen verliehenen Höfe genau festgelegte Abgaben in Naturalien oder Geld zu leisten. Der Ritter seinerseits hatte dafür seine Burg als ausreichende Zufluchtsstätte auszubauen, Angriffs- und Verteidigungswaffen bereitzuhalten und ausreichende Vorratslager anzulegen.
Zu schützen und zu bergen war also ursprünglich die Aufgabe der Burg, die als Wehrbau ab der Regierungszeit Karls des Großen entstand. Was dabei die eigentliche Absicht war, verrät der Name selbst. Er nämlich stammt aus dem Griechischen, wo purgos befestigter Turm hieß. Bei den Römern wurden daraus die burgi, die Wachttürme in den Grenzanlagen des Limes.
Bereits Heinrich I. (919–936) machte seinen Rittern den Burgenbau zur Pflicht, damit die schutzlosen Landleute in Zeiten der Not eine Zuflucht erhielten. Allerdings war diese Pflicht zunächst begrenzt auf die Herrschergeschlechter, aus denen die königlichen Beamten als Gaugrafen kamen, und auf die Herren, die vom König direkt eine Burg als Lehen erhalten hatten. Diese Reichslehen mußten darüber hinaus dem König zu Kriegszeiten offenstehen und Unterstützung gewähren.
Erst in dem Maße wie die königliche Gewalt an die weltlichen und geistlichen Fürsten überging und sich damit ein neuer Stand herausbildete, verbreiterte sich die Basis für den Burgenbau. Immer kleinere Herren nahmen sich und erhielten schließlich die Erlaubnis und unter Kaiser Friedrich II. (1215–1250) sogar offiziell das Privileg zum Burgenbau. Mitte des 13. Jahrhunderts baute seine Burg, wer immer die Mittel dazu aufbringen konnte.
Die Ausweitung des Burgenbaus war eine unmittelbare Auswirkung der Veränderungen im Lehenswesen. Zur Sicherung ihrer Herrschaft begannen die Lehensherren nämlich, in Teilen ihrer Gebiete vertrauenswürdige Untertanen als Ministerialen einzusetzen. Zur Durchsetzung der ihnen verliehenen Machtbefugnisse wurden ihnen kleinere Burgen errichtet, die sowohl zum Schutz der Hauptburg als auch zum Eintreiben von Abgaben, Zinsen und Zöllen dienten. Daß mit dieser Entwicklung dem Mißbrauch Tür und Tor geöffnet wurde, liegt auf der Hand. Bis zur Ausbildung regelrechter Raubnester war es nur noch ein kleiner Schritt.
Das Ende der eigentlichen Blütezeit des Burgenbaus kündigte sich mit dem um 1270 abgefaßten »Schwabenspiegel« an. In diesem Reichsrechtbuch wurde festgeschrieben, daß ohne des Landesherrn Erlaubnis keine neuen Burgen errichtet, keine Dörfer befestigt noch

Befestigungen auf Bergen angelegt werden dürften. Vor allem war es von nun an verboten, eine nach gesetzlichem Urteil gebrochene Burg ohne Erlaubnis wieder aufzubauen. Im 14. und 15. Jahrhundert schließlich sorgten die Ablösung der Naturalwirtschaft durch die Geldwirtschaft und die Verfeinerung der Feuerwaffen dafür, daß nur die mächtigsten Herren ihre Burgen erhalten konnten und neue kaum noch gebaut wurden.

Ein einheitliches Bauschema für eine Burg gab es nie. Unterschiedliche Zweckbestimmung, Schwierigkeiten am Bauplatz und nicht zuletzt die finanziellen Möglichkeiten des Bauherrn sorgten für unterschiedlichste Formen. Vor allem in der Frühzeit galt jedoch für alle Burgen, daß sie soweit wie möglich aus Holz errichtet wurden. Selbst als die unteren Teile der Burg bereits aus Stein gemauert wurden, bestanden die oberen Geschosse und die einem möglichen Feind abgekehrten Bauteile immer noch aus Holz. Erst die in den Kreuzzügen gemachten Erfahrungen sorgten für eine Verfeinerung der Bautechnik, indem der Steinbau der Orientalen nachgeahmt wurde.

Kern jeder Burg war ihr Bergfried. Mit seinen mächtigen, nicht selten über 3 m starken Mauern, galt er als die letzte Zuflucht und gleichzeitig als Statussymbol. Von seinen Zinnen aus hatte man den weitesten Rundblick, um Freund und Feind möglichst frühzeitig zu erkennen. Seinen in der Regel nur über einziehbare Leitern erreichbaren Eingang hatte er in bis zu 10 m Höhe. Genutzt wurde der Turm meist in seinem unteren Teil als Gefängnis oder Verlies, in seinem oberen als Aufenthalt für den Wächter.

Das Wohnhaus des Burgherrn, der Palas, barg im Erdgeschoß in der Regel den Pferdestall, das Reitzeug und Kammern für die Knechte. Der eigentliche Wohnraum war ein großer Raum im ersten Stock, erreichbar über eine Freitreppe. Gab es ein weiteres Stockwerk, enthielt es Schlaf- und Vorratsräume. Küche, Backhaus, Badhaus und Waschhaus wurden meist als kleine Separatbauten errichtet.

Für Knechte, Mägde, Handwerker und andere dienstbare Geister aber war in der eigentlichen Kernburg in der Regel kein Platz. Sie wohnten mit ihren Familien vor dem Burggraben, aber innerhalb eines ebenfalls befestigten Raumes, der sogenannten Vorburg. Nicht selten entwickelten sich diese Vorburgen zu kompletten Siedlungen.

Sehr angenehm war das Leben auf den Burgen zu keiner Zeit. Winzige, nur mit Holzläden verschließbare »Fenster« in den dicken Mauern ließen wenig Licht und dafür um so mehr Kälte herein. Die Ausstattung war spartanisch und beschränkte sich auf das allernotwendigste Inventar. Schmuck und Zierat oder gar Freskenausmalung war auf die Burgen der Landesherren beschränkt. Ein mehr oder minder kunstvoller Kachelofen war selbst gegen Ende der Burgenherrlichkeit meist schon der Gipfel des Luxus.

Mit dem Wandel der politischen und militärischen Voraussetzungen am Ende des Mittelalters kam auch das Ende der großen Zeit der Burgen. Mit der Landfriedensbewegung und dem generellen Verbot der Fehde (1495) entfiel die Gewaltanwendung als legales Rechtsmittel, das obrigkeitliche Gerichts- und Vergleichsverfahren ersetzte das Faustrecht und machte die Verbarrikadierungsmöglichkeit in der eigenen Wehrburg überflüssig. Nach und nach wurden nun geräumige Bauten mit repräsentativer Ausstattung die neuen Statussymbole. Wie stark diese Verschiebungen waren, ist nirgends so gut zu sehen wie am Ausbau der alten Burg Ambras südlich von Innsbruck zum herrschaftlichen Renaissanceschloß.

Vollends zum Spiel um den politischen Stellenwert des Auftraggebers geriet der Schloßbau im Barock. Der Bau wurde nun adäquater Ausdruck des absoluten Herrschaftsanspruches des jeweiligen Fürsten, der sich seinerseits als Mittelpunkt seines ureigenen Universums fühlte. Wohl bestes Beispiel für diese Entwicklung von der alles beherrschenden Burg bis zum alles dominierenden Schloß ist im mittleren Bereich der Alpen in Salzburg zu finden.

Generell gilt, daß die Entwicklung von der Burg zum Schloß im deutschsprachigen Teil der Alpen kaum anders verlief als im übrigen Reich. Schwierigkeiten im Gelände, im Klima und in der Bevölkerungsstruktur sorgten allerdings dafür, daß so manche Entwicklung etwas

verzögert erfolgte. Unterschiedliche politische Hintergründe sorgten darüber hinaus hie und da für Sonderentwicklungen.
Wie nirgendwo sonst im Reich sorgten die geographischen Verhältnisse im deutschsprachigen Teil der Alpen dafür, daß sich drei große, in sich homogene Bereiche um die seit den Zeiten der Römer wichtigsten Alpenübergänge bildeten: im Westen um den Paß der Räter mit Zentrum Chur, in der Mitte um die alte Via Claudia mit Zentren in Bozen/Meran und Innsbruck sowie im Osten um den Tauernübergang mit Zentrum in Salzburg – drei Bereiche, auf die sich wegen ihrer Homogenität dieses Buch beschränkt.

Chur-Rätien

Wichtigster Alpenübergang war zu allen Zeiten die Nord-Süd-Verbindung vom Rhein nach Oberitalien über die Bündner Alpen. Die Römer machten daraus eine ihrer wichtigsten Nachschublinien und nannten sie »Paß der Räter«. Mit der Unterwerfung der Vennonetes im oberen Rheintal sicherte Silius Nerva bereits im Jahre 16 v. Chr. für Kaiser Augustus den direkten Zugang nach Norden. Noch im selben Jahr entstand eine direkte Straße von Como über den Septimer oder Julier nach Chur als Verbindung zwischen den Legionen in Oberitalien und denen im Rheintal. Schon im Jahr darauf zeigte sich der Zweck der Wegsicherung nur zu offensichtlich: unter dem Oberbefehl der beiden Stiefsöhne von Augustus, Drusus und Tiberius, stießen zwei Heere nach Norden vor. Tiberius nutzte dabei die Straße der Räter, sein Bruder Drusus die Brennerlücke. Im Voralpenland trafen sie sich und sicherten so die römische Herrschaft über die Zentralalpen und das nördliche Vorland bis hinaus zur Donau.
Dank seiner strategisch so wichtigen Lage behielt der Paß der Räter auch später seine Bedeutung. So erhielt der Bischof von Chur im Jahr 962 nicht von ungefähr von Otto dem Großen sämtliche Rechte und Pflichten am Septimer. Da er gleichzeitig Landesherr im Bergell und in Chiavenna wurde, konnte er neben Septimer und Julier auch noch die Route über den Splügen kontrollieren. Über mehrere Jahrhunderte wuchs in der Folge der Reichtum und der Einfluß des Bistums Chur mit der Bedeutung des Passes durch Rätien. Der bischöfliche Einfluß reichte sogar so weit, daß 1359 ein kaiserliches Schutzedikt erlassen wurde, in dem Kaiser Karl IV. allen Reichsstädten befahl, ausschließlich die churbischöfliche Straße zu benutzen. Damit verbunden war ein Verbot an alle weltlichen Herren im Bistum Chur, selber Straßen zu bauen und Zölle zu erheben.
Daß der Churer Bischof nicht nur Zollburgen bauen und Zölle einzutreiben verstand, bewies Bischof Johann von Singen 1387, als er Jakob von Castelmur den Auftrag gab, von Tinzen bis Plurs »ainen weg ze machen und buwen, also dass man mit wegen wol und sicher darüber gewaren und gewandeln mag und soll och ain wagen hin inwert über den perg und uff der strass sechs und drissig Rub swer wol getragen und heruss wert die grossen vardel och wol damit gevertiget werdent«. Nur drei Jahre später war die Straße über den Septimer in einer Breite von 2,70 m fertiggestellt.
Seinen Einfluß konnte der Bischof von Chur natürlich nur mit der Hilfe weltlicher Herren wahren und ausbauen. Am Oberrhein waren das um die Jahrtausendwende die Herren auf Burg Werdenberg, einem alten, von ihnen zur Burg ausgebauten römischen Wachtturm an der Straße nach Buchs. Um 1200 waren diese Herren zwar ausgestorben, doch füllten die Grafen von Bregenz die Lücke schnell und gut mit großem Einfluß. Ihr Graf Haug verlegte als Hugo I. und Herr von Feldkirch, Werdenberg, Sargans, Bregenz und dem gesamten Rheintal seinen Stammsitz nach Werdenberg und wurde damit zum Stammvater der Familien Montfort und Werdenberg. Von seinen drei Söhnen wurde Heinrich I. von Montfort Bischof von Chur. Er vollendete den damals begonnenen Dombau, kaufte die

Burg Aspermont und baute das Schloß Fürstenau im Domleschg. Sein Bruder Rudolf erhielt das Land links des Rheins (Werdenberg) und Bruder Hugo II. die rechtsrheinische Seite (Montfort).
Weil man es auf Werdenberg mit den Habsburgern hielt, die Montforter mit den Habsburgern dagegen in Fehde lagen, war in der Folge für genügend Abwechslung gesorgt. Als 1288 der damalige Bischof von Chur, ein Graf Montfort, in werdenbergisches Gebiet einfiel, überrumpelte ihn Hugo, der Einäugige, von Werdenberg bei Balzers und führte ihn als Gefangenen auf Schloß Werdenberg. Als der Bischof nach einjähriger Gefangenschaft über die Mauern von Werdenberg zu flüchten versuchte, riß das Seil und der Bischof stürzte zu Tode. Daß solches Ringen um die Vorherrschaft kein Einzelfall war, zeigt ein anderes Beispiel aus dem folgenden Jahrhundert, als 1392 wieder ein Graf von Werdenberg den Bischof von Chur, diesmal ein Graf aus dem Hause Werdenberg-Sargans, auf der Heimreise von Konstanz abfing und zwei Jahre lang auf der Festung Heiligenberg oberhalb von Meersburg gefangenhielt.
Eines der Hauptprobleme des Bischofs von Chur waren ohnehin die langwierigen blutigen Fehden, die die rätischen Feudalherren untereinander austrugen. Dabei waren es immer wieder die Werdenberger, die dabei die Nase nach vorne bekamen. So erreichten es die Herren von Werdenberg-Sargans schließlich, daß sie vom Bischof von Chur mit der Grafschaft Schams samt dem Rheinwald und der Bärenburg, der Vogtei über das Safiental, dem Schanfigg und der Burg Ortenstein im Domleschg belehnt wurden. Am einträglichsten aber war es wohl, daß sie auch die Vogtei über das Kloster Pfäfers an sich bringen konnten.
Zur eigentlichen Vorherrschaft aber reichte es den Werdenbergern nie. Dafür sorgten schon die Grafen von Montfort, die immer wieder den Bischof von Chur stellten. Sie konnten sich auf die einträglichen Grafschaften Bregenz und Feldkirch stützen, waren aber dennoch vor Rückschlägen auch nicht gefeit. Als Beispiel gelte hier Rudolf von Montfort, der seine Karriere als Dompropst zu Chur begann, Bischof von Konstanz wurde und von dort aus Chur mitverwaltete und 1322 versuchte, den unbotmäßigen Donat von Vaz in seine Schranken zu weisen. Die Züchtigung mißlang, der Vazer siegte, brandschatzte das bischöfliche Gebiet und ließ gut 200 Gefangene auf seiner Burg Vaz verhungern. Endgültig bergab ging es mit dem streitbaren Bischof, als er vom Papst abgesetzt und mit Acht und Bann versehen wurde.
Als dritte Kraft neben Bischof und Landadel etablierte sich in Graubünden schon früh ein demokratisches Element in den Markgenossenschaften, in den Gemeinden der Freien und in den freien Walsergemeinden. Auch wenn diese Kraft keine Burgen als sichtbare Zeichen der Macht errichtete, gewann sie doch nach und nach die eigentliche politische Macht im Rahmen der Gerichtsgemeinden. Sie schlossen sich zur Sicherung des Landfriedens zu Bünden zusammen (1367 der Gotteshausbund, 1395 der Graue Bund und 1436 der Zehngerichtebund) und vereinigten sich 1471 zum Freistaat der »Dryen Pündt«. Gemeinsam gelang es ihnen so, sich 1499 im Schwabenkrieg gegen Kaiser Maximilian zu behaupten und 1512 zur Sicherung der Wege nach Italien das Veltlin zu erobern.
Die Zeit des Burgenbaus war damit in Graubünden endgültig vorbei. Als Beispiel dafür mag die bischöfliche Burg in Chur dienen. Ab etwa 1500 wurde aus der Schutz- und Trutzburg neben der Kathedrale nach und nach ein kleines Schloß. Aus einer engen Wendeltreppe wurde nun ein Treppenhaus mit zwei geraden, zur Ausschmückung einladenden Treppenläufen, aus Abwehrmauern wurden Schaufassaden. Reichgewordene Familien wetteiferten mit um die schönsten »Paläste« wie etwa die Salis-Paläste in Soglio oder die Planta-Häuser im Engadin.

Tirol

Das gesamte Gebiet östlich von Chur-Rätien zerfiel in der Zeit des Burgenbaus in einen Fleckerlteppich von Machtansprüchen, in dem sich Gerichts-, Leib- und grundherrliche Rechte vielfältig durchkreuzten. Tonangebend waren die Bischöfe von Freising, Salzburg, Brixen und Trient. Zusätzlich kompliziert wurde die Lage dadurch, daß die geistlichen Herren ihre Grafschaften und Vogteien über ihre Hochstifte an weltliche Herren zu Lehen gaben. Das Land im Gebirge, wie das Gebiet östlich des Reschen genannt wurde, bestand daher bald nur noch aus kleinen und kleinsten Herrschaftsgebieten.

Die zwangsläufige Folge liegt auf der Hand: die Kirchenfürsten, die die Ostalpen nahezu völlig beherrscht hatten, wurden nach und nach von ihren eigenen Vögten und Lehensträgern enteignet und gerieten nicht selten sogar ganz in deren Gewalt. Lediglich Salzburg machte hier die rühmliche Ausnahme.

Natürlich war das politische Erbe der Bischöfe stets heftig umstritten. Im heutigen Südtirol etwa hatten die Grafen von Eppan bei diesem Ringen zunächst »die Nase vorn«. Durch geschicktes Taktieren gelang es ihnen, nicht nur die Grafschaft Bozen, sondern auch die Vogteien über das Kloster Innichen und das Hochstift Brixen unter ihre Herrschaft zu bringen und von ihrer Wehr- und Trutzburg Hocheppan aus zu regieren. Diese entstand von 1125–1130 als Ausdruck des Machtanspruches im Land im Gebirge.

Ihre ungewöhnlich stark befestigte Burg scheint sie übermütig gemacht zu haben. 1159 jedenfalls provozierten die Eppaner Grafen Heinrich und Friedrich durch einen Überfall auf Bischof Adelpret von Trient und eine päpstliche Gesandtschaft eine Strafaktion von Heinrich dem Löwen. Bei ihrer Kapitulation mußten die übermütigen Grafen erneut den Bischof von Trient als Landesherrn anerkennen und ihre stolze Burg ihrem Erzfeind, den Vinschgauer Grafen, übergeben, die damit zu den unangefochtenen Herren von Tirol aufzusteigen begannen. Seit 1141 hatten sie ihren Stammsitz oberhalb von Meran als Burg Tirol bezeichnet und sich danach benannt. 1159 nun errang Berthold I. von Tirol die Schutzherrschaft über Trient und 1210 löste Albert II. von Tirol die seit 1165 in Brixen regierenden Grafen von Andechs ab.

Als schließlich 1248 der Hauptzweig der gedemütigten Eppaner erlosch, war der Weg frei zu einem neuen großen Herrschaftsgebiet. Bereits Meinrad II. regierte bis ins Außerfern, war Herzog von Kärnten und vom bayerischen Herzogtum völlig unabhängig. Als Schwiegervater von Herzog Albrecht von Österreich war er zudem den Habsburgern verschwägert. Für Tirol waren damit die Weichen endgültig gestellt.

Zunächst brachen friedliche Zeiten an. Handel und Bergbau blühten und schufen in den Talsiedlungen ein reiches Bürgertum und damit zahlungskräftige Auftraggeber für eine überreiche Kunstproduktion. Erst 1335 begannen wieder unsichere Zeiten unter Margarethe Maultasch und ihren zwei Ehemännern. Als schließlich Margarethe 1363 die ganze Herrschaft Tirol an das Haus Habsburg übergab und das Land damit zum Aufmarschgebiet gegen die Eidgenossen freigab, war es mit der Ruhe gänzlich vorbei.

Noch schlimmer wurde es, als Friedrich IV. aus dem Hause Habsburg 1406 Herzog von Tirol wurde und Bürger und Bauern zu fördern begann. Als Antwort versuchte der Landadel über den »Falken- und Elephantenbund« den verhaßten Landesfürsten mit Gewalt zu stürzen. Erst nach langwierigen Kämpfen gelang es dem Herzog »mit der leeren Tasche« den Adelsaufstand niederzuschlagen.

Sein Sohn Sigmund, wegen seiner Verschwendungssucht bald der »Münzreiche« genannt, sorgte mit seinen Kriegen mit Venedig und dem Brixener Bischof Nikolaus Cusanus nicht minder für »Abwechslung«. Bis 1487 trieb er es immerhin so weit, daß der Landtag von Meran ihn wegen seiner Mißwirtschaft unter Kuratel stellte und ihm die Ausübung der Regierungsgeschäfte verbot.

Selbst der »letzte Ritter«, der spätere Kaiser Maximilian, brachte mit seiner Regierungsübernahme 1496 Tirol keineswegs nur Vorteile. Vielmehr sorgte er mit den Engadiner Kriegen und der verlorenen Schlacht an der Calva für die größte Katastrophe im Land. Der Widerstand des Volkes mündete im Bauernaufstand von 1525, im blühenden Land an Etsch und Eisack brach das Chaos aus, das Ende des Mittelalters war auch hier beinahe über Nacht Wirklichkeit geworden.
Unter der Herrschaft der Eppaner und Tiroler Grafen waren im Land im Gebirge als Spiegelbild der zerrissenen Machtverhältnisse unzählige größere und kleinere Burgen entstanden. Sie alle verloren im frühen 16. Jahrhundert weitgehend ihre Funktion und damit häufig genug die zu ihrer Erhaltung notwendigen Einnahmen. Nur die höchsten Herren konnten sich nun größere Bauten leisten. Die Bischöfe von Trient und Brixen bauten ihre Residenzen aus, Maximilian I. schenkte seiner Hauptresidenz im Jahre 1500 jenen Prunkerker, der heute das weltbekannte Wahrzeichen Innsbrucks ist: das »Goldene Dachl«.
Dadurch, daß Innsbruck bis 1665 selbständige Fürstenresidenz blieb, verlagerte sich die Bautätigkeit ohnehin zunehmend an die Stadt am grünen Inn. Erzherzog Ferdinand II. von Tirol, der Gemahl von Philippine Welser, begann mit der Umwandlung der alten Burg Ambras zu einem repräsentativen Renaissanceschloß, und Erzherzog Ferdinand Carl brachte in die Dogana der Innsbrucker Residenz die erste Opernbühne auf deutschem Boden. Kaiserin Maria Theresia schließlich ließ noch einmal die Handwerker antreten und aus der alten Hofburg eine wenn auch kleine, so doch zumindest zeitgemäße Residenz gestalten.

Salzburg

Von Salzburg aus ging es weniger um die Sicherung des Alpenübergangs über die Tauern. Die Salzburger Erzbischöfe als Landesherren hatten vielmehr alle Hände voll damit zu tun, sich und ihr Einflußgebiet zu sichern und zu befestigen. Vor dem Hintergrund des in Salzburg besonders tobenden Investiturstreites ließen sie ab 1077 die Burgen Hohensalzburg und Hohenwerfen sowie die Burg auf dem Petersberg in Friesach ausbauen. Zur Sicherung ihres einträglichsten »Nebengeschäftes« entstanden zum Schutz der Salztransporte Burgen an der Salzach wie etwa Laufen oder Tittmoning. Weil anders als in Chur die Salzburger Bischöfe ihres Gebietes nie sicher sein konnten, wurden darüber hinaus noch zahlreiche Grenzburgen wie etwa Kropfsberg am Eingang des Zillertales, das damals noch zu Salzburg gehörte, errichtet.
Gefährlich wurde es für den Salzburger Erzbischof im 12. Jahrhundert, als der Salzburger Adel im Kampf zwischen Kaiser und Papst die Partei Kaiser Barbarossas ergriff, gegen den Bischof zu Felde zog und eigene Burgen errichtete. Die Grafen von Plain etwa plünderten 1169 Salzburg selbst und steckten die Stadt in Brand. In den großen Alpentälern herrschten darüber hinaus weitgehend noch die Herzöge von Bayern. Im Pinzgau etwa saßen als Inhaber bayerischer Afterlehen die Grafengeschlechter derer von Falkenstein (Kaprun, Zell am See), Frontenhausen (Neubeuern, Neukirchen und Mittersill) und Plain (Lichtenberg bei Saalfelden). Bis in das frühe 13. Jahrhundert hinein waren auch die Pinzgauer Tauernübergänge noch in der Gewalt der Herzöge von Bayern. Erst 1228 gelang es Erzbischof Eberhard II., die Grafschaften Oberpinzgau (Mittersill) und Mitterpinzgau (Saalfelden) in seine Hand zu bekommen.
Im Pongau dagegen taten sich die Salzburger Bischöfe leichter. Große Gebiete kamen durch Schenkungen der Bayernherzöge unmittelbar an die Kirche, nur das Gasteinertal gelangte als Besitz der Grafen von Peilstein erst 1218 durch Verkauf an den Herzog von Bayern, 1228 als Pfand an den Salzburger Erzbischof und erst 1297 endgültig an Salzburg.

Die Königsgüter des Lungaus dagegen waren schon im 11. Jahrhundert auf geistliche Stifte aufgeteilt worden. Ihre Rechte konnte der Salzburger Erzbischof 1213 in seiner Hand vereinigen.
Vorgegangen wurde dabei von den geistlichen Herren stets nach dem gleichen Rezept. Wo immer eine der großen Adelsfamilien ausstarb, in Geldverlegenheit geriet oder ihren Besitz in die Hände von Ministerialen geben mußte, war die erzbischöfliche Verwaltung mit Vertrags- und Übernahmeangeboten zur Stelle. Wo dies nicht ausreichte, zogen die Salzburger Beamten mit Waffengewalt ein. Ende des 13. Jahrhunderts waren so alle drei Gaue südlich von Salzburg im Besitz des Bischofs und wurden von einer straff organisierten Beamtenschaft zentralistisch verwaltet. Die vorhandenen Burgen wurden als Dienstsitze genutzt.
Wichtigste Burg des Landes aber war und blieb auch noch für mehrere Jahrhunderte die Festung Hohensalzburg, an der ganze Bischofsgenerationen bauten. Erst um 1460 war der äußere Bering um die Hochfläche des Burgberges so ausgebaut, wie es die Stadtansicht in der Schedelschen Chronik von 1493 zeigt. Fünf Jahre später ließ Erzbischof Kardinal Burkart von Weißpriach noch 4 weitere Rundtürme errichten und um 1480 ließ Erzbischof Bernhard von Rohr die Schanzen an der steilen Südflanke ausbauen. Unter Erzbischof Leonhard von Keutschach entstand schließlich schon zu Beginn des 16. Jahrhunderts der spätgotische Umbau der landesherrschaftlichen Burg. Bis 1642 wurden unter Erzbischof Paris Lodron noch die letzten mächtigen Vorwerke errichtet, bis 1681 wurde die gewaltige Kuenburgbastei angefügt.
Dabei war eigentlich auch im Bereich Salzburg die Zeit des Burgen- und Festungsbaus bereits 75 Jahre vorbei. Erzbischof Wolf Dietrich dokumentierte dies schon um 1606, als er den Auftrag für den Bau des Schlößchens Altenau für seine Mätresse Salomone Alt gab. In der Folge sollte daraus unter Erzbischof Markus Sittikus Schloß Mirabell werden. Der gleiche Bauherr nahm dann Schloß Hellbrunn in Angriff. Leopoldskron und Klesheim folgten – auch sie jeweils wieder Bauten eines Erzbischofs. Schloßbauten potenter Adelsfamilien sucht man dagegen zwischen Salzburg und dem Millstätter See vergebens. Die Dominanz des Landesherrn hatte ihnen keine Entfaltungsmöglichkeit gelassen.

Burgen der Werdenberger und Montforter Grafen

Die Schattenburg

Als Graf Haug von Tübingen die Stammlande seiner Mutter, der Gräfin von Bregenz, beiderseits des Oberrheins übernahm, wählte er den »mons fortis« an der engen Pforte des Ill-Tales zum Bauplatz seiner Stammburg. Es war um 1185, das heutige Feldkirch zu Füßen des Felsens gab es noch nicht, und der in Tübingen aufgewachsene Haug kam erst nach und nach auf die Idee, sich nach seinem Burgenplatz Hugo von Montfort zu nennen. Dies geschah allerdings erst, als er sich seiner Burg und seines Herrschaftsanspruches sicher sein konnte und Feldkirch bereits gegründet war (um 1200).
Hugo I. von Montfort scheint nicht nur beim Bau seiner Burg (der knapp 23 m hohe, wuchtige Bergfried stammt noch von ihm) eine glückliche Hand gehabt zu haben. Auch sein Feldkirch geriet ihm vorzüglich, wurde es doch bereits zu seinen Lebzeiten neben Bregenz zum wichtigsten Handelsplatz Vorarlbergs, wo eine eigene Maß-, Gerichts- und Marktordnung galt. Die gräfliche Herrschaft reichte von Tettnang im Norden bis zum heutigen Davos im Süden.
Selbst für den Fortbestand des Hauses hatte er mit drei Söhnen hinreichend gesorgt. Heinrich I. sollte als Bischof von Chur die Flanke im Süden schützen (tatsächlich wurde er dann Abt von Disentis), Rudolf I. erhielt die alte Burg der um 1200 ausgestorbenen Herren von Werdenberg und damit die linksrheinischen Gebiete, Hugo II. sollte sich um die rechtsrheinische Seite kümmern und die Stammburg übernehmen. Alle Drei waren klug genug, das väterliche Erbe nicht auseinanderzureißen. Dies geschah erst 1258 unter ihren Nachkommen, als die Söhne Rudolfs I. eigene Wege gingen und sich nach ihrem Besitztum Werdenberg nannten, die Söhne Hugos II. dagegen für ihre Besitztümer Bregenz, Feldkirch und Tettnang den Namen Montfort behielten.
In der ersten Hälfte des 14. Jahrhunderts regierten auf der Feldkircher Schattenburg der Churer Bischof Rudolf III. von Montfort und nach ihm sein Bruder Ulrich II., seines Zeichens Domherr von Chur. Beide besaßen Weitblick genug, ihre Herrschaft nicht mit billigen Raufhändeln aufs Spiel zu setzen. Statt dessen ermunterten sie die Walser zur Ansiedlung in den bisher arg vernachlässigten Hochgebirgstälern, ermöglichten finanzkräftigen Juden den Zuzug nach Feldkirch und ließen das Feldkircher Recht schriftlich fixieren.
Allzu lange allerdings sollte die friedliche Entwicklung nicht andauern. Immerhin gab es im Hintergrund auch noch die Söhne des dritten Bruders der beiden Geistlichen, von Hugo IV. Die inzwischen längst volljährigen Hugo VII. (von Montfort-Tosters) und Rudolf IV. hatten zwar die Machtstellung ihres bischöflichen Onkels nicht anzutasten gewagt, die des Onkels im Domherrengewand jedoch war ihnen unerträglich. Weil er freiwillig nicht auf die Herrschaft verzichten wollte, setzten ihn die jungen Grafen 1343 gefangen und zwangen ihn zu einem Übergabevertrag.
Ulrich II. seinerseits, kaum wieder auf freiem Fuß, erklärte diesen Übergabevertrag für null und nichtig und übergab die Herrschaft Kaiser Ludwig dem Bayern. Der, im Vertrauen auf eine leichte Beute, rückte 1345 mit einem mächtigen Heer in Vorarlberg ein und versuchte Feldkirch und die Schattenburg einzunehmen. Die vermeintlich leichte Beute erwies sich allerdings schnell als nicht zu knackende Nuß. Die Schattenburg bewies ihre strategische Bedeutung, die jungen Grafen behielten die ihnen ja eigentlich von rechtswegen ohnehin

zustehende Herrschaft, und die Feldkircher mußten nicht bayerisch werden. Einziger Verlierer war Ulrich II., der all seine Rechte an der Herrschaft Feldkirch verlor.
Daß mit den jungen Grafen keineswegs nur gut Kirschen essen war, erfuhren die Feldkircher allerdings schnell. In ewigen Geldnöten versuchten die jungen Herren dauernd, die Bürger zu schröpfen und die von ihrem bischöflichen Onkel gewährten Privilegien wieder abzuschaffen. Als dies alles nicht so recht gelingen wollte, machte Rudolf IV. von Montfort aus der Schattenburg kurzerhand eine Raubritterburg und überfiel 1355 seine eigene Stadt, warf die vornehmsten Bürger ins Burgverlies und erpreßte so all das Geld, das ihm die Feldkircher freiwillig nicht hatten zahlen wollen.
Noch einmal kriegerische Zeiten brachen für die Schattenburg aus, als sich die Feldkircher Bürgerschaft im September 1405 den Appenzellern und damit dem »Bund ob dem See« zum Kampf gegen den Adel anschlossen. Wie viele andere Burgen auch, wurde nun die Schattenburg von ihren eigenen Bürgern belagert und schließlich auch erobert. Allerdings dauerte dies achtzehn lange Wochen, die Ritter Heinrich Walther von Ramschwag mit nicht einmal 40 Mann dank der wehrhaften Mauern der Burg durchstand.
Weitgehend zu ihrer heutigen Gestalt wuchs die Schattenburg, als ihr neuer Herr, Herzog Friedl »mit der leeren Tasche«, 1415 unter die Reichsacht kam und deshalb Feldkirch und die Burg verpfänden mußte. Das Pfand erwarb 1417 Graf Friedrich von Toggenburg, der die Schattenburg bis 1423 zu seiner Residenz ausbauen ließ und die alten Mauern ein letztes Mal mit höfisch ritterlichem Leben füllte. Erst 1436 gelang es dem inzwischen wieder rehabilitierten Herzog Friedrich IV. von Österreich, Feldkirch und seine Burg für Österreich zurückzuerwerben. Kein Geringerer als Kaiser Maximilian I. war es schließlich, der von seinem Vogt, Hans von Königseck, zwischen 1490 und 1514 auf der Schattenburg die letzten Erweiterungsbauten vornehmen ließ.
Das letzte militärische Zwischenspiel gab es für die alten Mauern auf dem Felsen oberhalb von Feldkirch, als 1647 die Schweden in Feldkirch einzogen. Da sie Stadt und Burg kampflos einnehmen konnten und die Feldkircher zudem ein hohes Lösegeld zahlten, zogen sie wieder ab, ohne Stadt oder Burg zu zerstören. Für nahezu drei Jahrhunderte versank die inzwischen militärisch bedeutungslos gewordene Burg in einen Dornröschenschlaf, der auch dadurch nicht gestört werden konnte, daß sie 1813 auf Abbruch versteigert werden sollte. Weil sich nicht einmal dafür ein Interessent fand, übernahm 1825 die Stadt Feldkirch die alten Mauern und machte sie zur Kaserne. Erst seit 1912 sorgt ein eigener Verein für die Wiederbelebung der Burg. Heute enthält sie neben einer Gastwirtschaft ein Heimatmuseum.

Die so trutzig über Feldkirch thronende Schattenburg geht auf das Ende des 12. Jh. zurück, gab dem Montforter Herrengeschlecht seinen Namen und erhielt ihre heutige Gestalt im wesentlichen bis 1423. Weil die Schweden 1647 kampflos in Feldkirch einziehen konnten, präsentiert sich der Innenhof der Burg heute noch genauso wie im Dreißigjährigen Krieg.

1641

Schloß Vaduz

Nur ein Katzensprung ist es von der wegen ihrer Gedrungenheit eher unscheinbar wirkenden Schattenburg oberhalb von Feldkirch hinüber zu dem am Fuß der »Drei Schwestern« majestätisch das Rheintal beherrschenden Schloß Vaduz. Wo heute der souveräne Fürst von Liechtenstein residiert und sein Ländchen mit milder Hand regiert, gab es zur Zeit des Entstehens der damals alles beherrschenden Schattenburg überhaupt noch nichts.

Ein erster Beleg, daß es auf dem heutigen Schloßfelsen überhaupt eine Burg gab, stammt erst aus dem Jahre 1322, als Graf Ulrich von Matsch die dortige Burg als Pfand erwarb. Von ihm gelangte sie samt allen dazugehörigen Gütern 1338 als Leibgeding an den Grafen Ulrich I. von Montfort. Nur vier Jahre später verlor der Montforter den Besitz an den Grafen Hartmann III. von Werdenberg – Sargans, der »Vadutz dü Burch und waz darzuo gehöret« für sich in Anspruch nahm.

Bis 1416 konnten die Herren von Werdenberg – Sargans Vaduz halten, danach erhielt die Burg etwa alle hundert Jahre einen neuen Herrn. Den Anfang machten die Freiherren von Brandis (1416 – 1510). Ludwig von Brandis war es denn auch, dem die Eidgenossen im Schwabenkrieg 1499 die Burg plünderten und in Brand steckten, ihn selbst aber in den Kerker warfen. Immerhin konnte er bis 1505 die Burg in ihren alten Dimensionen wiederherstellen.

Auch die beiden nächsten Herrschaften bauten an der Burg und erweiterten sie dabei kräftig. Die Grafen von Sulz (ab 1510) räumten dem Kaiser ein Vorkaufsrecht auf Burg und Herrschaft ein und erhielten dafür 1523 1200 Gulden Baugeld zur Verbesserung der Befestigungen, gebunden allerdings an die Verpflichtung, selbst noch einmal denselben Betrag aufzuwenden. Auch die Grafen von Hohenems (ab 1613) bauten noch einmal »am Schloß Vadutz, an Türmen, Mauren, Porten und Veränderungen der Zimmer«. Sie gaben damit dem Bau im wesentlichen den Umfang, den er noch heute nach der Restaurierung von 1905 aufweist.

Von den Hohenemsern ging Vaduz 1712 durch Kauf an die Fürsten von Liechtenstein. Obwohl die Herrschaft Vaduz nur sieben Jahre später unter ihren Fittichen zum Fürstentum erhoben wurde, half das dem Schloß selbst am wenigsten. Erst Fürst Johann II. begann 1905 mit einer durchgreifenden Restaurierung, die bis 1912 abgeschlossen werden konnte. Sein Sohn, Fürst Franz Josef II., wählte schließlich Schloß Vaduz zum ständigen Wohn- und Regierungssitz.

Damals wie heute kann das Schloß seine Entwicklung aus einer wehrhaften Burg nicht verleugnen – und das keineswegs nur wegen seiner ausgesetzten Lage auf einem rund 100 m über dem Boden des Rheintales aufragenden Felsen. Zwar sorgte der immerhin dafür, daß die Burg von der Talseite absolut uneinnehmbar war, die eigentliche Sicherheit jedoch garantierten zwei gewaltige Rundbastionen auf der Bergseite. Unter ihnen mußten Besucher wie feindliche Eindringlinge vorbei, wollten sie den einzigen und extrem engen Zugang an der Südwestecke der Burg gewinnen. Außer dem Zugang zur Vorburg war damit aber immer noch nichts erreicht. Jetzt galt es erst noch, den steilen Zugang zum eigentlichen Burgtor an der Nordwestecke zu gewinnen und zu überwinden. Erst wenn das gelungen war, konnte der Eindringling über den steil von Nord nach Süd ansteigenden inneren Burghof versuchen, gegen den Bergfried vorzudringen.

Dieser eigentliche Kern der mittelalterlichen Burg (er heißt deshalb seit dem 17. Jahrhundert »Heidenturm«) sicherte einst den Ostrand des Burgfelsens, war knapp 22 m hoch (1905 wurde er um 4 m erhöht) und ist noch ganz im Original erhalten. Seine gewaltigen, im unteren Teil bis zu 4,20 m dicken Mauern bestehen aus riesigen, nur ganz grob behauenen Kalksteinblöcken, die zu einem unregelmäßigen, aber dennoch äußerst widerstandsfähigen Muster zusammengefügt wurden. Der ursprünglich einzige Zugang zum Bergfried, der letzten Zuflucht innerhalb der Burg, lag in 11,50 m Höhe und damit auf dem Niveau des dritten Geschosses. Die Zugänge in Höhe des zweiten Geschosses entstanden um 1530, der ebenerdige Eingang vom Hof her erst gegen Ende des 17. Jahrhunderts.

Während der Bergfried als Wehrturm eindeutig dem 12. Jahrhundert zuzurechnen ist, entstanden die beiden gewaltigen Rundbastionen an der Nordost- und der Südostecke im ausgehenden Mittelalter, als sich die Verteidigungstechnik längst den Bedingungen der Feuerwaffen angepaßt hatte. Bauherr dieser Bastionen war Rudolf von Sulz, der damit den kaiserlichen Auftrag zur Befestigung der Burg ausführte. 1531 wurde das nördliche, 1532 das südliche Rondell fertiggestellt.

Vor allem das Nordrondell beeindruckt mit seinen für damalige Verhältnisse gewaltigen Dimensionen. Immerhin beträgt sein Innendurchmesser knapp 20 m, zusammen mit der Mauerstärke von 5 m ergibt dies einen Gesamtdurchmesser von knapp 30 m. Erst in der Höhe des dritten Geschosses springt die Wandung um 1,60 m zurück, um einen ebenso breiten Laufgang zu ermöglichen. Die obere Brüstung ist dann immer noch 2,80 m dick.

Auch die südliche Bastion ist mit einer Mauerstärke von 4,50 m kaum schwächer ausgefallen, auch wenn ihr Innendurchmesser nur 13,50 m beträgt. Aus insgesamt drei Ebenen konnte geschossen werden. Aus der untersten wurde die Südfassade und der Zugang zum Tor geschützt, aus der zweiten konnte über vier Maulscharten das gesamte Vorgelände eingedeckt werden und aus der obersten konnte gleich aus fünf je etwa 20 cm breiten Schießscharten Einzelfeuer gegeben werden.

Die Wohngebäude schlossen sich bis zum Umbau 1905 in zwei Zeilen um den inneren Burghof. Sie waren als einbündige Trakte jeweils ohne Flure angelegt, wobei der Zugang zu den Innenräumen durch drei Wendeltreppen ermöglicht wurde. Von ihnen blieb bei der Renovierung nur der in den Westtrakt integrierte Treppenturm erhalten. Auch von den ursprünglichen Räumen ist kaum noch Altes erhalten. Eine Ausnahme bildet lediglich der Südtrakt, in dem die Kapelle und der nahezu quadratische »Saalbau« erhalten blieben.

Wertvollstes Ausstattungsstück der Kapelle ist ein spätgotischer Flügelaltar, der um 1490 entstanden, aber erst später in die Kapelle gekommen sein dürfte. Er enthält in viereckigem Schrein eine Vespergruppe, die Flügel zeigen auf den Innenseiten die hl. Katharina und hl. Barbara, auf den Außenseiten das Martyrium der zehntausend Ritter. Das Gegenstück dazu findet sich auf der Predella mit dem Martyrium der elftausend Jungfrauen bei ihrer Ankunft in Köln: Vom Ufer des Rheins aus schießen der Hunnenkönig Guan und sein Gefolge auf ein Schiff mit der hl. Ursula und ihrem Gefolge.

Der Saalbau am Westende des Mitteltraktes diente im ersten Obergeschoß als Speisezimmer und Küche, im zweiten Obergeschoß gab es dagegen keine Unterteilung. Es diente als Festsaal. Der 8 mal 10 m große Raum wurde zwischen 1535 und 1544 mit Fresken bemalt, die 1906 freigelegt werden konnten. Außer Ornamentik und Rankenwerk im Stil der Frührenaissance zeigen diese Wanddekorationen verschiedene weibliche Heilige, kniende Engel, die das Schweißtuch über dem Haupte Christi halten sowie wappentragende Pagen.

Da das Schloß von der fürstlichen Familie bewohnt ist, kann es leider nicht besichtigt werden.

◁ *Das majestätisch das Rheintal beherrschende Schloß Vaduz geht in seinem wehrhaften Kern auf das 12. Jh. zurück, hatte die unterschiedlichsten Herren und kam erst 1712 durch Kauf an die Fürsten von Liechtenstein, die noch heute seine Besitzer sind. Sie bauten die alten Mauern bis 1912 zum heutigen Schloß aus.*

Wenn sich heute das kleine Schlößchen Werdenberg malerisch im Dorfteich spiegelt, ist von der hier einst versammelten Macht wenig zu spüren. Dabei beherrschten die Grafen von Werdenberg im 14. Jh. nahezu den gesamten Bodenseeraum und das obere Rheintal bis hinauf nach Disentis an der Ostrampe des Oberalppasses.

Schloß Werdenberg

Rudolf I., der jüngere Sohn des Erbauers der Schattenburg (s. S. 15f.), orientierte sich schon früh nach Westen zu den dort lockenden reichen Besitztümern. Vor allem die Kyburg schien es ihm angetan zu haben, heiratete er doch die Gräfin Clementa von Kyburg. Sie brachte ihm die Grafschaft Sargans in die Ehe und damit wohl auch die Mittel zur Errichtung einer standesgemäßen Burg auf dem schon von den Römern und später von den Alemannen befestigten Werdenberg bei Buchs.

Als 1258, kurz nach dem Tode Hugos II. von Montfort, das Erbe des Gründers von Feldkirch endgültig aufgeteilt wurde, erhielten die beiden Söhne von Rudolf I., Hartmann I. und Hugo I., den ganzen südlichen Teil Unterrätiens, der vom Walensee bis zum Arlberg reichte, sowie das linksrheinische Gebiet bis zur Grenze der Herrschaft Sax. Ein Jahr später nannte sich dann Hartmann I, erstmals »Comes de Werdenberch« und schwang sich zum Gründer der Linie der Grafen von Werdenberg-Sargans auf. Sein Bruder Hugo erwarb die Grafschaft Heiligenberg nördlich von Meersburg und wurde damit Gründer der Linie Werdenberg-Heiligenberg. Beide zusammen versuchten ihr Gebiet durch Stadtgründungen zu sichern. Noch vor 1269 gründeten sie Bludenz, vor 1271 Sargans und etwa zur selben Zeit auch das noch heute so malerische Städtchen Werdenberg zu Füßen der neuen Stammburg.

Weil die Werdenberger sich früh auf die Seite Habsburgs schlugen, selbst mit den Waffen nicht zimperlich waren und auch beim Erben eine »glückliche Hand« hatten, konnten sie im 14. Jahrhundert eine erstaunliche Machtfülle im Bodenseeraum und im oberen Rheintal auf sich vereinen. In ihrer Glanzzeit regierten sie von Heiligenberg in Schwaben bis hinauf nach Disentis an der Ostrampe des Oberalppasses. Schon in der zweiten Hälfte des 14. Jahrhunderts jedoch ging es mit dieser Machtfülle genauso schnell wieder bergab. Schon 1404 verloren die Werdenberger sogar ihre Stammburg und das Städtchen Werdenberg an die Österreicher. Mit Rudolf II. († 1421) und Hugo V. († 1428) starben die letzten Grafen von Werdenberg.

In der Folge wechselten die Herren auf Werdenberg in kürzesten Abständen. Allein zwischen 1483 und 1517 gab es fünf verschiedene Besitzer, bis die Gemeinde Glarus 1517 Burg, Stadt und Rechte um 21 500 Gulden kaufen konnte. Was die Glarner mit diesem Kauf beabsichtigten, zeigte sich in der Folge dann sehr schnell. Sie schickten für jeweils drei Jahre einen Landvogt, der die Gerichtsbarkeit ausüben und für die Glarner Steuern eintreiben mußte. Die Wahl zum Vogt fand öffentlich aus der Mitte der versammelten Landsgemeinde statt, doch wurde nur gewählt, wer sich vorher durch entsprechende Geldgeschenke an die Wählenden empfohlen hatte. Der Gewählte mußte dann sogar durchgefallenen Mitbewerbern ihre unnütz aufgewandten Geldgeschenke ersetzen. Kein Wunder also, daß die Vögte – kaum im Amt – sofort versuchten, diese »Spenden« wieder hereinzuholen. Seine mühsam erkaufte Würde ließ sich der Gewählte bei seinem Einzug in Werdenberg durch genau festgelegte Huldigungen seiner neuen Untertanen bestätigen. Immerhin 281 Jahre lang dauerte diese Herrschaft der Glarner Landsgemeinde in Burg und Städtchen Werdenberg.

Anläßlich einer dieser Huldigungen war es denn auch, daß während der anschließenden Feier 1695 im Schloß Feuer ausbrach, 24 Stunden wütete und nur die Mauern übrig ließ. Bei der Wiederherstellung erhielt das Schloß dann weitgehend seine heutige Gestalt. Als der letzte Glarner Vogt 1798 Werdenberg räumte, ließ er allerdings nichts vom kostbaren Inventar zurück. Stück für Stück hatte er es zuvor schon bei Nacht und Nebel nach Glarus bringen lassen.

Auch nach dem Abzug der Glarner wurden die Werdenberger ihres Lebens nicht recht froh. Franzosen und Österreicher prügelten sich am Rhein, Plünderungen und Brandschatzun-

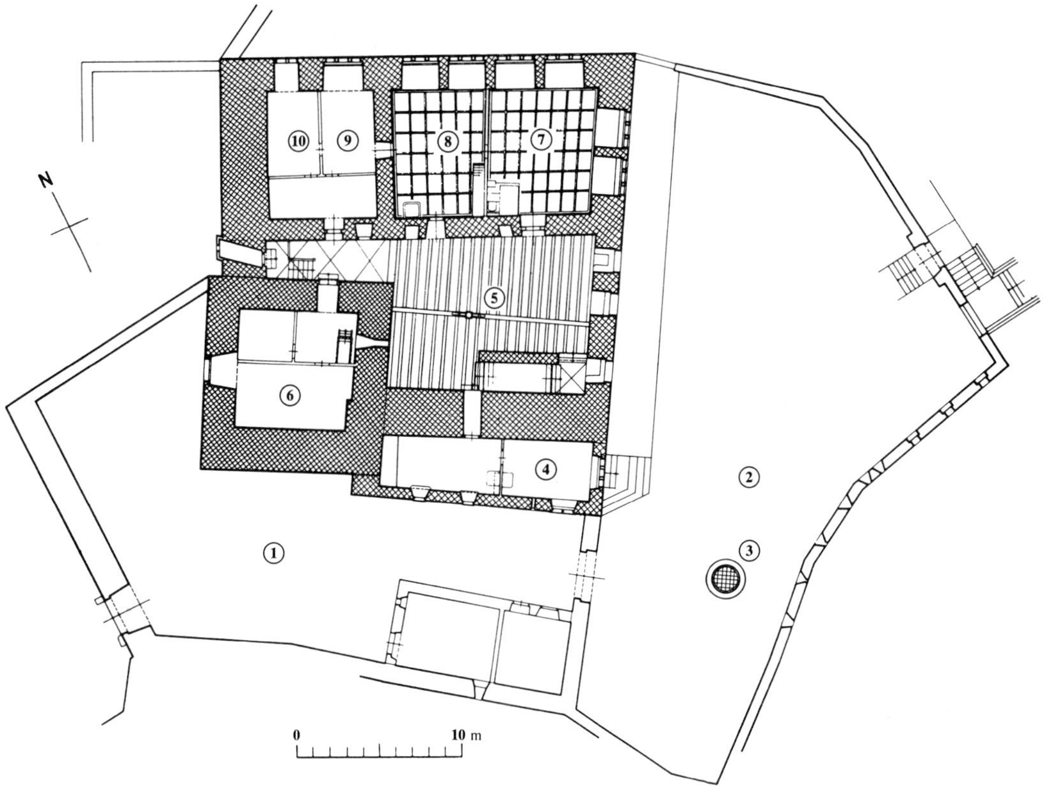

Grundriß des ersten Stockwerks:

1. äußerer Zwinger
2. innerer Zwinger
3. Sodbrunnen
4. sog. Rebmannswohnung
5. Flur im Treppenhaus
6. Küche im Bergfried
7. Rittersaal
8. Gerichtszimmer
9. Ehemaliges Archiv
10. Eckkabinett

gen waren an der Tagesordnung. Während die alte Herrschaft 1803 im Kanton St. Gallen aufging, wechselte das Schloß mehrmals seinen Besitzer, bis es 1956 endgültig durch Schenkung ebenfalls an den Kanton St. Gallen fiel. Heute beherbergt es ein kleines Museum sowie die kantonale Waffensammlung.

Dem Besucher präsentiert sich Schloß Werdenberg nach umfassender Restaurierung, bei der der mittelalterliche Bestand aufs sorgfältigste gesichert wurde, wieder in altem Glanz. Der eindrucksvoll über Weiher und Rebhügel aufragende Bau entpuppt sich dem Besucher als ein im Grundriß fast quadratischer Gebäudekomplex, an dessen Südwestecke der wenig abgesetzte Bergfried aufragt. Zusammen mit der Ostfassade des Palas ist er durch polygonal ausgreifende Ringmauern abgeschirmt, die an der Südecke des Palas durch eine Quermauer in zwei Wehrabschnitte unterteilt sind.

Der Palas enthält im Unterbau nur einzelne Lichtschlitze, während die Obergeschosse mit Ausnahme der kahlen Nordwestfront verhältnismäßig reich mit Einzel-, Zwillings- und Staffelfenstern ausgestattet sind. Die Balkenlöcher unter dem obersten Wohngeschoß lassen den ehemaligen Wehrgang erahnen. Das steile Walmdach ruht auf dem spätmittelalterlichen Wehrgeschoß, das sich mit Zinnenkranz und rundbogigen Schußöffnungen verrät. Auch der aus roh zugehauenen Steinblöcken errichtete Bergfried trägt einen Zinnenkranz als Einfassung der alten Wehrplatte. Das barocke Zwiebeltürmchen auf dem Zeltdach wurde noch 1780 von einem Glarner Vogt eingebaut.

Wuchtig wie die gesamten Schloßmauern ist auch das mächtige, zweiflüglige Eingangstor aus grob behauenem Kastanienholz an der Südecke der Burg. Dieses Tor überstand sogar den Brand von 1695. Gefertigt wurde es irgendwann im späten Mittelalter. Hinter dem Tor öffnet sich ein kahler, tonnengewölbter Aufgang, der zu einem seitlichen Rundbogenportal, dem eigentlichen Schloßtor führt. Der enge Durchgang dahinter entspricht in seiner Tiefe genau der Stärke der Mauern des Bergfrieds. Die anschließende Treppenhalle mit Tonnen- und Kreuzgewölbe hat heute auf der linken Seite einen direkten Zugang in den untersten Raum des Bergfrieds, der als Gefängnis diente und ursprünglich nur von oben durch die Balkendecke her zugänglich war. Das Zwischengeschoß des Palas schließlich enthielt einst die Wach- und Mannschaftsräume. Heute ist hier die kantonale Waffensammlung untergebracht.

Das Treppenhaus mündet im ersten Stock in einer großzügigen Vorhalle mit Deckengebälk von 1697. Die Wände sind hier verziert mit zahlreichen Wappen Glarner Landvögte aus der zweiten Hälfte des 17. Jahrhunderts. Auch von dieser Vorhalle aus gibt es wieder einen Zugang in den alten Bergfried, wo sich eine mächtige mittelalterliche Küche mit Tonnengewölbe und offenem Kamin erhalten hat.
Nördlich der Vorhalle schließen sich die eigentlichen Herrschaftsräume an, deren barocke Ausstattung vom damaligen Besitzer, der Familie Hilty, im 19. Jahrhundert neu beschafft wurde. Die Nordostecke nimmt der Rittersaal ein, links daneben schließt sich das ehemalige Gerichtszimmer an, beide mit einer 1695 eingebauten Felderdecke ausgestattet. Das Gerichtszimmer ziert ein bemalter Rokoko-Stufenofen, um 1770 eingebaut.
Eine Etage höher findet sich wiederum eine großzügige Vorhalle mit wuchtiger Balkendecke. Sie gibt den Zugang frei zu drei Schlafkammern. Hier stehen zwei weitere Kachelöfen, darunter ein spätbarocker Kuppelofen von 1741, der mit überreich bemalten Kacheln glänzt. Noch einmal eine Treppe höher landet der Besucher im Dachboden, der ehemaligen Kornschütte, wo sich heute das Rheinmuseum befindet. Hier dient die Mauerkrone als Wehrgang, mit Zinnen und größeren Bogenöffnungen zum Aufstellen der Geschütze.
Der Dachstuhl selbst ist ein imposantes Balkenwerk, das durch Sprengwerke so raffiniert gestaltet wurde, daß auf Zwischenstützen weitgehend verzichtet werden konnte. Über ein Turmgemach, die ehemalige Waffenkammer, geht es auf die Wehrplatte des Bergfrieds. Die prächtige Aussicht über das gesamte Rheintal gibt es als Gratisdreingabe.

Sargans war schon zu Zeiten der Römer ein strategisch wichtiger Punkt mit eigenem Wachtturm. In der ersten Hälfte des 13. Jh. nisteten sich hier Werdenberger Abkömmlinge ein, die die kleine Burg als Raubritternest nutzten. Ihre großzügige Wehrmauer erhielt die Burg nach 1406 durch den Grafen Friedrich von Toggenburg.

◁ *Nach dem Tod der letzten Grafen von Werdenberg erwarb die Gemeinde Glarus 1517 Burg, Stadt und Rechte. Die Burg selbst erhielt einen Vogt, der die Gerichtsbarkeit ausüben und für die Glarner Steuern einzutreiben hatte. Viele dieser Vögte verewigten sich auf der Burg mit phantasievollen Wappen.*

Schloß Sargans

Die Kreuzung der Fernverbindung Zürich – Arlberg mit dem Rheintal und damit mit der großen Nord-Süd-Route war schon zu Zeiten der Römer ein strategisch wichtiger Punkt. Rechtsrheinisch hatte das zur Gründung der Schattenburg geführt, linksrheinisch hatten schon die Römer auf dem Felsen oberhalb des späteren Städtchens Sargans zur Kontrolle der Verkehrsströme einen Wachturm errichtet. In der ersten Hälfte der 13. Jahrhunderts übernahm der Montforter Graf Rudolf I. zusammen mit seiner Frau Clementa von Kyberg den Burgfelsen mit dem damals schon bestehenden Bergfried, richtete sich dort häuslich ein und gründete damit das Haus Werdenberg-Sargans.

Rudolfs Enkel, Rudolf II., stand zwar als Graf bereits in den Diensten der Herzöge von Österreich, doch scheint ihn dies nicht vor finanziellen Schwierigkeiten bewahrt zu haben. Sie versuchte er dadurch zu lösen, daß er raubte und plünderte, was nicht niet- und nagelfest war. Eines seiner Opfer war der Baseler Bischof Petrus von Aspelt, den er 1308 überfiel und sechs Monate im Verlies seiner Sarganser Burg gefangenhielt. Erst gegen ein Lösegeld von 8000 Silbermark erhielt der »teuere« Gefangene seine Freiheit zurück. Daß Rudolf II. dafür vom Papst exkommuniziert wurde, störte den Raubritter wenig.

Erst mit Rudolf IV. kam Sargans so recht auf eigene Beine. Er nämlich heiratete die reiche Ursella von Vaz, die Tochter des mächtigen und sehr vermögenden bündnerischen Freiherrn von Vaz. Sie brachte dem Sarganser als Erbgut die Herrschaft Schams mit Rheinwald und Bärenburg, das Domleschg mit dem Schloß und der Herrschaft Ortenstein und das Schanfigg in die Ehe. Schon 1362 aber endete die Blüte, als Rudolf IV. auf der Rückreise von Mailand bei Plurs im Bergell von Wegelagerern erschlagen wurde.

Sein einziger Sohn, Graf Hans I., hatte alsbald wieder finanzielle Probleme, die 1396 dazu führten, daß er Stadt und Grafschaft Sargans Herzog Leopold von Österreich verpfänden mußte. Er selbst mußte sich auf das mütterliche Gut, Schloß Ortenstein im Domleschg, zurückziehen. 1406 schließlich verpfändeten die Österreicher ihrerseits den Besitz an den mächtigen Grafen Friedrich von Toggenburg, der Stadt und Burg erstmals mit einer großzügigen Wehrmauer verband.

Noch einmal werdenbergisch wurde Sargans, als es Graf Heinrich II. gelang, die reiche Gräfin Agnes von Matsch zu ehelichen. Ihre Mitgift ermöglichte es ihm, den Österreichern die Pfandschulden zu zahlen und damit die Stammburg seiner Väter zurückzugewinnen. Allerdings war auch diese Blüte nur kurz, denn schon sein Sohn, Graf Georg, konnte das Erbe nicht mehr bewahren. Nach und nach verlor er die Schlösser Bärenburg, Neu- und Altsins sowie Ortenstein. Die Herrschaften Rhäzüns, Heinzenberg, Tschappina, Thusis und Gazis gingen für 12000 Gulden an das Bistum Chur, Rheinwald und Safien mußten an einen Mailänder verkauft werden. Der eigentliche Schlußstrich kam 1483, als die Stammburg und die Grafschaft Sargans an die sieben Alten Orte der Eidgenossenschaft (Uri, Schwyz, Unterwalden, Luzern, Zürich, Zug und Glarus) für 15000 Goldgulden verkauft wurden. Graf Jörg selbst starb 1504 völlig verarmt auf Schloß Ortenstein (s. S. 31).

Für Sargans brachen nun ähnliche Zeiten an wie für das benachbarte Werdenberg: alle zwei Jahre schickte ein anderer der sieben Alten Orte einen neuen Vogt auf das Schloß, der je nach Gutdünken regierte und vor allem sein eigenes wirtschaftliches Wohl im Auge hatte. Insgesamt 181 Vögte regierten auf der Burg. Der letzte war aus Glarus gekommen und räumte erst 1798, ein halbes Jahr vor dem Einrücken der Franzosen, das Feld. Nach deren Abzug kam die Burg endgültig an den Kanton St. Gallen.

Heute besteht die Burg aus einem kubisch zugeschnittenen Palas an der Westseite des Burgfelsens, dem hochmittelalterlichen Bergfried am Südrand sowie einem Verbindungstrakt, der sogenannten Grafenstube. Wirklich alt jedoch ist nur der Bergfried, der alte Palas war 1469 eingestürzt. Erst 1506 errichteten die Eidgenossen den heutigen Palais.

Der Besucher betritt die Burg heute durch den ehemaligen Zwinger und das Rundbogentor auf der Weststeite des Palas. Es öffnet einen zum Burghof führenden Durchgangsraum mit Zugang zu einem Keller und einem Kerkerraum. Die Decke des Durchgangsgewölbes ist mit Fresken und Inschriften von 1656 verziert. Aus dem Durchgangsgewölbe im Kellergeschoß des Palas gelangt man auf den mit einer Ringmauer eingefriedeten Burghof mit dem 1651 erstellten Schloßbrunnen.

Wo früher im Palas die Audienzstube der Landvögte war, ist heute zwar eine Gaststube, doch entspricht ihre Einrichtung (Holzdecke und Vertäfelung) noch weitgehend dem Original von 1510. Das Stockwerk darüber nimmt der alte Landgerichtssaal ein, den das Volk wohl nicht umsonst »Armsündersaal« getauft hatte. Hier walteten die Vögte ihres Amtes, hier verkündeten sie, was sie als Recht erkannt hatten und hier verhängten sie ihre Bußen zugunsten des eigenen Geldbeutels. Die Nord- und Südwand dieses Saales zieren die Familienwappen der eidgenössischen Vögte als späte Zeugen ihres Selbstbewußtseins.

Der baugeschichtlich interessanteste Teil ist der alte Bergfried mit seinem rundbogigen Hocheinstieg, den romanischen Doppelfenstern im Obergeschoß und dem Rundbogenpförtchen zu den ehemaligen Wehrlauben an den drei Angriffsseiten. Dieser fünfgeschossige Wehrturm mit einer Mauerstärke bis zu 2,50 m wurde im 12. Jahrhundert aus Tuffquadern errichtet, hatte im fünften Obergeschoß einen (heute vermauerten) Zinnenkranz und statt des heutigen Krüppelwalmdaches ein Taschendach. Der Turm birgt heute das Sarganser Heimatmuseum.

Das einst zum Schloß Rhäzüns gehörende Kirchlein St. Georg erhielt seine hochgotischen Fresken um 1350. Chor, Chorbogen und Teile der Schiffsnordwand bemalte der sog. Waltenburger Meister, die restlichen Schiffswände der Rhäzünser Meister. Die Beispiele zeigen einen Engel als Evangelisten, 2 Apostel aus einer Apostelreihe und (unteres Bild) eine Szene aus der Georgslegende: der Zauberer Athanasios läßt einen Dämon aus einem zerborstenen Stier steigen (Waltenburger Meister).
Der Rhäzünser Meister dagegen (obere Bildreihe rechts) arbeitete sehr viel volkstümlicher, im Ausdruck drastischer und in der Technik linearer.

Bündner Burgen

Schloß Rhäzüns

Burgen gehören ihrem Wesen nach auf Berge und solche Burgberge gibt es kaum irgendwo so dicht beieinander wie in den Bergen Rätiens. Fährt man von Sargans aus nach Süden, reihen sich die mehr oder weniger stattlichen Reste zahlreicher mehr oder weniger großer Burgen wie Perlen auf einer Schnur. Allein bis Chur sieht man die Überbleibsel der Burgen *Freudenberg*, *Brandis* und *Haldenstein*. So richtig in das rätische Burgenland aber kommt man im Domleschg, südlich von Chur. Nicht weniger als zehn, einst mächtige Burgen sind hier auf engstem Raum zu finden.
Den Auftakt bildet Schloß Rhäzüns, hoch über den Mäandern des Hinterrheins und einst im hohen Mittelalter Stammsitz des mächtigsten Bündner Geschlechts. Gut tausend Jahre alt ist die Urkunde, mit der Kaiser Otto I. im Jahre 960 dem Churer Bischof Hartbert die Kirche in castello razunnes übergab. Damit ist nicht nur bestätigt, daß es im Bereich des heutigen Schlosses Rhäzüns schon damals eine Burg gab, sondern auch, daß das seiner Fresken wegen weltberühmte Kirchlein St. Georg von Anfang an zur Befestigungsanlage über dem Hinterrhein gehörte.
Erste Herren auf Rhäzüns dürften Ministeriale des Churer Bischofs gewesen sein, die es verstanden, aus ihrem Lehen nach und nach vererbbares Eigentum zu machen. Schon 1139 ist der erste Rhäzünser namentlich als Arnoldus de Ruzunne belegt, 1204 ist von den »Herren von Rhäzüns« die Rede und 1277 gelten sie als Freiherren. Wenig später schafften sie den Sprung zum Titel »Brun«, dem rätoromanischen Ausdruck für Baron. Ihr erster Brun, Heinrich III., gründete Ende des 13. Jahrhunderts das heutige Schloß.
Das 14. Jahrhundert nützten die Rhäzünser zur stetigen Erweiterung ihrer Macht und ihres Besitzes. Dies wiederum rief den Bischof von Chur auf den Plan, dem die Rhäzünser langsam zu mächtig wurden. Weil sich Freiherr Ulrich II. von Rhäzüns nicht dem Bischof beugen wollte, keiner der beiden Gegenspieler aber den anderen ausschalten konnte, brach 1387 für knapp ein Vierteljahrhundert die Rhäzünser Fehde aus. Bei wem dabei die Sympathien der Bevölkerung lagen, läßt sich aus dem 1395 in Ilanz geschlossenen »Ewigen Bündnis« ablesen, das Ulrich II. von Rhäzüns mit Albrecht von Sax, den Talleuten aus dem Lugnez und der Gemeinde Disentis schloß. Pikanterweise schloß sich der Abt des Klosters Disentis diesem Bündnis an und stellte sich damit gegen den Bischof von Chur. Daß daraus 1424 der Graue Bund und damit der Kern des heutigen Kantons Graubünden entstand, sei nur am Rande vermerkt.
Die Herren von Rhäzüns hatten in diesem Grauen Bund natürlich von Anfang an ein gewichtiges Wort mitzureden, auch wenn das demokratische Element eigentlich überwog. Immerhin gab es bereits eine eigene Bundesversammlung und ein eigenes Bundesgericht. Den Vorsitz in beiden Gremien hatte der Landrichter, der jährlich neu gestellt werden sollte. Jedes dritte Jahr hatte Rhäzüns dafür das Vorschlagsrecht. Schon dem Freiherrn Jörg von Rhäzüns ging dieses demokratische Element allerdings viel zu weit. Zusammen mit den Grafen von Sargans und anderen Edelleuten schloß er den Schwarzen Bund, um damit den Einfluß des Adels wieder zu stärken.
Der Graue Bund sah dies zu Recht als Verrat, schlug die hohen Herren aufs Haupt und verurteilte Jörg von Rhäzüns 1452 zum Tode. Zwar überlebte Freiherr Jörg das Urteil noch um sieben Jahre, starb dann aber als letzter seines Geschlechts ohne männlichen Erben.

Über seine Tochter Anna kam damit ein Teil des Rhäzünser Herrschaftsgebietes an den Grafen Jörg von Werdenberg-Sargans, der Stammsitz Rhäzüns aber fiel an die schwäbischen Grafen von Hohenzollern. Die wiederum überließen den Besitz im Wege des Tausches 1497 Kaiser Maximilian I. Damit erhielt Habsburg einen Stützpunkt im vorderen Graubünden und behielt den auch bis ins 19. Jahrhundert. Verwaltet wurde Rhäzüns nun als Pfandlehen erst von der vornehmen Familie Stampa, dann von den mächtigen Planta. 1819 erst fiel Rhäzüns an Graubünden und kam nach und nach in wechselnden Privatbesitz.

Ähnlich wechselvoll wie die Geschichte der Herrschaft Rhäzüns ist auch die der Baugeschichte der Burg und des späteren Schlosses. Die heutige, langgestreckte Anlage im Dreieck über dem Steilufer des Hinterrheins läßt vor allem einen mittelalterlichen Bergfried vermissen. Aus einer Urkunde von 1553 geht nun hervor, daß es diesen mittelalterlichen Bergfried sehr wohl auf der äußersten Felsspitze gegeben hatte, der Untergrund auf die Dauer jedoch nicht fest genug war. Links vom Tor gab es zudem noch einen weiteren Turm, beide wohl im 13. Jahrhundert errichtet.

Auf den alten Bestand gehen heute lediglich noch Teile des westlichen Turmes sowie die Anlage des Osttraktes zurück. Um 1400 wurden diese Reste ausgebaut und um einen Westtrakt und das Treppenhaus als Verbindungsglied erweitert. Zwischen 1589 und 1592 wurde noch einmal umgebaut und erweitert, um 1700 wurde die Ringmauer restauriert und erhöht. Von den einstigen Herren auf Rhäzüns künden heute noch die Wappen derer von Planta, Stampa, Sprecher und Schauenstein an den Ende des 16. Jahrhunderts neugestalteten Fensterrahmungen am ehemaligen Westturm. Die friesartige Wandmalerei einer Bärenhatz stammt noch aus der Zeit von Freiherr Ulrich II. von Rhäzüns (Ende 14. Jh.).

Da die zahlreichen Herren auf Rhäzüns vieles änderten, ist auch im Inneren vom alten Bestand nur wenig erhalten. Lediglich im Rittersaal sind von Hans Ardüser geschaffene Dekorationsmalereien von 1589 erhalten. Der Fries enthält acht beschriftete Wappen, Ranken, Rollwerk und Tiere. Die mit einem Sinnspruch verzierte Lautenspielerin entstand erst 1612 und ist das Werk eines unbekannten Malers.

Noch aus der Blütezeit der Herren von Rhäzüns stammt die Ausmalung eines Raumes in der dritten Etage mit Motiven aus der Tristansage. Die Ende des 14. Jahrhunderts entstandenen Fresken zeigen Tristan in einem mit Greifen gemusterten Wams, wie er sich auf sein Schwert stützt, und Isolde mit der Krone und einer Rosengirlande als Symbol der unheilvollen Liebesverkettung zwischen ihren ausgebreiteten Händen. Bäume mit großen Früchten, fliegende Nachtschmetterlinge und ein paradiesischer Vogel symbolisieren den Garten als Treffpunkt des Liebespaares. Daß das Ganze tragisch enden muß, kündet das frei über den Bäumen schwebende Haupt von König Marke an, der damit zu verstehen gibt, daß er die Dinge auch dann im Griff hat, wenn er selbst nicht körperlich anwesend ist.

Weil Schloß Rhäzüns auch heute in Privatbesitz ist, kann es leider nicht besichtigt werden. Sehr wohl aber besichtigt werden kann das kleine, auf einem Waldhügel neben dem Schloß versteckte Georgskirchlein von Rhäzüns, das ursprünglich ja auch zur Burganlage gehörte (Schlüssel beim Bahnhofsvorstand).

Das wohl reichste Beispiel eines vollständig ausgemalten, mittelalterlichen Kirchenraumes in der Schweiz geht in seinen Grundmauern auf karolingische Zeit, seine Gründung der Legende nach darauf zurück, daß der hl. Georg sich von hier mit einem Riesensatz über den Rhein vor seinen heidnischen Verfolgern gerettet habe. Das heutige Kirchlein besteht aus einem flachgedeckten, romanischen Schiff und einem mit einem Kreuzrippengewölbe ausgestatteten rechteckigen Chor aus dem frühen 14. Jahrhundert. Die Ausmalung im Chor, am Chorbogen und an Teilen der Schiffsnordwand schuf um 1350 der »Waltenburger Meister«, die restliche an den Schiffswänden ist um einige Jahre jünger und ein Werk des »Rhäzünser Meisters«.

Hauptthema des Waltenburgers ist die Georgslegende. Mit ihr füllte er die gesamte Chorbogenwand und den oberen Streifen der Nordwand des Schiffes. Auf den ersten Blick am eindrucksvollsten ist die langgezogene Darstellung des Kampfes mit dem Drachen auf der Nordwand. Beim näheren Hinsehen interessanter jedoch sind die zahlreichen, auf drei Streifen ineinander übergehenden Einzelszenen aus der Georgslegende, weil es in ihnen so drastisch realistisch zugeht.
Auf der linken Seite oben etwa wird die Königin Alexandria an den Haaren aufgehängt und enthauptet. Der für sie bittende Georg sitzt in einem Kessel mit siedendem Brei. Im Streifen darunter läßt der Zauberer Athanasios einen Dämon aus einem zerplatzenden Stier steigen. Daneben wird der Heilige gerädert und darunter aufgehängt. Auf der rechten Seite oben zeigt König Dadianus dem Heiligen Rad und Kessel als Marterinstrumente. Darunter läßt Georg aus dem Haus der barmherzigen Witwe Zweige sprießen und wird gefangengenommen. Im untersten Streifen schließlich segnet der Heilige das verkrüppelte Kind der Witwe. Unter den Legendenszenen sorgen rechts Johannes der Täufer und links die Schutzmantelmadonna (mit kniendem Stifter und Rhäzünser Wappen) für einen statischen Ausgleich zum turbulenten Geschehen darüber.

Burgen im Domleschg

Wer im Mittelalter von Chur aus über die Bündner Pässe nach Süden wollte, mußte zwangsläufig durch das damals noch wilde, vom ungezähmten Hinterrhein beherrschte Domleschg ziehen. Wichtigster Feudalherr in seinem mittleren Teil war der Bischof von Chur, der gleichzeitig Herr über die Pässe ins Engadin und damit in den Süden war. Allerdings war seine Herrschaft dennoch nie unumstritten. Seine Konkurrenten waren die Bündner Freiherren und Grafen, die alle versuchten, ihren Machtanspruch durch den Bau von Burgen und Schlössern zu demonstrieren und sich selbst und anderen so ihre Herrschaft zu bestätigen.
Auf wenigen Kilometern sind deshalb heute noch gut zehn, teils eindrucksvolle Burgen zu finden, von denen jede ihre eigene Geschichte aufzuweisen hätte. Aus der Fülle sind deshalb hier nur drei herausgegriffen, wobei jede für etwas Besonderes steht: Ortenstein für das schöne Gesamtbild, Rietberg als Beispiel für die Funktion der Burgen in den Bündner Wirren und Hochrätien wegen seiner geschichtlichen Bedeutung als Kirchenburg.

ORTENSTEIN steht als Bilderbuchburg auf einem einzelnen Felsen unterhalb des Dorfes Tomils, unmittelbar hinter der Rhäzünser Enge, dort wo sich das Domleschg zu weiten beginnt. Herren von Ortenstein waren die Freiherren von Vaz, die um 1250 den noch heute erhaltenen zentralen Turm der Burg errichten ließen.
Kaum hundert Jahre nach ihrer Gründung kam Burg Ortenstein 1337 durch Erbschaft an die Grafen von Werdenberg-Sargans, die damit erstmals einen Zugriff auf die Bündner Pässe erhielten. Noch einmal hundert Jahre später, 1451, brannten die Bündner Bauern Ortenstein ebenso nieder wie viele Burgen der Gegend. Allerdings schoben sie den Beschluß nach, daß allein Ortenstein wieder aufgebaut werden dürfe. Nach dem Tod von Graf Jörg, dem Letzten aus dem Hause Werdenberg-Sargans, kam Ortenstein an die Truchsesse von Waldburg und nach einigen »Zwischenstationen« Mitte des 16. Jahrhunderts an die Familie Travers. In sie heiratete Lukrezia von Planta ein, die eigentlich Katharina hieß und die Tochter des von Jörg Jenatsch auf Rietberg ermordeten Pompejus von Planta war.
Die Travers richteten sich Ortenstein wohnlich ein und gestalteten sogar einen mit Bosketten und Wasserkünsten raffiniert ausgestatteten Schloßgarten.

Herren von Schloß Ortenstein waren die Freiherren von Vaz, die um 1250 den noch heute erhaltenen Zentralturm der Burg errichten ließen. Das heutige Schloß entstand nach und nach im 15. und 16. Jh. um den mittelalterlichen Bergfried. Die Hoffront mit dem barocken Glockenturm wurde sogar erst 1730 fertiggestellt.

Das heutige Schloß entstand nach und nach um den mittelalterlichen Bergfried mit seinen wuchtigen Eckquadern und dem einfachen Zeltdach. Ab 1451 entstanden der nördliche und östliche Teil, 1582 der westliche Anbau. Die Hoffront mit dem barocken Glockenturm wurde zwischen 1720 und 1730 gestaltet.
Die noch vorhandenen Reste der Innenausstattung stammen aus dem frühen 17. und dem 18. Jahrhundert. Wertvolle Öfen, reiche Vertäfelungen und um 1628 datierte Dekorationsmalereien im »Ilanzer Zimmer« erinnern an glückliche Tage auf Ortenstein.

Weltruhm, wenn schon nicht als Burg, so doch als Schauplatz einer Mordtat, erlangte RIETBERG, mitten im Domleschg bei dem Ort Rodels. Hier wurde 1621 Pompejus von Planta als Exponent der »Spanischen Partei« vom jungen Pfarrer Jörg Jenatsch erschlagen – eine Tat, der Conrad Ferdinand Meyer mit seinem Roman »Jürg Jenatsch« ihr literarisches Denkmal setzte.
Ähnlich wie bei Ortenstein entstand auch Rietberg als freistehender Wehrturm in der ersten Hälfte des 13. Jahrhunderts. Bauherr waren die Herren von Rietberg, aus deren Besitz die Burg allerdings bereits 1343 als Schenkung an den Bischof von Chur ging. Ab 1530 wechselten die Besitzer häufig, bis zunächst die Salis und dann die Planta auf dem Rietberg heimisch wurden. Noch heute gehört das Schloß den Nachfahren der Familie Planta.
Eindrucksvollster Teil der relativ kleinen Gesamtanlage ist der mittelalterliche Bergfried, der zu den ältesten Türmen Graubündes zählt und aus dem Pompejus von Planta keinen Fluchtweg mehr fand, als Jörg Jenatsch die Axt erhob. Alle Zutaten um den Bergfried herum kamen erst Mitte des 17. Jahrhunderts dazu, als auch das Innere des Turmes neu ausgebaut wurde. Noch einmal verändert wurde Ende des 17. Jahrhunderts, als der Rittersaal neu dekoriert und der reiche Stuckkamin eingebaut wurde. Weil in Privatbesitz, ist Rietberg ebenso wenig wie Ortenstein zu besichtigen.

Zu den ältesten und ursprünglich bedeutendsten Burgen Rätiens gehört die Ruine HOCHRIALT oder HOCHRÄTIEN auf einer nur schwer zugänglichen Felsnadel über dem östlichen Taleingang zur Via Mala bei Thusis. Prähistorische Funde auf dem Felskopf bewiesen, daß die Sage von der Gründung durch den Etruskerführer Rätus, der mit den Resten seines Volkes vor den andringenden Galliern in die rätischen Berge geflüchtet sei, zumindest insofern einen greifbaren Kern hat, daß es hier eine uralte Fluchtburg gab. Keltische Bronzefibeln und römische Münzen zeugen davon, daß Hoch-Rialt zu allen Zeiten ein begehrter Platz war.
Im Mittelalter war Hoch-Rialt eine Burg der Churer Bischöfe, die dort ihre Viztume (Vizedomini) sitzen hatten. Ihnen oblag die Verwaltung der bischöflichen Besitztümer im Domleschg, die Sicherung des Zugangs zur Via Mala und nicht zuletzt die Sicherung der in der Burg inbegriffenen Pfarrkirche St. Johannes, die bis 1505 die einzige Taufkirche für das gesamte Gebiet am Heinzenberg war. Vom 12. bis zur ersten Hälfte des 14. Jahrhunderts residierten auf Hohenrätien die Ritter von Rialt, deren Einfluß bis hinunter nach Chiavenna reichte.
Der Anfang vom Ende von Hoch-Rialt kam bereits Ende des 13. Jahrhunderts, als im Tal Schloß Fürstenau als neuer Sitz der bischöflichen Verwaltung im Domleschg errichtet wurde. 1410 jedenfalls war die Burg bereits »zerbrochen«, ohne daß eindeutig feststeht, wie dies geschah. Der Sage nach wurde sie gewaltsam von verzweifelten Bauern zerstört, wobei dem letzten Ritter von Rialt zum Schluß nur noch der Ausweg geblieben sei, sich entweder den Feinden zu ergeben oder den Tod zu suchen. Schließlich habe er das letztere gewählt, seinem Pferd die Sporen gegeben und sich von der schwindelnden Höhe hinunter in den Hinterrhein gestürzt.
Sehr viel wahrscheinlicher jedoch dürfte sein, daß die Burg einfach nicht mehr benötigt und

◁ *Zumindest literarischen Weltruhm erlangte die Burg Rietberg durch den 1621 vom jungen Pfarrer Jörg Jenatsch hier verübten Mord an Pompejus von Planta, eine Tat, der Conrad Ferdinand Meyer in seinem Roman »Jürg Jenatsch« ein Denkmal auf seine Art setzte.*

Von der einst gewaltigen Burg Misox, ihren 4 mächtigen Verteidigungstürmen und ihrem 7 Stockwerke hohen Bergfried ließen die Eidgenossen 1526 bei der Schleifung der Burg wenig übrig. Nur der zierliche Campanile vom Schloßkapellenbau hat allen Stürmen getrotzt.

deshalb vernachlässigt wurde. In einem bischöflichen Besitzverzeichnis von 1410 jedenfalls steht, man habe Hoch-Rialt »mutwilklichen lassen abgan«. Zuletzt sei auf der Felsnadel gar ein welscher Bischof gesessen, »der was also arm, das er wenn jemand in mutet, lihen oder geben, do antwurt er und sprach: nihil habeo, nihil gibio«.
Heute sind auf Rialt noch die Ruine der rechteckigen, ehemals kreuzgewölbten Saalkirche, ein Campanile mit rundbogigen Schallöffnungen und ein viergeschossiger, romanischer Turm zu finden. Reste des äußeren Berings verraten, daß die Burg einst nahezu das ganze Plateau der Felsnadel über der Via Mala einnahm.

Burg Misox

Die frühmittelalterliche Fluchtburg Hoch-Rialt an der nördlichen Pforte zum St. Bernardinopaß hat ihre Entsprechung im Kastell Misox an der Südrampe des Passes. Beiden gemeinsam ist die Einbeziehung der Kirche, wobei sogar offen bleiben muß, ob nicht in beiden Fällen diese einst vor den Burgmauern stand. Auf Burg Misox jedenfalls scheint sie das erste mittelalterliche Bauwerk auf dem mächtigen, das ganze Tal sperrenden und nach drei Seiten steil abfallenden Felsen oberhalb der Moesa gewesen zu sein. Wann hier die erste Kirche entstand, ist ebenso unbekannt, wie es die ersten Siedler sind. Vermutlich jedoch hatten schon die Kelten hier eine Fluchtburg.
Im 11. und 12. Jahrhundert jedenfalls kam die dann schon als Burg fungierende Anlage in den Besitz der Grafen von Sax. Von denen kaufte der lombardische Edelmann Johann Jakob Trivulzio 1482 den Besitz und machte sich sofort daran, ihn großzügig auszubauen. Jetzt wurde das gesamte Felsplateau überbaut, überall wurden die Mauern verstärkt. Zum Schutz der mächtigen Bastion wurde eine bis zu 3 m dicke Ringmauer errichtet, die die Burg nicht nur gegen die Talstraße sondern auch gegen das Dorf Mesocco abschirmte.
Glaubt man den alten Chroniken, benutzte Marschall Trivulzio seine Burg Misox zur Aufbewahrung seiner offensichtlich nicht gerade geringen Schätze. Als Feldherr und Diplomat in den Diensten der französischen Könige scheint sein Einkommen zumindest so immens gewesen zu sein, daß er König Ludwig XII. von Frankreich bei dessen Ankunft in Mailand im Mai 1507 ein Fest geben konnte, »bei welchem 1200 Diener in schwarzen Sammet gekleidet aufwarteten, 120 Haushofmeister die ordnende Aufsicht führten und die Tausende von Gästen auf Silbergeschirr mit dem Trivulzio-Wappen bedient wurden«.
Gerade der Ausbau der Burg zur für die damalige Zeit uneinnehmbaren Festung war nicht einmal ein halbes Jahrhundert später das auslösende Motiv für ihren Untergang. Die demokratisch angelegten Drei Bünde Rätiens sahen in der Festung eine ständige Bedrohung ihrer freiheitlichen Existenz und ließen dem Burgherrn nur die Wahl zwischen einer freiwilligen Räumung und der gewaltsamen Einnahme. Der Diplomat wählte die freiwillige Räumung und veranlaßte, daß sein Kastellan das gesamte Inventar zu seinem Stammsitz nach Roveredo brachte. Im Frühjahr 1526 schließlich veranlaßten die Drei Bünde die planmäßige Schleifung der Burg.
Heute sind von dem einst so stolzen Kastell nur wenige Mauern erhalten, doch reichen die völlig aus, dem Besucher eine Vorstellung von den Dimensionen der Anlage zu vermitteln. Rund 6000 m^2 waren überbaut, vier mächtige Verteidigungstürme schreckten mögliche Angreifer ab. Der Bergfried war sieben Stockwerke hoch. Ihn zerstörte erst 1835 ein Blitz, der zudem dafür sorgte, daß die herabstürzenden Trümmer die Reste der umliegenden Wohngebäude vollends zerstörten. Bei Sicherungsarbeiten in den Jahren 1924 und 1925 wurden diese Schuttmassen entfernt, die Reste, unter anderem der zierliche Campanile vom Schloßkapellenbau, wurden dabei gesichert. Bei dieser Gelegenheit konnten auch verschiedene Räumlichkeiten, wie etwa die große Küche, die Badstube, die große und die

kleine Backstube, Teile der herrschaftlichen Wohnung und eine Gießerei für kleine Geschütze eindeutig lokalisiert werden.

Gegenwärtig sind Bestrebungen im Gange, Teile der Burg wiederherzustellen, erste Bauarbeiten wurden in Angriff genommen. Vielleicht läßt sich in absehbarer Zeit dadurch noch genauer nachvollziehen, wie die Burg zu Zeiten des Marschalls Trivulzio ausgesehen hat.

Keine Wiederherstellung benötigt das Kirchlein S. Maria del Castello, unmittelbar unterhalb des Burgeingangs. Es dürfte um 1100 anstelle einer frühmittelalterlichen Anlage neu errichtet und 1627 erweitert worden sein. Die Nordwand des Schiffes dieser ehemaligen Pfarrkirche von Mesocco wurde 1459 von den Malern Christoforo und Nicolao mit Fresken ausgeschmückt. Sie zeigen Passionsszenen, den Kampf des hl. Georg mit dem Drachen, die Mantelteilung des hl. Martin, den Erzengel Michael als Seelenwäger sowie zwölf Monatsbilder mit derb realistischen Alltagsszenen.

Königliche Traumschlösser

Schloß Hohenschwangau

Schloß Hohenschwangau war vergessene Ruine, als 1832 der damalige Kronprinz Maximilian II. den als Steinbruch benutzten Trümmerhaufen kaufte, um sich als erster bayerischer Monarch eine Sommerresidenz in den Bergen zu schaffen. Architekt war der Theaterdekorateur Domenico Quaglio, die Entwürfe für die Ausmalung im Inneren lieferte Moritz von Schwind.

Was mit dem bis heute geheimnisumwitterten Tod des bayerischen Märchenkönigs Ludwig II. am 13. Juni 1886 bei Schloß Berg so tragisch im Starnberger See endete, begann zunächst ganz harmlos mit dem Kauf einer Ruine. 1829 nämlich war Maximilian II., der Vater des späteren Märchenkönigs, in der Nähe von Füssen auf die Burgruine Schwanstein gestoßen. Ihre Mauern lagen malerisch im Wald über dem Alpsee und hatten einst den Lehensträgern von Welfen und Staufern, den mächtigen Herren von Schwangau, gehört. Nach wiederholten Um- und Ausbauten war die Burg 1809 zerstört und dem Verfall überlassen worden. Seit 1820 bereits war die Ruine auf Abbruch feilgeboten worden, doch selbst dafür wollte sie niemand haben. Erst 1832 erwarb sie der damalige Kronprinz Maximilian II., um sich als erster bayerischer Monarch eine Sommerresidenz in den Bergen zu schaffen.

Das königliche Bauprojekt paßte dabei nahtlos in die spätromantischen Vorstellungen seiner Zeit. So wollte Maximilian die Ruine denn auch »restaurieren« und ihr dabei ihre ursprüngliche, mittelalterliche Gestalt wiedergeben. In der Ausstattung des Neubaus sollten darüber hinaus die mit dem Ort verknüpften geschichtlichen Erinnerungen und Sagen lebendig werden, auf daß daraus ein Denkmal werde, »welches von der Liebe seiner königlichen Hoheit sowohl für die Kunst als für die vaterländische Geschichte zeugt«.

Vor diesem Hintergrund war es denn auch »stimmig«, daß die Entwürfe für den Ausbau der Ruine nicht von einem Architekten, sondern vom königlichen Zeichenlehrer und Theaterdekorateur Domenico Quaglio gefertigt wurden. Kein Zufall war es dabei, daß der Maler wohl eine ganze Serie von farbigen Ansichtsskizzen aber keinen einzigen Grundriß schuf. Quaglio gelang es dabei, den ganzen romantischen Zauber der landschaftlichen Lage und den eines märchenhaft orientalisch anmutenden Gartens mit Springbrunnen und bunten Blumen verführerisch aufs Papier zu zaubern, die Maurer aber waren gezwungen, die aus dem Jahre 1758 stammenden Grundrisse der alten Ruine als Fundamente zu benutzen.

Quaglios Leistung als Architekt beschränkte sich auf die regelmäßige Reihung der Fenster, ihre dekorative Bekrönung im Sinne der englischen Neugotik und auf die Gestaltung einer repräsentativen Fassade. Alles andere als sparsam war er dabei, wenn es um die dekorativen Einzelheiten ging. So sorgte er für reiches gotisches Maßwerk an den zahlreichen Balkonen und Plattformen, schrieb gotische Fensterstürze und spitzbogige Gesimse vor und verzierte auch die Außenfassaden mit dekorativen Gemälden. Auch der malerische Schloßgarten mit seinen Springbrunnen und der einst exquisiten Bepflanzung ist das Werk des malenden Romantikers Quaglio.

Natürlich fehlte derselbe Maler auch nicht, als es um die Gestaltung und neugotische Ausstattung der Innenräume ging. Kronprinz Maximilian wünschte sich Wandbilder mit Bezug auf die Lage und die Geschichte der Burg und beauftragte Moritz von Schwind, dafür die Entwürfe zu liefern. Dies war nötig, hatte Maximilians Vater, König Ludwig I., doch gerade erst den Königsbau der Münchener Residenz fertiggestellt und dabei eine völlig neue Maltechnik wiederbelebt. Er hatte keine bemalten Bespannungen mehr, sondern direkt auf den Gips aufgetragene Fresken anbringen lassen. Im Gegensatz zur alten Freskotechnik wurden dabei allerdings Ölfarben verwendet, eine Technik, für die man unbedingt Vorentwürfe benötigte. Sie lieferte Moritz von Schwind von April 1835 bis Juli 1836 für den

Rittersaal, das Schlafzimmer des Kronprinzen und einige weitere Zimmer. Schade nur, daß der Bauherr die Ausführung der Wandgemälde nicht Schwind, sondern lokalen Malern überließ.
Bereits 1836 konnte Maximilian II. seine Traumburg beziehen, die er nun in Hohenschwangau umtaufte – ein früher Hinweis auf die später auf den Sohn übergegangene Vorliebe zum Schwanenmotiv, das ohnehin die gesamte Bemalung von Hohenschwangau beherrscht. Maximilian selbst ließ sich 1841 von Lorenz Quaglio in Öl malen, wie er – gekleidet in altdeutsche Tracht – vom Boot aus die Schwäne des Alpsees füttert. Oder andersherum: bereits der Vater des Märchenkönigs sah sich in Personalunion als Ritter von Schwangau und Schwanenritter Lohengrin. Nur folgerichtig ist es da, daß die Geschichte Lohengrins in den Fresken des Schwanenrittersaales festgehalten ist und eine Szene davon sogar in Hohenschwangau selbst angesiedelt ist.
Auch in den folgenden Jahren wurde systematisch an Hohenschwangau weiter gebaut. An der Südwestecke entstand noch ein neuer Eckturm, am Schloßberg wurde umfangreicher Grundbesitz dazugekauft und die Anlage eines Landschaftsgartens in Angriff genommen. 1843 schließlich begann auf der Südostseite des Schloßhofes der Bau des sogenannten »Oberen Stallgebäudes«, aus dem dann der heutige Fürstenbau wurde. 1844 jedenfalls war die Gesamtanlage so weit gediehen, daß Maximilians Vater, Ludwig I., bei seinem ersten Besuch auf Hohenschwangau begeistert feststellen konnte:»Lieber Max, Hohenschwangau ist ein wahres Feenschloß.«
Noch einmal kräftig weitergebaut wurde, als Maximilian II. 1848 die Regierung von seinem abdankenden Vater übernahm. So wurden im folgenden Jahr nicht weniger als 5000 junge Bäume in den Park gepflanzt, der Kavalierbau errichtet und der Fürstenbau ausgestattet. In seinem Obergeschoß erhielten die Prinzen Ludwig und Otto eine Wohnung. Bis 1854 schließlich hatte das Schloß endlich Umfang und Aussehen von heute.
Nach dem Tod Maximilians wurde Hohenschwangau der Lieblingsaufenthaltsort des jungen Königs, ein Lieblingssitz, von dem er schon als Jüngling als dem »Paradies der Erde« schwärmte, »das ich mit meinen Idealen bevölkere und dadurch glücklich bin«. Dieses Glück allerdings verleidete ihm seine Mutter, Königin Marie Friederike, die offensichtlich wenig von den Schwärmereien ihres Sohnes hielt. Der allerdings wußte sich bei aller Träumerei zu helfen, indem er nur wenig später »sein eigenes« Schloß auf den Felsen über der Pöllat-Schlucht in Angriff nahm und Neuschwanstein schuf.
Wer heute vom Alpsee zum Schloß Hohenschwangau hinaufsteigt, trifft auf der Westseite auf das äußere Tor. Es gehört weder zur alten Burg, noch war es jemals ein Bollwerk. Es entstand lediglich als romantische Kulisse zur Einstimmung des Besuchers. Der eigentliche Torbau am Schloß dagegen steht auf altem Grundriß und wahrscheinlich sogar an der Stelle, wo einst der Bergfried der mittelalterlichen Burg aufragte.
Den dreigeschossigen Torbau mit seinen polygonalen Erkertürmen zieren über dem Einfahrtsbogen zwei lebensgroße Ritterfiguren mit den Wappen von Bayern und Schwangau. Den oberen Abschluß des Torbaus bildet eine Plattform mit Maßwerkbalustrade, hinter der sich die Hauptterrasse des Schlosses verbirgt. Die Einfahrt selbst enthält ein Netzgewölbe und ist mit zahlreichen Wappenschildern verziert.
Durch ein weiteres, wieder mit Zinnen bekröntes Tor, das aber auch wiederum nur als romantische Kulisse dient, gelangt man in den Schloßhof und damit vor die eigentlich alte Fassade des Palas. Denkt man sich hier alle neugotischen Zutaten Quaglios weg, steht man praktisch vor der alten Burg Schwanstein. Gesäumt ist diese Fassade im Norden von einem viereckigen, im Süden vom polygonalen Löwenturm, um den herum man in den Schloßgarten kommt.
Die südöstliche Begrenzung des Hofes bildet der Fürstenbau, der im Erdgeschoß einst die Stallungen, später dann die Küche und im Obergeschoß die Prinzenwohnung aufnahm.

Verziert ist dieser Bau mit einer Loggia mit Maßwerkbrüstung und einem Wandgemälde, das einen Hofnarren mit Hunden und einen Metzger mit seiner Wurst zeigt.
Spaziert man um den Löwenturm herum in den Schloßgarten, passiert man die nach Süden gerichtete Hauptfassade, die ebenfalls wieder von zwei Türmen eingefaßt ist. Alt ist dabei nur der Löwenturm im Südosten, der südwestliche Eckturm entstand erst 1838 zur Symmetrie. Die Fassade selbst ist dagegen asymmetrisch mit zwei Fensterachsen östlich und nur einer westlich des ebenfalls nicht in der Mitte sitzenden Hauptbalkons im ersten Stock.
Um den südwestlichen Eckturm herum kommt man in den etwas tiefer gelegenen Gartenteil mit dem großen Löwenbrunnen, mit seinen von Ludwig Schwanthaler modellierten, wasserspeienden Löwenfiguren. Auch die Westfassade ist wiederum von zwei Ecktürmen eingefaßt, rechts ist der neue Südwestturm von 1838, links der alte Nordwestturm der ehemaligen Ruine. Die im Grunde dreiachsige Fassade hat als Mittelachse einen durchgehenden polygonalen Erkervorsprung, der in der Fensterbrüstung des ersten Obergeschosses mit den Wappen von Bayern und Preußen verziert ist.
Das Innere von Schloß Hohenschwangau ist vor allem interessant wegen der zahlreichen Fresken. Im ersten Obergeschoß, der ehemaligen Wohnung von Königin Marie, beeindruckt vor allem der Schwanenrittersaal mit seinem gotischen Netzgewölbe auf blauem Grund mit vergoldeten Sternen. Die in Ölmalerei von Michael Neher und Lorenz Quaglio nach Entwürfen von Christian Ruben gefertigten Wandbilder zeigen die Sage vom Schwanenritter Lohengrin. Die Palette der Motive reicht dabei vom Moment, in dem der Kaiser das Horn des Schwanenritters hört, bis hin zu dessen Hochzeit.
Das östlich anschließende Schyren-Zimmer enthält Darstellungen der mittelalterlichen bayerischen Geschichte und als deren Ausgangspunkt ein Bild mit dem Sieg des Schyrenherzogs Markgraf Luitpold über die Normannen im Jahre 892. Das Schlafzimmer der Königin dagegen erinnert an die Reise des Kronprinzen in die Türkei im Jahre 1833. Wand- und Deckenbemalungen sind deshalb hier ganz im türkischen Stil gehalten, die Gemälde zeigen die Ansichten der vom Kronprinz besuchten Städte.
Das westlich des Schwanenrittersaales gelegene Schwangauer Zimmer zeigt Begebenheiten aus der Geschichte der Herren von Schwangau und »denkwürdige Ereignisse dieser Landschaft«. Dargestellt ist etwa, wie sich Kaiser Maximilian I. mit Gailer von Kaysersberg 1519 in Füssen unterhält. Ebenfalls der Geschichte gewidmet ist die Bemalung des Bertha-Zimmers, wo die Sage von der Geburt Karls des Großen durch seine Mutter Berchta in der Reismühle bei Gauting gezeigt wird. Sämtliche Entwürfe lieferte hier Moritz von Schwind.
Das Burgfrauenzimmer, Wohnzimmer der Königin Marie, enthielt ursprünglich Fresken mit Motiven aus dem Leben der Burgfrauen. Sie wurden 1849 erneuert.
Das zweite Obergeschoß war die Wohnung des Kronprinzen und späteren Königs Maximilian II. Nach dessen Tod wohnte hier König Ludwig II. Vor allem in dieser Wohnung ist all das zu finden, was die späteren Träume des Märchenkönigs Ludwig bestimmen sollte. Nach Entwürfen von Moritz von Schwind schufen vier verschiedene Maler die Ausschmückung des Rittersaales mit den wichtigsten Motiven aus der Dietrich von Bern-Sage.
Auch die Entwürfe für die Bemalung der Wände des Authari-Zimmers lieferte Moritz von Schwind. Dargestellt ist die von Paulus Diakonus überlieferte Geschichte der Brautwerbung des Langobardenkönigs Authari um Theodolinde, die Tochter des Bayernherzogs Garibald I. Das königliche Arbeitszimmer dagegen wurde mit Szenen aus dem Ritterleben ausgestattet, wiederum von Moritz von Schwind entworfen.
Das Schlafzimmer des Königs schließlich ist über einem marmorierten Sockel völlig mit der Geschichte von Rinaldo und Armida nach Torquato Tassos »Befreitem Jerusalem« ausgemalt. Im Gegensatz zu den Bildern in den anderen Räumen ist die Geschichte hier nicht mehr auf einzelnen Feldern dargestellt. Die einzelnen Szenen reihen sich vielmehr wie in einem Bilderbogen in einer zusammenhängenden Landschaft rund um den Raum.

Schloß Neuschwanstein

König Ludwigs Traumburg hoch über den alten Mauern von Hohenschwangau ist eigentlich nichts anderes als die konsequente Fortsetzung dessen, was der Vater des Märchenkönigs, König Maximilian II., in Hohenschwangau bereits begonnen hatte. Schon er hatte sich in Personalunion als Ritter von Schwangau und Schwanenritter Lohengrin gesehen und kaum ein anderes Ereignis hatte den jungen Kronprinzen so aufgewühlt wie ein Besuch der Aufführung der Münchener Hofoper von Wagners Lohengrin am 2. Februar 1861. Bereits an diesem Abend gewann Richard Wagner seinen wohl glühendsten Verehrer, der nach dem Besuch des Tannhäusers am 22. Dezember desselben Jahres keinen sehnlicheren Wunsch mehr hatte, als den Schauplatz dieser Oper und ihren Komponisten kennenzulernen.
Kaum als junger König im Amt, erfüllte sich Ludwig II. beide Wünsche. Vom 11. bis 18. November 1865 wurde Wagner als Gast nach Hohenschwangau geholt, und am 31. Mai 1867 reiste der junge Regent inkognito nach Eisenach, um die Wartburg kennenzulernen. Die gerade als »nationales Denkmal« wiederhergestellte Burg beeindruckte Ludwig dabei so stark, daß daraus sehr bald der Traum für eine eigene Burg Tannhäusers und Lohengrins wuchs.
Nur ein Jahr später, am 13. Mai 1868 jedenfalls, schrieb Ludwig II. bereits an Richard Wagner: »Ich habe die Absicht, die alte Burgruine Hohenschwangau bei der Pöllat-Schlucht neu aufbauen zu lassen, im echten Styl der alten deutschen Ritterburgen und muß Ihnen gestehen, daß ich mich sehr darauf freue, dort einst (in drei Jahren) zu hausen . . . Der Punkt ist einer der schönsten, die zu finden sind, heilig und unnahbar, ein würdiger Tempel für den göttlichen Freund, durch den einzig Heil und wahrer Segen der Welt erblühte. Auch Reminiszenzen an Tannhäuser (Sängersaal mit Aussicht auf die Burg im Hintergrunde), und Lohengrin (Burghof, offener Gang, Weg zur Kapelle), werden Sie dort finden. In jeder Beziehung schöner und wohnlicher wird diese Burg werden als das untere Hohenschwangau, das jährlich von der Prosa meiner Mutter entweiht wird; sie werden sich rächen, die entweihten Götter und oben weilen bei uns auf steiler Höh, umweht von Himmelsluft.«
Wie schon bei der Restaurierung von Hohenschwangau hatte auch bei der Planung der neuen Burg wieder ein Maler die Hand im Spiel. Christian Jank hatte sich als Theatermaler und Spezialist für Wagnerinszenierungen unentbehrlich gemacht. Er lieferte die ersten Skizzen, die dann der Hofbaudirektor Eduard Riedel in konkrete Baupläne umsetzte.
Geplant wurde zunächst eine durch »Mannigfaltigkeit pittoreske« Burg im »altdeutschen Style«. Darunter verstand Ludwig nicht nur eine Bauweise »wie die Alten ihre Burgen gebaut hätten«, sondern konkret die Romanik, weil sich nach seiner Vorstellung in ihr der Glanz der Staufer und der des byzantinischen Reiches verband. »Byzantinischer Rundbogenstil« lautete deshalb die endgültige Vorgabe für die bis im Herbst 1868 erstellten Pläne für den riesigen Neubau, der vom Torbau bis zum Bergfried alle Komponenten einer idealen »Ritterburg« umfassen sollte.
Noch im selben Herbst wurden die am Bauplatz noch vorhandenen Ruinenreste einer alten Burg Vorder-Hohenschwangau gesprengt, der Bauplatz planiert und die Baustraße angelegt. Im folgenden Frühjahr begann Eduard Riedel mit dem zweistöckigen Torgebäude für die »Neue Burg Hohenschwangau« (»Neuschwanstein« wurde daraus erst nach Ludwigs Tode). Ab 1873 ging dann die Bauleitung an Georg Dollmann über, der jedoch nach wie vor mit Christian Jank zusammenarbeiten mußte. Allerdings wurde Jank jetzt zunehmend gebremst, da der König seine Ritterburg »immer strenger, immer romanischer, immer hoheitsvoller und immer mehr ans Sakrale gemahnend ausgeführt wissen wollte«.
Erst um die Mitte des Jahres 1871 war der Planungsprozeß so weit fortgeschritten, daß danach nichts Wesentliches mehr geändert wurde. Herausgekommen waren dabei allerdings Dimensionen, die den Bau zum Lebenswerk werden ließen (statt der ursprünglichen drei Jahre).

Vorhergehende Doppelseite: Die Traumburg des bayerischen Märchenkönigs Ludwig II. hoch über den alten Mauern von Hohenschwangau entstand nach dem Vorbild der Wartburg als »Sängerburg« für Ludwigs Freund Richard Wagner. Weil sich nach Ludwigs Vorstellung in der Romanik der Glanz der Staufer mit dem des byzantinischen Reiches verband, mußte die Burg im »altdeutschen Style« errichtet werden. Als Architekt diente wie schon beim Vater wieder ein Theatermaler und Spezialist für Wagnerinszenierungen: Christian Jank.

Weil gleichzeitig an Linderhof und ab 1878 auch noch an Schloß Herrenchiemsee gebaut wurde, zogen sich die Arbeiten in Neuschwanstein sehr in die Länge. Der fünfstöckige Palas konnte erst 1881 unter Dach gebracht und erst 1886 wenigstens äußerlich vollendet werden. Das Ritterhaus und der Verbindungsbau zum Torbau wurden in den Jahren 1882 bis 1886 im Rohbau errichtet, die Kemenate und der Bergfried mit der darin geplanten Burgkapelle wurden in derselben Zeit gerade noch teilweise fundamentiert. Nach dem Tod des Königs am 13. Juni 1886 wurde lediglich noch die Kemenate nach den vorhandenen Plänen fertiggestellt, der Bergfried blieb bis heute unausgeführt.
Schon 1880 war die Bauleitung teilweise, 1884 dann ganz an Julius Hofmann übergegangen, weil der es offensichtlich wesentlich besser als Dollmann verstand, auf die Wünsche des königlichen Auftraggebers einzugehen. Vor allem arbeitete er auch als Innenarchitekt, lieferte am Ende die gesamte »romanische« Innendekoration (nur das Schlafzimmer und die anschließende Kapelle wurden von Peter Herwegen im »spätgotischen« Stil gestaltet) und erhielt nach Ludwigs Tod von der bayerischen Regierung den Auftrag, Neuschwanstein zum immerhin optisch vollendeten Schloß fertigzustellen. 1892 war diese Aufgabe erfüllt.
Heute verrät der Bau in seinem makellosen Weiß der Verkleidung aus Kalksteinquadern dem Besucher nichts mehr von den »Geburtswehen« bei der Planung und bei der Bauausführung. Wer heute von Norden den Schloßweg hinaufwandert und erlebt, wie die weißen Mauern nach und nach sichtbar werden, ist stets beeindruckt von der Ausdehnung der königlichen Burg. Von Ost nach West reihen sich vom nördlichen Eckturm des Torbaus über den unteren Verbindungsbau, den gar nicht so schlanken Viereckturm, den oberen Verbindungsbau, das Ritterhaus mit seinem eigenen Treppenturm, die Nordfront des östlichen Palasteiles, einen weiteren rechteckigen Treppenturm, den alles dominierenden achteckigen und 65 m hohen Haupttreppenturm bis zur Nordfront des Thronsaales die Hauptelemente aneinander. Daß die Breite in der Tiefe keinerlei Entsprechung hat, merkt der Besucher dagegen erst, wenn er am Eingang auf der Ostseite vor dem zweigeschossigen, von Zinnen bekrönten Torbau mit seinen runden Ecktürmen steht.
Wie stark der Einfluß der Wartburg auf Ludwigs Pläne war, wird an der Westfassade sichtbar. Alle Hauptelemente folgen hier dem Thüringer Vorbild. Der doppelstöckige Balkonerker ist im oberen Teil der Söller des Thronsaales, im unteren hätte er den Balkon für den nicht ausgebauten Maurischen Saal ergeben sollen. Die unendlich hoch in den Himmel ragende Giebelfassade ist auf beiden Seiten mit kleinen Ecktürmchen eingefaßt, den First ziert eine Ritterfigur als Symbol für die Funktion des Hauses.
Die richtige Märchendimension erhält das Schloß jedoch erst, wenn man zu der schon von Ludwigs Vater erbauten Marienbrücke über die Pöllat-Schlucht hinaufwandert und von dort erlebt, wie das Schloß auf steilem Fels und vor dem Hintergrund des Forggensees zwischen Himmel und Erde nahezu zu schweben scheint. Die Südfassade des Palas, der südliche Treppenturm und der Erkerbalkon des Schlafzimmers verraten von hier aus ganz die Handschrift Christian Janks.
Weil Neuschwanstein beim Tod Ludwigs II. unvollendet war, hatte man dem König im zweiten Geschoß des Torbaus, dort, wo der Mittelbalkon mit seinen Säulenarkaden die Fassade auflockert, eine provisorische Wohnung hergerichtet. Im Geschoß darunter hatte sich Anfang Juni 1886 die Regierungskommission versammelt, die Ludwig II. bekanntgeben sollte, man habe ihn für verrückt erklärt, entmündigt und er müsse deshalb zur Sicherungsverwahrung nach Schloß Berg gebracht werden.
Von der Ebene des Torbaus führt eine Freitreppe um die polygonal vorspringende Grundmauer der nicht mehr errichteten Schloßkapelle herum zum eigentlichen Burghof hinauf und vor die im Westen hoch aufragende Giebelfassade des Palas. Mit ihren sechs Etagen, mit den Rundbogenfenstern in Blendbogen, mit zwei achteckigen Ecktürmchen als Einfassung und dem in Kupfer getriebenen Löwen als Giebelbekrönung wirkt sie überaus

hoch und schlank. Ihr Hauptgliederungselement ist der zum Sängersaal gehörende Balkon im vierten Obergeschoß. Er ist von zwei, den hl. Georg und die Patrona Bavariae darstellenden Fresken von Wilhelm Hauschild eingefaßt.
Ähnlich schwierig wie die Planung und der Bau von Neuschwanstein war auch die Gestaltung der Innenausstattung. Schon mit den ersten Entwürfen für die Ritterburg lieferte Christian Jank auch Ansichten vom Inneren des Sängersaales – und das zu einem Zeitpunkt, als mit dem Bau des Schlosses überhaupt noch nicht begonnen war. Da Äußeres und Inneres für Ludwig jedoch stets eine Einheit waren, war dieser doppelte Planungsprozeß wohl notwendige Voraussetzung für das Gelingen des Ganzen.
Weil Christian Jank dem König wohl doch zu verspielt war, zog er den Spezialisten für mittelalterliche Ikonographie, Dr. Hyazinth Holland, als Berater hinzu. Bei aller Liebe zu Richard Wagner (die Themen für die Ausschmückung der Burg sollten ausschließlich aus dem Opernprogramm des Komponisten genommen werden) schien der König doch wenig Vertrauen in die Regieanweisungen des Meisters gehabt zu haben. Wohl nicht umsonst ordnete Ludwig deshalb schon 1879 an: »Die Bilder in der neuen Burg sollen nach der Lage und nicht nach der wagnerischen Angabe gemacht werden«. Vor allem dieser Anweisung sollte Dr. Holland gerecht werden und Julius Hofmann die »richtigen« Vorgaben für dessen Pläne der Innendekoration liefern.
Da der König sich selbst um jedes Detail kümmerte, häufig Kritik übte und ständig Änderungswünsche hatte, wurden zur Ausführung der Raumgestaltungen »tüchtige und fleißige Maler« benötigt, die das jeweils haarklein vorgeschriebene Programm gutwillig ausführten. Sie fanden sich im Schülerkreis des Münchener Akademieprofessors für Historienmalerei Philipp von Foltz. Seine Schüler August Spieß, Joseph Aigner, Ferdinand von Piloty und Wilhelm Hauschild übernahmen im wesentlichen die Ausmalung von Neuschwanstein.
Sie alle wurden so unter Druck gesetzt, daß wenigstens die Ausmalung der königlichen Wohnung zu Weihnachten 1881 vollendet werden konnte. Ein Brief an Richard Wagner verrät Ludwigs Besitzerstolz: »Von den Wänden meiner Wohngemächer leuchten in recht gelungener Ausführung Bilder jener mir durch Ihre Verherrlichung so ans Herz gewachsenen Sagen herab: Tannhäuser, Lohengrin, ein Zyklus aus Tristan und Isolde, Walther von der Vogelweide, Szenen aus Hans Sachsens Leben sind dort zu schauen, Bilder aus der alten, durch Sie neu verklärten Nibelungensage werden folgen.«
Über die im dritten Obergeschoß gelegenen Wohnräume hinaus wurden bis zu Ludwigs Tod bzw. bis zum Ende der Arbeiten von Julius Hofmann lediglich noch der auf der Westseite gelegene und in das vierte Obergeschoß hinaufreichende große Thronsaal, der Sängersaal im vierten Obergeschoß sowie die spitzwinklige Vorhalle zwischen Thronsaal und Wohnung bzw. Sängersaal fertiggestellt. Auf diese Räume (und die moderne Küche) beschränkt sich heute auch die Besichtigungsmöglichkeit.
Über den spitzwinkligen Vorplatz im dritten Obergeschoß, der mit Szenen aus der der Siegfriedsage des mittelhochdeutschen Nibelungenliedes entsprechenden Sigurdsage der Edda verziert ist, gelangt der Besucher unmittelbar in den Thronsaal, in dem Ludwigs Königtum von Gottesgnaden manifest werden sollte. Zu diesem Zweck sollte die Idealvorstellung vom Gral und das Innere der Hagia Sophia in Konstantinopel in einem zweigeschossigen Prunkraum vereint werden. Den ersten Entwurf dazu lieferte Eduard Ille bereits 1869 und entwickelte daraus bis 1877 so exakte Vorgaben, daß Julius Hofmann lediglich noch die Ausführung in Auftrag geben mußte.
Heute präsentiert sich der Thronsaal in Neuschwanstein als ein Hauptraum unter einer Flachkuppel, den eine von Säulen getragene Galerie umgibt. Vor der nördlichen Schmalseite ist unter einer Halbkugel eine Thronapsis eingebaut, zu der eine Marmortreppe hinaufführt. Lediglich der Thronsessel aus Gold und Elfenbein fehlt mit seinem frei

Für die Innenausstattung von Schloß Neuschwanstein war im wesentlichen Julius Hofmann verantwortlich, der zusammen mit einem Spezialisten für mittelalterliche Ikonographie das Bildprogramm festlegte. Unser Bild zeigt den Kampf von St. Georg mit dem Drachen, ein Detail aus dem Thronsaal.

stehenden Baldachin, der wie ein Altar in der Apsis stehen sollte, ebenso wie die vier lebensgroßen Marmorengel mit den Wappenschildern von Bayern, Wittelsbach und Schwangau, die die Sockel der Treppenbalustrade zieren sollten.

Fertiggestellt dagegen wurde das vom König zusammen mit Dr. Holland zusammengestellte Bildprogramm des Thronsaals. Die von Wilhelm Hauschild ausgeführte Bildfolge sollte den Thron als »Ausgang autoritativer Gesetzgebung« zum Kristallisationspunkt haben. Zu diesem Zweck reicht das Bildprogramm von den Gesetzgebern der großen Kulturvölker über christliche Heilige und die Apostel bis hin zu Christus in der Thronnische. Das himmlische Jerusalem schließlich symbolisiert der mächtige Kronleuchter mit seinen beiden Doppelreifen aus vergoldetem Messing und Elfenbein, den Eugen Drollinger in Anlehnung an den um 1140 von Abt Hartwig für die Kirche des Klosters Groß-Comburg gestifteten, riesigen Radleuchter fertigte. Unter ihm wollte Ludwig gleichzeitig als König des Grals und als Vorkämpfer für das himmlische Jerusalem gesehen werden.

Die königliche Wohnung im dritten Stock ist nach Grundriß, Anordnung der Räume und Ausstattung eine einmalige Mischung aus strenger Enfilade à la Versailles und einer ganz nach persönlichem Geschmack im Sinne des Historismus ausgestatteten Fünf-Zimmer-Privatwohnung mit Grotte und Wintergarten. Jedes der fünf Zimmer hat sein eigenes Bildprogramm an den Wänden. Die Thematik reicht vom Leben der Minnesänger auf der Wartburg zur Zeit des Landgrafen Hermann von Thüringen (Speisezimmer) bis zur Tannhäusersage (Arbeitszimmer).

Der Sängersaal im vierten Stockwerk wirkt nicht zuletzt deswegen besonders großzügig, weil er mit einer zur Dachform hochgezogenen, mit den Tierkreiszeichen verzierten, hölzernen Kassettendecke überspannt ist. Die Wände des Saales sind vollständig mit Szenen aus der Parzivaldichtung und damit des Sagenheldens ausgeschmückt, dem König Ludwigs höchste Verehrung und Liebe galt.

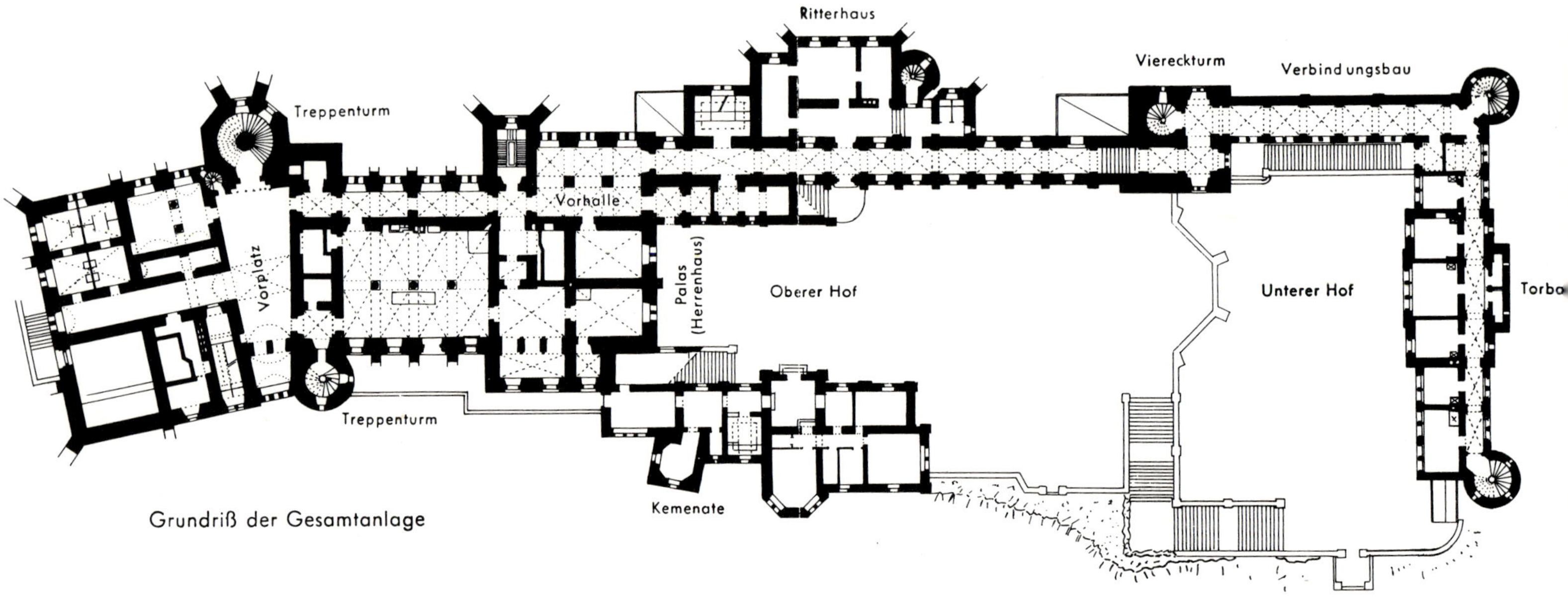

Grundriß der Gesamtanlage

Schloß Linderhof

König Maximilian II. war auf seine Weise mindestens genauso romantisch veranlagt wie sein Sohn Ludwig. Ihm hatte um 1850 ein Häuschen im hintersten Graswangtal so gefallen, daß er es kaufte und ganz in unserem heutigen Sinne aus Stall und Heustadl ein paar Zimmer zum Jagdhaus hatte ausbauen lassen. 1860 durfte der junge Kronprinz seinen Vater zum ersten Mal hierher begleiten. Zehn Jahre später – inzwischen waren dem jungen König München und die Münchener bereits gründlich verleidet – erhielt Georg Dollmann den Auftrag, für das alte Königshäuschen im Graswangtal einen Anbau zu entwerfen, um den Linderhof, wie das Anwesen früher geheißen hatte, als stille Zuflucht wohnlicher zu gestalten.

Die Pläne sahen einen ovalen Salon, flankiert von zwei hufeisenförmigen Räumen vor. Der insgesamt längliche Flügel sollte in Anlehnung an das Bestehende in Holzständerbauweise an die Nordostecke des Jagdhauses angebaut werden. Das Innere der rustikalen Schale sollte dann in erlesenem französischen Rokoko ausgestaltet werden. Kaum stand jedoch der neue Ostflügel, kam dem König die Idee, ihn durch ein spiegelbildliches Gegenstück im Westen zu ergänzen und beide durch ein großzügiges Schlafzimmer im Norden miteinander zu verbinden. Da er gleichzeitig feststellte, die gerade fertigen Räume im Nordostflügel seien zwar in der Proportion, nicht aber in der Größe richtig, mußte das gerade Fertige wieder abgerissen werden.

Die Pläne für den erweiterten Neubau lieferte wieder Georg Dollmann, der einen u-förmig um einen Hof gelegenen Gebäudekomplex konzipierte. Sein Zentrum sollte das königliche Schlafzimmer im Norden werden, das von Anfang an Versailler Vorbild entsprach. Das Ganze wurde wieder in der rustikalen Holzständerbauweise errichtet. Unbefriedigend blieb dabei allerdings, daß weder das alte Königshäuschen mit dem Neubau zusammenpaßte noch das Äußere mit dem Inneren harmonierte.

Die Lösung brachte die am 21. Januar 1874 erteilte Abbruchverfügung für das Königshäuschen. An seiner Stelle wurde vor den dreiflügligen Neubau ein Eingangstrakt mit Vestibül und Treppenhaus errichtet. Sein Obergeschoß bot nun Platz für den Spiegelsaal und zwei Gobelinzimmer. Um auch das Äußere mit dem Inneren in Einklang zu bringen, erhielt der gesamte Bau eine Ummantelung aus kunstvoll gegliederten Steinmauern. Bis 1878 konnte das Ganze fertiggestellt werden.

Für die äußere Gestaltung und die Ausstattung im Inneren erhielt Georg Dollmann von Ludwig II. klare Vorgaben im Sinne des royalistischen Stils des Dix-huitième. Dieses Neo-Rokoko sollte äußeres Zeichen für seine Verehrung für den Bourbonenkönig Ludwig XIV. sein. Als Helfer standen Dollmann für Einzelentwürfe der auch in Neuschwanstein voll beschäftigte Theatermaler Christian Jank und für Details der Direktor des Münchener Hoftheaters, Franz Seitz, zur Verfügung.

Genauer noch als in Neuschwanstein nahm es Ludwig II. in Linderhof mit den Genehmigungen von Einzelheiten. Jeder Entwurf für irgendein Detail durfte erst nach ausdrücklicher Genehmigung durch den König gefertigt werden. Wie es zuging, wenn dem König etwas nicht zusagte, illustriert ein Protokoll des Hofsekretärs Düfflipp vom 17. Oktober 1872, in dem es unter anderem heißt: »Daß die Genien über den Türen und am Plafond sowie die Bavaria im Arbeitszimmer weiß sind, sein von Herrn Dollmann sehr geschmacklos, Majestät seien darüber sehr erstaunt und erzürnt und sollen obige gleich vergoldet werden.«

Relativ freie Hand hatte Dollmann lediglich bei der Gestaltung der Außenhaut von Schloß Linderhof. Um das Ganze im Sinne des Rokoko ja nicht zu schwerfällig werden zu lassen, gestaltete er das Erdgeschoß als Sockelzone und reduzierte dadurch die Optik nahezu ganz auf das Hauptgeschoß.

Das Schlößchen Linderhof im oberen Graswangtal bei Ettal wurde zur eigentlichen Heimat des bayerischen Märchenkönigs. Hier in den weiten Bergwäldern fühlte er sich wohl, konnte er ungestört sein Vorbild, den französischen Sonnenkönig Ludwig XIV. verehren. Unsere Bilder zeigen links die Westfassade von Schloß Linderhof, rechts das Speisezimmer.

Die Südfassade ist durch geschoßhohe, gebänderte Pilaster und Säulen, hohe Fenster und halbhohe Figurennischen sowie einer Balustrade im oberen Abschluß gegliedert. Der dreiachsige, kräftig vorspringende Mittelrisalit ist von Doppelsäulen eingefaßt. Ein goldenes Balkongitter ziert den von Atlanten getragenen Mittelrisalit. Ein überreich stukkierter Ziergiebel überragt das Ganze.
Ähnliche Gliederungen weisen die Seitenfassaden im Osten und im Westen auf. Hauptelemente sind jeweils ein polygonaler Risalit, hinter dem sich die ovalen Säle auf beiden Seiten verbergen. Gegliedert ist jeder Risalit mit je zwei rechteckigen, auf kleine Balkone führende Türen sowie einer mittleren, von einem gesprengten Giebel überhöhten Nische in Muschelform. Selbst die Nordfassade weist ähnliche Gliederungselemente auf wie die Hauptfassade.
Daß an der gesamten Fassadengestaltung letztlich nichts Zufälliges zu finden ist, beweist nichts besser als ihr vom König persönlich zusammengestelltes ikonographisches Programm. Aufgebaut von unten nach oben, symbolisieren die allegorischen Figuren der wichtigsten Stände die tragenden Säulen des Landes. Im Attikageschoß erinnern allegorische Repräsentanten an den kulturellen Bereich. Zentrale Figuren aber sind die »Viktoria« in der großen Nische in der Mitte der Hauptfassade als Symbol für das siegreiche Königtum sowie ein Atlas mit einer gewaltigen Weltkugel in der Spitze des Giebels als Verkörperung des universalen Machtanspruchs des bayerischen Königs.
Der im Hause herrschende Geist empfängt den ins Schloß eintretenden Besucher gleich im Vestibül in Form einer verkleinerten Nachbildung des Standbildes von Ludwig XIV., das die Stadt Paris 1699 hatte gießen lassen. Der bayerische Ludwig wollte mit der Nachbildung nicht nur seinem großen Vorbild Referenz erweisen, sondern vor allem auch seine eigene Stellung verdeutlichen. In keinem Raum des Schlosses fehlt deshalb ein Anklang an das Versailler Vorbild.
Um dem großen Vorbild im Hauptgeschoß des Schlosses gerecht zu werden, war jedes Mittel genialer Dekorationskunst gerade recht. Neben Dollmann wirkte hier vor allem Hoftheaterdirektor Franz Seitz. Beide unternahmen für jeden einzelnen Raum des Schlosses den Versuch, ein in sich geschlossenes Raumkunstwerk zu schaffen. Die Räume untereinander – vom König als einheitliches »Appartement« verstanden – wurden ihrerseits dann wieder so aufeinander abgestimmt, daß sich eine bestimmte rhythmische Wirkung beim Durchschreiten hin zum Hauptraum, dem Paradeschlafzimmer im Norden, ergab.
Der Rundgang für den heutigen Besucher von Schloß Linderhof beginnt im westlichen Gobelinzimmer, das auf großen Wandbildern Gesellschafts- und Schäferszenen zeigt. Allerdings hängen hier keine echten Gobelins, vielmehr ist grobe Leinwand nur täuschend echt bemalt. Dasselbe gilt für das östliche Gegenstück, wo mythologische Darstellungen zu sehen sind. Das Deckengemälde zeigt hier eine Allegorie auf den Morgen mit Apollo und Aurora während im westlichen Gobelinzimmer an der Decke Apollo Venus als Abendsymbol im Muschelwagen empfängt.
Auch die drei folgenden Räume haben jeweils eine exakte Entsprechung auf der Ostseite des Hauses. Zunächst folgt das erste der insgesamt vier hufeisenförmigen Kabinette, die jeweils nach ihrer Grundfarbe benannt sind. Alle vier enthalten Reminiszenzen an die Epoche von Ludwig XIV. Je zwei dieser kleinen Kabinette umrahmen den ovalen Hauptraum des West- bzw. Ostflügels. Im Westen ist dies das Audienzzimmer, im Osten das Speisezimmer.
Das Audienzzimmer hieß ursprünglich »Chambre de Conseil«, weil der König der Meinung war, zu den Symbolen seiner Macht gehöre auch ein Audienzzimmer. Tatsächlich benutzt aber wurde der Raum als Arbeitszimmer, eine Audienz dagegen wurde hier nie abgehalten. Dafür überragt den bis auf die Platte ganz vergoldeten »Arbeitstisch« ein majestätischer Baldachin mit dem bayerischen Wappen als zentralem Motiv. Die vergoldeten Schnitze-

reien in der Vertäfelung sollen ebenso den absolutistischen Machtanspruch von Ludwig II. unterstreichen wie die Lünettenbilder im Muldengewölbe, die an das absolutistische Königtum der Bourbonen erinnern sollen.
Das östliche Gegenstück des Audienzzimmers ist das ganz in Weiß, Rot und Gold gehaltene Speisezimmer mit seinem beinahe schon weltberühmten »Tischlein-Deck-Dich«. Seinen Namen erhielt der überreich verzierte Speisetisch, weil er auf einer versenkbaren Plattform steht, mit der der ganze Tisch zum Aufdecken ins Erdgeschoß heruntergeholt werden kann. Damit war es Ludwig nämlich möglich, ungestört von Dienerschaft ganz allein zu speisen. Gesellschaft leisteten ihm dabei allenfalls imaginäre Gäste aus der französischen Hofgesellschaft, mit denen er sich im Selbstgespräch zu unterhalten pflegte. Die gesamte Raumdekoration ist in Schnitzerei und Malerei auf den Verwendungszweck des Raumes abgestimmt.
In jeder Beziehung der bedeutendste Raum ist das im Norden die beiden Flügel verbindende königliche Schlafzimmer, um das herum der gesamte Rest des Schlosses als Staffage zu dienen hatte. Gut ein Drittel des Raumes nimmt alleine das Prunkbett als die eigentliche absolutistische Repräsentationsbühne ein. Seine mit Amoretten verzierte Rückwand zeigt als zentrales Motiv das Emblem des französischen Sonnenkönigs und erinnert damit einmal mehr an das leuchtende Vorbild des bayerischen Sonnenkönigs. Daß der Bettbaldachin darüber das bayerische Wappen zeigt, sollte zum Ausdruck bringen, daß Bayern doch im Rang noch über dem großen französischen Vorbild zu sehen sei. Als Trennungslinie zwischen dem Prunkbett und dem Rest des Raumes dient eine geschnitzte und vergoldete Balustrade, von der Ludwig selbst sagte, sie markiere eine »nie zu durchschreitende und unverletzliche« Trennungslinie.
Das Gegenstück des Paradeschlafzimmers im Norden ist im Süden der Spiegelsaal. Der relativ kleine Raum entstand auf ausdrücklichen Wunsch des Königs nach dem Vorbild des Spiegelkabinetts in den Reichen Zimmern der Münchener Residenz und wurde nach Ludwigs eigenen Angaben noch weiter ins Prunkvolle gesteigert. Weil die Spiegel hier alles dominieren, scheint die natürliche Raumgrenze nahezu aufgehoben durch die Vortäuschung einer endlosen, mit reich vergoldetem Schnitzwerk überladenen Raumflucht.

König Ludwig II. war aber nicht nur der »Träumer« und Märchenkönig, er war auch der sendungsbewußte Herrscher, dessen großes Vorbild der französische Sonnenkönig und sein Prachtschloß Versailles waren. Bereits 1868 reifte deshalb beim König der Entschluß, ein bayerisches Versailles zu errichten. Es entstand ab Mai 1878 auf der Herreninsel im Chiemsee, auch wenn Ludwig II. dort die Berge eigentlich zu weit entfernt waren. Auch für uns ist dies der Grund, Herrenchiemsee im Rahmen dieses Buches nicht näher vorzustellen.

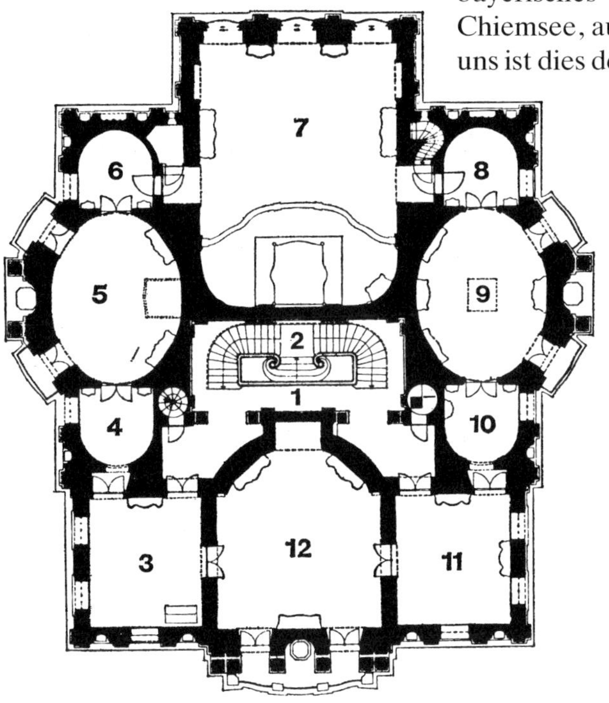

Grundriß des Hauptgeschosses

1 Vestibül
2 Treppenhaus
3 Westliches Gobelinzimmer
4 Gelbes Kabinett
5 Audienzzimmer
6 Lila Kabinett
7 Schlafzimmer
8 Rosa Kabinett
9 Speisezimmer
10 Blaues Kabinett
11 Östliches Gobelinzimmer
12 Spiegelsaal

◁ *Die eigentliche Innsbrucker Hofburg entstand im 14. Jh., als die Tiroler Landesfürsten noch in Meran residierten und nur gelegentlich zu Stippvisiten nach Innsbruck kamen. Zur barocken Anlage ließ erst Kaiserin Maria Theresia die Hofburg ab 1754 umbauen.*

Das Innsbrucker »Goldene Dachl« entstand als Prunkerker an der Südseite der herzoglichen Residenz gegen den Stadtplatz hin. Dort wo sich seit eh und je alles mit Rang und Namen zu Turnieren und Festen zusammengefunden hatte, ließ Kaiser Maximilian um 1500 für sich und seinen Hofstaat den weltberühmten Erker mit seinem Dach aus kupfernen, feuervergoldeten Schindeln als Zuschauerloge errichten.

Tiroler Burgen

Die Hofburg

Für die Touristen aus aller Welt dürfte das gängigste Synonym zu Innsbruck immer noch das »Goldene Dachl« sein, auch wenn kaum einer der Bewunderer Näheres über den alten Prunkerker wissen dürfte. Daß er einst Teil der herzoglichen Residenz und sein Bauherr kein Geringerer als Kaiser Maximilian war, weiß selbst so mancher Innsbrucker nicht, wird dort doch immer gerne noch geglaubt, der Erker sei von Herzog Friedrich – dem »mit der leeren Tasche« – erbaut worden, um mit dem goldenen Dach zu beweisen, daß seine Taschen nun wieder voll seien. Dabei entstand zur Zeit Herzog Friedrichs lediglich der »Neue Hof«, der im 15. Jahrhundert zur neuen landesfürstlichen Residenz werden sollte.
Dieser »Neue Hof« aber grenzte im Süden an die heutige Herzog-Friedrich-Straße und damit an den Stadtplatz, wo sich seit eh und je alles mit Rang und Namen zu Turnieren und Festen zusammengefunden hatte. Um selber zuschauen und sich gleichzeitig ins rechte Licht setzen zu können, ließ Maximilian um 1500 für sich und seinen engsten Hofstaat das heutige Innsbrucker Markenzeichen mit seinem Dach aus kupfernen, feuervergoldeten Schindeln als Zuschauerloge errichten.
Der Erker springt im ersten und zweiten Obergeschoß stufenweise vor. Seine unterste Laube im Parterre wird von zwei schlanken Pfeilern flankiert, die in dem flachen Rippengewölbe groteske Kleinplastiken zeigen. Unter den vierstufig angeordneten Fenstern des ersten Obergeschosses bilden sechs Wappenreliefs eine Balustrade. Die Wandbilder links und rechts neben den Fenstern zeigen je einen Bannerträger mit den Fahnen Tirols und Österreichs. Der obere, noch einmal vorspringende Erker wird von Konsolen getragen. Die Brüstung enthält hier sechs tiefplastische Reliefs. Die beiden mittleren von ihnen stellen Maximilian einmal mit seinen beiden Gattinnen Maria von Burgund und Bianca Maria Sforza, zum anderen mit Kanzler und Hofnarren dar. Die übrigen vier Reliefs enthalten ausdrucksstark gestaltete Moriskentänzer. Die Rückwand des Erkers schließlich ist mit höfisch kostümierten Figuren der damaligen Adelsgesellschaft bemalt. Schöpfer des Erkers und der Plastiken war der Hofbaumeister Nikolaus Türing d. Ä., die Fresken schuf Jörg Kölderer.
Die eigentliche Hofburg entstand im 14. Jahrhundert, als die Tiroler Landesfürsten noch in Meran residierten und nur ab und zu zu Stippvisiten nach Innsbruck kamen. Standort der Hofburg war von Anfang an der damalige östliche Stadtrand, und ihre Hauptfront war zum heutigen Rennweg ausgerichtet. Ihre eifrigsten Bauherren waren Erzherzog Sigmund »der Münzreiche« und sein Nachfolger Maximilian I. König Ferdinand I. schließlich ließ um 1530 einen Westflügel errichten und den Haupttrakt am Rennweg erneuern.
Weil die Tiroler Linie der Habsburger an Bedeutung verlor, änderte sich bis zur Zeit Maria Theresias praktisch nichts mehr an der Hofburg. Erst 1754 beauftragte die Kaiserin den damals bereits siebzigjährigen Johann Martin Gumpp mit dem Umbau der weitläufigen mittelalterlichen Burg zu einer einheitlichen barocken Anlage. Gumpp begann mit der Südfront und dem Treppenhausflügel an der Hofgasse. Am zentralen Portalrisalit, gestaltet als gebäudehoher Triumphbogen mit Balkon und krönendem Giebel, ist noch heute abzulesen, wie wenig der ältere Gumpp modernen Entwicklungen gefolgt war. Nur das Rocaillewerk der Fensterumrahmungen verrät bereits Neues.
Daß aus der Hofburg im Endeffekt doch noch ein barockes Schloß wurde, ist dann

eigentlich dem Siebenjährigen Krieg zu verdanken, der eine Baupause und einen neuen Bauleiter erzwang. Er fand sich in Konstantin Johann Walter, der den Ost- und Nordtrakt errichtete sowie zusammen mit dem Wiener Hofarchitekten Nikolaus Pacassi die Fassade des Haupttraktes gegen den Rennweg in die heutige Form brachte. Gerade diese Aufgabe war alles andere als leicht, galt es doch, aus der langen, aus verschiedenen mittelalterlichen Baukomplexen zusammengesetzten, nicht fluchtenden und von zwei Türmen flankierten Front ein einheitlich wirkendes Ganzes im Geschmack der Zeit zu schaffen.

Walter und Pacassi lösten die Aufgabe dadurch, daß sie die beiden 1536 zur Stabilisierung errichteten halbrunden Türme in zwei vorspringende, kuppelbekrönte Eckrondelle umwandelten, zwischen denen sie die lange Fassade mit Hilfe von zwei Risaliten, flachen Pilastern und je einer Attika gliederten und so der Hofgartenfront der Innsbrucker Residenz eine beinahe klassizistische Wirkung verliehen.

Während das Äußere 1770 vollendet werden konnte, dauerte die Fertigstellung der Innenausstattung bis 1776. Dafür sind die damals vollendeten Repräsentationsräume im zweiten Obergeschoß des Rennwegtraktes nahezu original erhalten. Lediglich die Kaiserappartements auf der Nordostseite wurden um 1860 im Stil des »Zweiten Rokoko« überarbeitet.

Der Rundgang beginnt heute im Sterbezimmer von Kaiser Franz I., das Nikolaus Pacassi im Auftrag der Kaiserin in eine Gedächtniskapelle umwandelte. Damit hier dauernd für ihren verstorbenen Gemahl gebetet würde, gründete sie extra im Süden der Hofburg das adelige Damenstift, für dessen Insassinnen in der Gedächtniskapelle täglich zwei Messen gelesen werden sollten. Als Empfangsraum für den folgenden Riesensaal diente der Gardesaal. Er macht mit seinen zahlreichen Portraits ein Stück Familiengeschichte des österreichischen Herrscherhauses lebendig. Verherrlicht sind vor allem auch die Taten von Karl V. von Lothringen, der mit seinen Siegen gegen die Türken entscheidend zum Bestand der Habsburger beitrug und in der Hofburg als Statthalter von Tirol residierte.

Als Hauptsehenswürdigkeit folgt nun der Riesensaal, den Maximilian I. bereits 1510 in den heutigen Dimensionen hatte errichten lassen. Seinen Namen erhielt der Saal jedoch nicht weil er über zwei Geschosse reicht, sondern weil er zu Maximilians Zeiten mit Gemälden von Riesen ausgestattet war. Unter Maria Theresia wurde der 1534 ausgebrannte und danach von König Ferdinand erneuerte Raum zum »Familiensaal«, weil er mit Ölportraits des Kaiserpaares, seiner sämtlichen Kinder und Enkel verziert wurde. Die Bilder kontrastieren aufs vornehmste mit den weiß-goldenen Spätrokokodekorationen und dem gewaltigen, 1776 fertiggestellten Deckenfresko von Franz Anton Maulpertsch. Er galt in der zweiten Hälfte des 18. Jahrhunderts als der größte deutsche Maler seiner Zeit und war deshalb der Kaiserin gerade gut genug, den Triumph des Hauses Habsburg-Lothringen an der Decke ihres Familiensaales zu verewigen. In den Nebenfeldern wurden nach Angaben der Kaiserin die Reichtümer des Landes Tirol in zahlreichen allegorischen Figuren dargestellt.

Auch die zwei anschließenden Räume sind noch mit den ursprünglichen Portraits und Gemälden ausgestattet. Im »Lothringerzimmer« ist es eine Reihe von Portraits von Vorfahren und Verwandten von Franz I. von Lothringen, im »Kapitelzimmer« sind es drei interessante Historienbilder aus der Zeit Maria Theresias. Sie schildern drei festliche Ordensfeiern beim Stephansorden, beim Deutschen Ritterorden und beim Orden des Goldenen Vlieses. In beiden Zimmern sind prächtige Majolikaöfen im Original erhalten.

Die Räume des folgenden »Kaiserappartements«, die ehemaligen Privatgemächer der kaiserlichen Familie also, sind leider nicht mehr im Original erhalten. Sie wurden um 1860 neu gestaltet und geben deshalb keinen Eindruck mehr davon, wie die kaiserliche Familie zu Maria Theresias Zeiten eingerichtet war.

Als Erzherzog Ferdinand II. 1564 in Tirol die Regierung antrat, war er bereits seit 7 Jahren mit der Augsburger Patriziertochter Philippine Welser heimlich vermählt. Für sie erwarb er das ziemlich heruntergekommene Schloß Ambras nahe Innsbruck und machte sich mit Feuereifer daran, es als Wohnsitz für seine heimliche Gemahlin im Sinne der Renaissance auszubauen. Sein Park war seinerzeit europaweit berühmt.

Völlig modernisiert wurde unter Ferdinand II. im Stil der Zeit auch das alte Hochschloß. Bei dieser Gelegenheit wurde der rechteckige Innenhof vollständig und in typischer Renaissancemanier bemalt. ▷

Nach und nach entstand das gesamte heutige Unterschloß zur Aufnahme der umfangreichen Sammlungen des Erzherzogs. Der Spanische Saal von G. Luchese stellt mit seiner wunderschönen Intarsienholzdecke und der reichen Malerei einen der prächtigsten Säle der deutschen Renaissance dar.

Schloß Ambras

Glaubt man der Überlieferung, dann stand auf dem 200 m über dem Innsbrucker Talboden aufragenden Felsen von Schloß Ambras zur Römerzeit ein Kastell, das die hier vorbeiführende Straße zum Brenner schützen sollte. Auch wenn dafür bisher kein Grabungsbeleg gefunden werden konnte, spricht doch schon allein der Name (abgeleitet aus ad umbras = im Schatten liegend) für eine Gründung durch die Römer. Im 10. Jahrhundert jedenfalls stand auf dem Platz des heutigen Hochschlosses eine mittelalterliche Burg des Grafen von Andechs. Während einer Auseinandersetzung des Grafen Otto von Andechs mit Heinrich dem Stolzen von Bayern ging diese Burg 1133 in Flammen auf und wurde völlig zerstört.
Der Folgebau entstand im letzten Viertel des 12. Jahrhunderts und umfaßte einen polygonal abgeschrägten, viergeschossigen Bergfried mit im Erdgeschoß über 3 m dicken Mauern an der Südwestecke sowie einen Palas im Norden. Am 3. September 1330 wurde eine neue Kapelle geweiht und wohl auch zur gleichen Zeit der Nordtrakt nach Osten erweitert. Gegen Ende des 15. Jahrhunderts wurde zum ersten Mal eine Frau Herrin von Schloß Ambras. 1484 nämlich schenkte Erzherzog Sigmund die Anlage seiner zweiten Frau, Katharina von Sachsen, und versicherte dabei gleichzeitig »Sloss Ombras inner dreien jarn wiederump zu erbauen«.
Die eigentliche Blütezeit aber kam für das Schloß unter einer weiteren Frau, die zudem auch noch eine Bürgerliche war. Die Augsburger Patrizierstochter Philippine Welser war seit 1557 die heimliche Gemahlin von Erzherzog Ferdinand II., der 1564 in Tirol die Regierung antrat. Noch im selben Jahr erwarb er für 15 300 Gulden Schloß Ambras und machte sich daran, es als Wohnsitz für seine Gemahlin auszubauen.
Daß Ferdinand und Philippine ihre Ehe auch weiterhin geheimhalten mußten (ihre Kinder wurden als Findelkinder auf die Schwelle des Schlosses gelegt und von der Mutter adoptiert, erst 1576 wurde die Ehe auch von Papst Gregor XIII. für gültig und ihre Kinder für legitim erklärt), tat der Baufreudigkeit jedenfalls keinen Abbruch. Alles, was heute an und in Schloß Ambras zu sehen ist (und einiges, was im vergangenen Jahrhundert verfiel), entstand zu dieser Zeit und als Zeugnis einer glücklichen Ehe.
Nach und nach entstanden das gesamte heutige Unterschloß zur Aufnahme der umfangreichen Sammlungen von Erzherzog Ferdinand II., der Spanische Saal als Denkmal für die Tiroler Landesfürsten, ein (heute wieder abgetragenes) Ballhaus sowie der seinerzeit europaweit berühmte Renaissancepark. Natürlich wurde auch das Hochschloß selbst entsprechend ausgebaut und völlig modernisiert. Erst 1589 hatten die Handwerker all das vollendet, was Matthäus Merian in seiner Welttopographie 1649 so eindrucksvoll festhalten konnte.
Weil Ferdinand zu Beginn der Arbeiten noch in Böhmen residierte, wurde sein Kammerdiener Johann Guarient zum »Bauleiter« ernannt. Diese Lösung scheint recht gut funktioniert zu haben, denn bereits 1566 war das Hochschloß fix und fertig renoviert. Bereits beim nächsten Projekt, dem von 1569 bis 1672 errichteten Spanischen Saal übernahm Ferdinand II. selbst die Bauleitung. Dieser Saal mußte als selbständiger Baukörper dem Hochschloß an der Südseite vorgelagert werden, da es im Hochschloß selbst dafür keinen Raum gab. Der längs-rechteckige, großzügig dimensionierte Raum war als Festsaal und Repräsentationsraum für Empfänge gedacht.
Sofort anschließend wurde mit dem Bau des Unterschlosses begonnen, an dessen insgesamt fünf Trakten bis 1583 gebaut wurde. In den langgezogenen Baulichkeiten brachte Ferdinand die schon zu seinen Lebzeiten berühmte Sammlung von Waffen, Kunstgegenständen, Portraits, Kuriosa und die Bibliothek unter.
Vor allem diese Sammlungen hatten es in sich, war ihre Präsentation doch erstmals auf Besucher ausgerichtet und nach ästethischen Kriterien gestaltet. Die Objekte wurden

zudem nach inhaltlichen Gesichtspunkten geordnet. Im ersten Waffensaal etwa waren die Turnierwaffen versammelt, im zweiten die Harnische von Riesen und Zwergen und andere Kuriosa, die dritte Rüstkammer enthielt die persönlichen Waffen Ferdinands und der vierte Saal war schließlich angefüllt mit Ferdinands »ehrlicher Gesellschaft«, worunter Rüstungen berühmter Helden aus ganz Europa verstanden wurden.
Erstmals gab es eine eigene Kunstkammer mit 18 Rücken an Rücken stehenden Kästen, in denen in bunter Mischung nahezu ein universales Welttheater dargestellt wurde. Alles in allem ergab sich so als absolutes Novum ein nach einem übergeordneten Prinzip gestaltetes Museum. Seit seine Bestände anläßlich des Wiener Kongresses im Schloß Belvedere zum ersten Mal einer größeren Öffentlichkeit zugänglich waren, wurde die Sammlung weltberühmt.
Mit dem Ende der Monarchie ging das Schloß in das Eigentum der Republik Österreich über. Seither bemüht man sich, das von seinen Nachfolgern arg vernachlässigte Erbe Ferdinands II. zu erhalten und so weit wie möglich zu restaurieren. Inzwischen ist es gelungen, die Sammlungen entsprechend den alten Beschreibungen weitgehend wieder aufzufüllen, die Kunstkammer neu zu gestalten und die Fresken in einigen Räumen des Hochschlosses zu restaurieren. Selbst zeitgenössisches Mobiliar hat sich für die Ausstattung des Hochschlosses zumindest teilweise wieder finden lassen.
Heute erwartet den Besucher auf Schloß Ambras im Unterschloß wieder ein umfangreiches Museumsprogramm. Im ersten Waffensaal wurde die 1576 von Giovanni Fontana für den ehemaligen Speisesaal geschaffene Decke mit der allegorischen Interpretation des Himmelsglobus eingebaut. Ausgestellt sind hier Waffen aus dem 16. und 17. Jahrhundert sowie Trophäen aus dem Bauernkrieg von 1626. Der zweite Waffensaal enthält Turnier- und Prunkharnische aus dem 15. und 16. Jahrhundert von Angehörigen des Hauses Habsburg.
Erzherzog Ferdinands Kunstkammer wurde im ersten Stock der alten Kornschütt dort eingebaut, wo ursprünglich die Bibliothek war. In 22 Rücken an Rücken stehenden Kästen ist wie zu Ferdinands Zeiten Kunstgewerbliches zu bestaunen. Wie damals stehen Kunstwerke und »Naturwunder« gleichwertig nebeneinander, um, wie damals, das Universum und seine Merkwürdigkeiten als Ganzes wiederzugeben. Einziges Ordnungskriterium ist die Materialgleichheit, um so ganz den Eindruck einer Kunstkammer des 16. Jahrhunderts zu vermitteln. Sogar Ferdinands Antiquarium wurde weitgehend originalgetreu nach dem Inventar des Historiographen Anton Röschmann von 1730 neu zusammengestellt. Wie schon zu Ferdinands Zeiten wurden auch jetzt für nicht erreichbare Originale Plastiken des 16. Jahrhunderts aufgestellt.
Am Weg zum Hochschloß liegt der 43 m lange, 10 m breite und 5 m hohe Spanische Saal, für den Giovanni Lucchese zunächst einmal den Platz vom Schloßfelsen wegsprengen mußte. Dabei ließ er den heutigen Eingang auf der Westseite geschlossen. Erst im 19. Jahrhundert wurde auch hier der Fels weggesprengt und das heutige Portal gebaut.
Das Innere enthält eine Portraitsammlung Tiroler Landesherren von Albert von Goertz bis Erzherzog Ferdinand. Die ersten Bilder dürften von Pietro Rosa, die späteren von Giovanni Fontana ausgeführt worden sein. Die Grotesken jedenfalls malte der Niederländer Dionys von Hallaert, die Stukkaturen schuf der Flame Anthonius Brackh. Das Glanzstück des Raumes aber, das ihn zugleich zum schönsten Saal der deutschen Renaissance machte, ist die unversehrt erhaltene, hölzerne Kassettendecke des Haller Tischlers Conrad Gottfried, von dem auch die beiden wertvollen Intarsientüren geliefert wurden.
Das fünfeckige Hochschloß enthält in seinem Kern die mittelalterliche Burg, ist von außen charakterisiert durch die schmalen, unterschiedlich gestalteten und mit Grisaillen bemalten Kamine und umschließt einen rechteckigen Innenhof, den Ferdinand mit einer rustikalen Renaissancedekoration ausmalen ließ. Dargestellt sind in fünf umlaufenden Streifen von

oben nach unten die ritterlichen Ahnen von Ferdinand II. Es folgen Szenen aus dem Alten Testament und antiken Sagen. Die dritte Reihe zeigt weibliche Allegorien, die vierte den Triumph des Bacchus; ganz unten sind noch einmal weibliche Allegorien zu sehen.
Im Erdgeschoß des Hochschlosses ist das Badezimmer der Hausherrin noch genauso erhalten, wie es 1567 fertiggestellt wurde. In ihrem Ankleideraum zeigen Fresken Szenen aus dem Bade- und Hofleben, in einer Vitrine sind noch die persönlichen Toilettengegenstände der Herzogin zu sehen. Verteilt über drei Stockwerke enthält das Hochschloß dann eine Portraitgalerie zur Geschichte Österreichs mit Bildnissen europäischer Fürsten von 1400 bis 1800.

Burgen im Unterland

Zwischen Innsbruck und Kufstein reihen sich entlang des Inn kleinere Burgen und Schlösser mit ursprünglich unterschiedlichsten Funktionen. Vom Schutz für Hab und Gut und die Sicherung der Geldproduktion bis zur Behütung einer Wallfahrt reicht hier die Spannweite.
Den Anfang macht wenige Kilometer unterhalb von Innsbruck Burg HASEGG, die einst als wehrhafter Brückenkopf zum Schutz der Haller Saline einerseits und der hier endenden Innschiffahrt andererseits entstand. Seit dem frühen Mittelalter hatte man in dem weit ins Karwendel hineinragenden Halltal Salz abgebaut und die Sole unten am Inn, unmittelbar neben der Burg Hasegg, zu Salz gekocht. Das dafür nötige Holz kam über den Inn, das fertige Salz wurde ebenfalls über diesen Verkehrsweg abtransportiert.
Als die Haller gar 1303 von Herzog Otto von Goertz das Stadtrecht und damit die gleichen Privilegien wie die Innsbrucker (freie Wahl des Stadtrichters, Verfügungsfreiheit über ihr Vermögen und das Marktrecht) erhielten, führte das rasch dazu, daß das inzwischen wohl befestigte Städtchen doppelt so groß wurde wie Innsbruck. Erzherzog Sigmund stabilisierte diese Blüte 1477 noch dadurch, daß er seine Münzstätte hierher verlegte und Ferdinand II. schließlich sorgte dafür, daß die Haller Glashütte einen neuen Aufschwung nehmen konnte.
Weil die Haller Bürger ihren Landesfürsten immer wieder aus finanziellen Schwierigkeiten hatten heraushelfen müssen, hatten diese umgekehrt ein besonders enges Verhältnis zum Städtchen am jungen Inn. So war es sicher kein Zufall, daß Kaiser Maximilian I. sich auf Hasegg mit seiner zweiten Frau Bianca Maria Sforza trauen und aus diesem Anlaß die spätgotische, dem hl. Georg geweihte Burgkapelle errichten ließ. 1515 wurde sie von Nikolaus und Gregor Türing fertiggestellt. Die beiden besten Tiroler Steinmetze ihrer Zeit bauten die Kapelle im ersten Stock des Osttraktes der Burg ein und scheuten sich auch nicht, die Apsis über die Flucht der Außenmauer nach Osten hinausragen zu lassen. Der Kapellenbau selbst steht frei in einer Halle unter spätgotischem Gratnetz.
Das entscheidende Ereignis für den Fortbestand der Burg Hasegg geschah 1567, als Erzherzog Ferdinand II. in der Burg die erste maschinell arbeitende Münzstätte einrichten ließ. Damit war endgültig das »Finanzministerium« der Landesfürsten nach Hall und in den Turm der Burg Hasegg gekommen, der deshalb noch heute Münzerturm heißt. Sein runder Sockel geht noch auf romanische Zeit zurück, sein Schaft erweitert sich oben zum unregelmäßigen, doppelten Zwölfeck, sein Kegeldach ist in der Mitte durch eine Laterne unterbrochen, und seine Bekrönung bildet eine goldene Sonnenkugel.
Heute kann man den Turm besteigen, die verwinkelte Holzkonstruktion seines Daches bestaunen und aus seiner Laterne die Aussicht über das Tal genießen. In der alten Münze kann man sich anhand zahlreicher originaler Prägestöcke und Prägemaschinen umfassend über das Münzwesen quer durch die Jahrhunderte informieren.

Der massive romanische Bergfried der alten Burg Freundsberg stammt noch aus dem 11. Jh., als dort Ministerialen der Grafen von Andechs saßen. Die Burgkapelle entstand im Auftrag von Erzherzog Sigmund, ihre frühbarocke Umgestaltung besorgte Peter Tumb bis 1637.

◁ *Burg Hasegg in Solbad Hall diente einst als wehrhafter Brükkenkopf zum Schutz der Haller Saline und der dort endenden Innschiffart. 1567 ließ Erzherzog Ferdinand II. in der Burg die erste maschinell arbeitende Münzstätte einrichten. Ihr Turm mit dem unregelmäßigen doppelten Zwölfeck heißt deshalb heute noch Münzerturm. Er ist eines der Wahrzeichen Nordtirols.*

Einen ganz anderen historischen Hintergrund hat der das alte Bergwerkstädtchen Schwaz hoch überragende, massive romanische Bergfried der alten Burg FREUNDSBERG. Hier herrschte seit dem 11. Jahrhundert im Dienste der Grafen von Andechs das Ministerialengeschlecht »de Frewntesperch«. Erst 1248 wurde man hier tirolisch – gerade rechtzeitig, bevor man die Silber- und Kupferschätze des Schwazer Erzberges entdeckte.
1467, etwa zur Zeit des intensivsten Erzabbaus mit über 10 000 Bergknappen, kaufte Erzherzog Sigmund sogar Burg und Herrschaft von Ulrich von Freundsberg, dem Vater des berühmten Söldnerführers Georg von Frundsberg. Dennoch erreichte es Sigmund nicht, den Hauptstrom des Schwazer Reichtums in seine Taschen bzw. in die des Landes Tirol zu lenken. Hier waren ihm die Augsburger Fugger bei weitem überlegen. Ihnen nämlich gelang es bestens, den »Rahm« vom Schwazer Bergschatz abzuschöpfen.
Heute birgt der alte Bergfried ein kleines Heimatmuseum. Die von Sigmund errichtete Burgkapelle wurde 1634 bis 1637 von Peter Tumb frühbarock umgestaltet.

Ebenfalls den Herren von Freundsberg begegnet man wieder kurz vor Brixlegg, denn ihnen gehörte einst auch die Burg MATZEN für gut 300 Jahre. 1167 jedenfalls war sie ausweislich einer Urkunde mit dem Bischof von Salzburg im Besitz von »Ulricus des Friunsperch von der Matzen«. Erst 1468 ging der Besitz durch Verkauf an Matthias Türndl.
Seit diesem Verkauf wechselte der Besitzer häufig. Von der Mitte des 18. Jahrhunderts bis 1873 war das Gemäuer sich praktisch selbst überlassen und verfiel entsprechend. Heute ist die Burg wieder in Privatbesitz und bewohnt. Lediglich der von einer Arbeitsgemeinschaft gepflegte Park ist zugänglich.

Gleiches gilt für die Burg LICHTENWÖRTH nordwestlich von Matzen. Sie stand ursprünglich als Wasserburg auf einer Insel mitten im Inn. Heute bewachen ihre grauen Mauern die Felder, Besucher haben keinen Zutritt.

Während Burg Hasegg zuerst das Salz und dann das Geld sichern, Burg Freundsberg den Erzabbau bewachen und Burg Matzen die Innschiffahrt beschützen sollte, hatte Schloß TRATZBERG ursprünglich die Aufgabe, die Grenze zwischen Tirol und Bayern zu bewachen. Weil die Bayern nur allzu gern am Besitz der Tiroler Vettern geknabbert hätten, sahen sich die Tiroler Landesfürsten genötigt, 1296 Tratzberg als Schutzfeste an der damaligen Grenze gegen Bayern zu errichten. Bereits 1346 kam sie als Pfand in die Hände der Freundsberger, die sie bis 1407 behielten. Danach kümmerte sich der Landesherr selbst wieder um die Anlage und ließ sie 1460 noch einmal verstärken. 1491 schließlich war es zunächst mit der Herrlichkeit vorbei, als ein Brand alles Bestehende vernichtete.
Maximilian I., der für den Wiederaufbau hätte sorgen müssen, sah dafür wohl keine Notwendigkeit mehr und verkaufte deshalb die Ruine 1499 an die Brüder Veit Jakob und Symon Tänzl. Diese machten sich sofort an den Wiederaufbau, hielten sich dabei jedoch nicht an den vorhandenen Grundriß der alten Burg, sondern errichteten von Anfang an nach einem einheitlichen Plan ein behagliches Wohnschloß. Begonnen wurde mit dem Süd- und dem Osttrakt, der Kapelle an der Nordostecke und dem Torbau an der Westseite. Beide Flügel waren unterkellert und zwei- bzw. teilweise dreistöckig angelegt.
Auch die Ausstattung dieses Baues ließ nichts zu wünschen übrig. So waren einem heizbaren Raum je zwei benachbarte Zimmer durch Zirkulationsöffnungen für die Warmluft zugeordnet, so daß sich jeweils eine Art Drei-Zimmer-Appartement ergab. In den größeren Räumen wurden die Holzbalkendecken auf Mittelpfosten gelagert, die Wohnstuben wurden vertäfelt. Gespart wurde auch nicht an den Portalbeschlägen und Schlössern, die jeweils kleine Meisterstücke für sich darstellten. Die Vollendung des von Anfang an als Vierflügelanlage geplanten Schlosses war der Familie Tänzl jedoch nicht vergönnt. 1554

Burg Matzen bei Brixlegg (rechtes Bild) entstand ebenso wie die gegenüber auf einer ehemaligen Inninsel gelegene Burg Lichtenwörth (unteres Bild) als eine Sperr- und Sicherungsburg für den Verkehr durch das Inntal. Matzen besitzt noch den alten romanischen Bergfried und die um 2 Innenhöfe angeordneten mittelalterlichen Wohnbauten. Auf Lichtenwörth ist sogar noch der Wehrgang aus dem 13. Jh. erhalten.

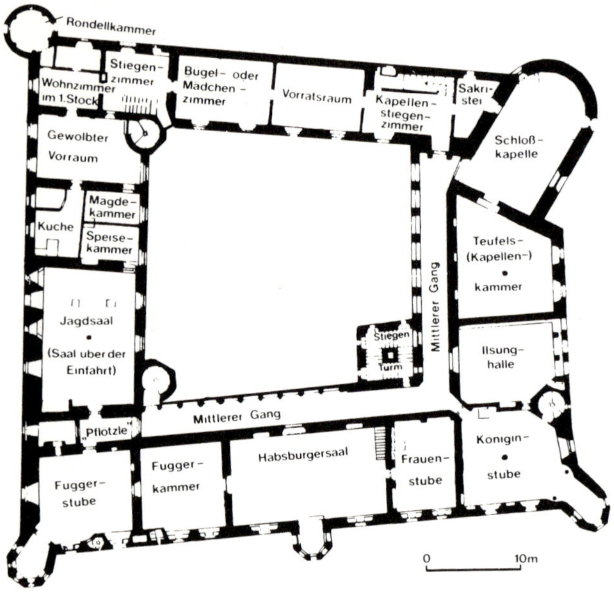

Schloß Tratzberg
Grundriß des ersten Stockwerks

mußten sie ihr stolzes Bauprojekt wegen wirtschaftlicher Schwierigkeiten an den Augsburger Patrizier Georg Ilsung verkaufen.

Der neue Bauherr brachte offensichtlich genügend Geld mit, denn nun wurde die Fertigstellung nach den ursprünglichen Plänen von Tänzl energisch in Angriff genommen. Die bisher noch fehlenden West- und Nordtrakte wurden zügig errichtet, auf den beiden alten Trakten wurde das Dach auf einheitliche Höhe angehoben. Mit der Neugestaltung der Haupteinfahrt war das heutige äußere Erscheinungsbild des Schlosses fertiggestellt. Im Inneren erhielt es eine kostbare Ausstattung, von der allerdings wenig erhalten ist.

Weil Geld meist den Weg zu Geld findet, kam Schloß Tratzberg 1589 durch Erbschaft an die Fugger, die bis 1657 als neue Schloßherren auftraten. Einzige Zutat der neuen Herren blieb jedoch, den einzelnen Räumen die bis heute verwendeten Namen zu geben. Dafür nahm Leopold Fugger 1657 beim Weiterverkauf des Schlosses das gesamte bewegliche Inventar mit. Nach mehreren Besitzerwechseln kam das Schloß schließlich 1848 endgültig in den Besitz der Grafen Enzenberg.

Heute präsentiert sich Schloß Tratzberg neben Ambras als das bedeutendste und besterhaltene Schloß Nordtirols. In malerischer Lage, hoch über dem Inntal an den Hängen des Karwendels gelegen, präsentiert es von weitem zunächst nur seine Südfront. Welche Ausmaße das Schloß tatsächlich hat, merkt der Besucher erst beim Eintritt in den nahezu quadratischen Innenhof mit seinen Bogengängen am Ost- und Südtrakt. Beherrschendes Schmuckelement sind die spätgotischen Dekorationsmalereien und die Blendarkaden am Nordtrakt. Die Südostecke wird beherrscht vom großen Wendeltreppenturm »Maximilianschnegg«.

Die Räume im Erdgeschoß des Ost- und Südflügels dienten zur Zeit der Brüder Tänzl als Wirtschaftsräume. 1745 erst wurde im Südflügel die Rüstkammer untergebracht, in der heute Waffen von Rittern und Bauern einträglich nebeneinander stehen. An die Folgen des Waffengebrauchs erinnert eine Sammlung von Totenschildern.

Die schönsten Räume des Schlosses liegen im ersten Stock. Über der Torhalle beeindruckt der Jagdsaal mit seiner gotischen Balkendecke, die in der Mitte auf einem mit Hirschfiguren verzierten Marmorpfeiler ruht. Der südwestliche Eckraum nennt sich Fuggerstube, obwohl sein prächtig gearbeitetes Portal mit dem Wappen von Veit Jakob Tänzl und seiner Frau Anna Rindscheit eigentlich einen anderen Namen verdient hätte. Hier, wie in der anschließenden Fuggerkammer, stehen spätgotische Möbel.

Ebenfalls noch ganz auf die Brüder Tänzl geht die Prunkhalle des Schlosses, Habsburgersaal genannt, in der Mitte des Südtraktes zurück. Auch hier ruht die gewaltige Kassettendecke in der Mitte auf einer gewundenen Säule aus rotem Marmor. Auf einem insgesamt 46 m langen Wandbild sind 148 Ahnen von Kaiser Maximilian verewigt. Den Anfang macht Rudolf von Habsburg, das Ende bilden die fünf Kinder Philipps des Schönen.
Bezeichnend für die Zeit der Entstehung ist der Unterschied in der Darstellung der männlichen und weiblichen Sprößlinge. Während sich die männlichen Zweige grün und höchst lebendig weiterranken, sind die weiblichen braun und verdorrt dargestellt. Der Hauptstamm ist darüber hinaus durch einen blauen Wolkenhintergrund besonders hervorgehoben. Geschaffen hat den Stammbaum um 1508 vermutlich Hans Maler aus Schwaz. Insgesamt ist der Habsburgersaal auf Schloß Tratzberg ein hervorragendes Beispiel eines Denkmalsaals der deutschen Renaissance.
Die Königinstube in der Südostecke des Schlosses wurde dagegen von Georg Ilsung als Prunkraum in den Formen der Spätrenaissance eingerichtet. Auch hier ruht die Decke wieder auf einer Mittelsäule, die Holzvertäfelung baute Hans Waldner 1569 ein. Etwa zur gleichen Zeit wurde auch die Ilsunghalle im Osttrakt in die heutige Form gebracht.
Die anschließende Teufelskammer verdankt ihren Namen der Legende von einem ruchlosen Ritter, den hier angeblich der Teufel geholt habe. Auch hier liegt die Renaissancedecke auf einem Marmorpfeiler auf, beides um 1560 neu eingebaut von Georg Ilsung.
Die der hl. Katharina geweihte Schloßkapelle entstand 1508. Die Schlußsteine ihres gotischen Netzrippengewölbes zeigen den Königsadler von Maximilian I., die Wappen der Tänzl und die der Rindscheit. Vom originalen Stifteraltar sind leider nur die Figuren der hl. Katharina sowie die der Stifter Veit Jakob Tänzl und seiner Frau erhalten. Von der Einrichtung stammt lediglich noch das Sakramentshäuschen aus dem frühen 16. Jahrhundert.

Noch einmal auf die Schwazer Ritter von Freundsberg stößt man beim Besuch der Wallfahrtsburg MARIA STEIN bei Kufstein. Der imposante, 42 m hohe Bergfried mit fünfeckigem Grundriß wurde von den Herren des Unterlandes ab 1360 zur Kontrolle und zur Sicherung des Verkehrs durch das Inntal errichtet. Dies mag bei der heutigen Abgeschiedenheit von Maria Stein seltsam anmuten, doch ging bis ins 16. Jahrhundert hinein die einzige Straßenverbindung zwischen Innsbruck und Rosenheim über den Angerberg und damit unmittelbar zu Füßen der Burg Maria Stein vorbei.
In einer Urkunde vom 21. 10. 1362 nannten sich die Freundsberger dann bereits »von dem Stayn«. Dennoch scheinen sie mit dem hohen Wohnturm nicht sehr glücklich gewesen zu sein, denn nur wenige Jahre später, 1379, verkaufte Hans von Freundsberg die Burg samt dem damit verbundenen Richteramt an den Herzog von Bayern. Erst als die Burg im 15. Jahrhundert militärisch bedeutungslos geworden war, verkaufte sie Herzog Heinrich von Niederbayern an seinen Pfleger Hans Ebbser aus Kufstein.
Danach wechselte sie häufig den Besitzer, bis sie 1558 an den Eigentümer von Schloß Tratzberg, den Augsburger Georg Ilsung, ging. Der überließ sie 1587 seinem Schwager Karl Schurff, Freiherr von Schönwörth. Der wiederum wurde zwei Jahre später Schloßhauptmann von Kufstein und damit erster Gerichts- und Verwaltungsbeamter des gesamten Unterlandes. Damit standen ihm die nötigen Mittel zur Verfügung, die Burg zu renovieren und über der im obersten Stockwerk eingebauten Burgkapelle eine zweite, die sogenannte Gnadenkapelle einbauen zu lassen. Die dort aufgestellte, um 1470 als Hauptwerk der Tiroler Bildschnitzkunst entstandene thronende Muttergottes mit Kind wurde dann schnell das beliebte Ziel zahlreicher Wallfahrten; womit die Burg ihre neue Bestimmung gefunden hatte. Als Kirchenburg kam die Anlage schließlich 1835 an die Erzdiözese Salzburg.

Schloß Tratzberg hatte ursprünglich die Aufgabe, die Grenze zwischen Tirol und Bayern zu bewachen. Auf diese Zeit allerdings geht das heute großzügig anmutende Schloß nicht mehr zurück. Es verdankt seine luxuriöse Ausstattung dem Augsburger Patrizier Georg Ilsung.

Eine Burg ganz besonderer Art ist Maria Stein bei Kufstein. Ihr imposanter 42 m hoher Bergfried mit fünfeckigem Grundriß wurde ursprünglich zur Kontrolle des Verkehrs durch das Inntal errichtet, geriet dann aber Ende des 16. Jh. zur Wallfahrtsburg, als in der im obersten Stockwerk eingebauten Burgkapelle ein Gnadenbild der thronenden Muttergottes mit Kind aufgestellt wurde. Das Schnitzwerk entstand um 1470 und wird heute von der Bevölkerung verehrt wie eh und je.

Noch einmal einer Grenzburg begegnet man schließlich in KUFSTEIN, jenem Grenzort, der wie kein anderer so häufig den Besitz zwischen Bayern und Tirol gewechsel hat. Ursprünglich gehörte die 788 belegte Siedlung zum Bistum Regensburg und kam von dort an die bayerischen Herzöge. Sie bauten die 1205 erstmals genannte Burg auf dem Felsrükken oberhalb der Siedlung.
1329 fielen Burg, Siedlung und Gerichtsbarkeit an Kaiser Ludwig den Bayern, der dem Markt die Rechte und Freiheiten der Stadt München verlieh. Als Ludwigs Sohn die Tirolerin Margarethe Maultasch heiratete, kam Kufstein 1342 an Tirol und 1363 an Habsburg. Nur sechs Jahre später waren dann wieder die Bayern am Zug, die Kufstein das Stadtrecht verliehen und die Burg unter Ludwig dem Gebarteten zu einer damals für uneinnehmbar gehaltenen Festung ausbauten.
Als Maximilian I. im Zuge des Landshuter Erbfolgekriegs im Jahre 1504 den bayerischen Anteil am Unterinntal (die Landgerichte Rattenberg, Kufstein und Kitzbühel) der Tiroler Inntalgrafschaft zuschlug, vertraute der damalige Festungskommandant Hans von Pienzenau dieser Uneinnehmbarkeit, hielt es mit den pfälzischen Wittelsbachern und stellte sich gegen den die Burg belagernden Kaiser. Maximilian zögerte nicht und ließ die Festung mit den damals beiden größten Kanonen Deutschlands »Weckauf« und »Purlepaus« beschießen. Damit war die Uneinnehmbarkeit schnell vom Tisch und der Rebell zur Aufgabe gezwungen.
Anschließend erneuerte Maximilian die wenig beschädigte Feste und erweiterte sie um den gewaltigen Kaiserturm, der mit seinen 7,5 m dicken Mauern jeder Beschießung standhalten sollte. Heute beherbergen die Riesenmauern das Kufsteiner Heimatmuseum.

*Vorhergehende Seite:
Kein anderer Platz im Grenzland wechselte so häufig den Besitz zwischen Bayern und Tirol wie die Feste Kufstein. Ihren gewaltigen Kaiserturm mit seinen 7,5 m dicken Mauern ließ Kaiser Maximilian errichten, um den Bayern endgültig die Lust an Plänkeleien um Kufstein zu verleiden.*

Grenzburgen der Churer Bischöfe

Schloß Tarasp

Das mächtigste Schloß des gesamten Unterengadin erhebt sich auf einem freistehenden Hügel auf der rechten Hochterrasse des Inn und war einst der Stammsitz mächtiger Grafen und bald ein Faustpfand der Churer Bischöfe. Im 11. Jahrhundert reichte der Besitz der Grafen von Tarasp im Norden bis nach Augsburg, im Westen bis zum Maloja und bis nach Chur, im Süden bis weit hinunter ins Etschtal und ins Veltlin.

Um 1095 gab es vier Tarasper Brüder, von denen immerhin drei für weitreichende Folgen sorgten. Eberhard, der älteste, blieb ohne Kinder und stiftete deshalb das erste Eigenkloster des Hauses in Schuls. Der zweite war Ulrich I., der von 1089 bis 1096 als Bischof von Chur die Interessen der Herrschaft vertrat. Der dritte schließlich war Gebhard I., der für den Fortbestand der Familie sorgte. Sein jüngster Sohn Egino I. sollte der Stammvater der im Obervinschgau später so mächtig werdenden Grafen von Matsch sein. Sein Enkel Ulrich III. trat durch besondere Wohltätigkeit hervor. So schenkte er dem Bischof Adalgot von Chur unter anderem 1160 die Hälfte des Schlosses Tarasp.

Diese Schenkung wiederum paßte Ulrichs Neffen Gebhard überhaupt nicht ins Konzept, besaß er doch die andere Hälfte der Burg. Kurzerhand schloß er deshalb die Burg, setzte die Vertreter des Bischofs gefangen und ließ sie schließlich umbringen. Das ließ natürlich wiederum den Bischof nicht ruhen, der die Burg belagerte und sie schließlich eroberte. Im Frieden von 1167 verzichtete Gebhard zugunsten des Bischofs auf seinen Teil der Burg, sollte er kinderlos sterben. Im Gegenzug belehnte der Bischof Gebhard mit seiner Burghälfte.

Unberührt von den weltlichen Händeln kümmerte sich Ulrich III. dagegen um so mehr um das Schulser Eigenkloster, das er schließlich über den Reschen in den obersten Vintschgau, in die Pfarrei Burgeis verlegte. Zuvor war er sogar zweimal nach Rom gepilgert, nur um von Papst Eugen III. die Erlaubnis zur Klosterverlegung einzuholen. 1146 war es endlich so weit, daß mit dem Bau von Marienberg begonnen werden konnte. 1150 zog man um, zwischen 1160 und 1177 entstanden dann als Werk eines von Ottobeuren, dem Mutterkloster von Marienberg, zugewanderten Malers jene herrlichen Fresken, die noch heute die Krypta von Marienberg und des Sterbeklosters des letzten Grafen von Tarasp zieren.

Das Tarasper Erbe fiel bald darauf endgültig an die Bischöfe von Chur, die es zunächst als Lehen weitergaben. Das kaufte Graf Albert von Tirol 1239 und gab es als Erblehen an die inzwischen erstarkten Matscher Grafen. Erst Ulrich IX. von Matsch mußte dann 1464 die Burg und sämtliche dazugehörenden Güter an Herzog Sigismund von Tirol verkaufen. Das wiederum paßte den Engadinern nicht, die alte Rechte des Bistums Chur zum Vorwand nahmen, Tarasp anzugreifen. Erst im Frieden von Schluderns von 1465 wurde Tarasp endgültig Österreich zugesprochen, und die Engadiner mußten den Habsburgern ihre Schäden wieder ersetzen.

Unruhige Zeiten auf Tarasp zogen auch auf, als das Engadin protestantisch geworden war und Tarasp eine winzige katholische Insel darstellte. Nach dem Dreißigjährigen Krieg wurde Tarasp den Engadinern sogar zum Kauf angeboten, doch war denen damals der Besitz 400 000 Franken nicht wert. Um weiteren Händeln aus dem Weg zu gehen, schenkte Kaiser Leopold I. Tarasp 1687 den Fürsten von Dietrichstein, die bis 1803 die Eigentümer blieben. Mit dem Regensburger Reichsdeputationshauptschluß kam die Herrschaft an den Kanton Graubünden.

Sein Großer Rat beschloß 1827, die längst zum Schloß ausgebaute Burg »so gut als möglich zu verkaufen«, da die Unterhaltskosten zu groß erschienen. Nach dem Verkauf setzten bald Plünderung und Verfall ein, dem erst die Bündner Familie Planta 1856 durch Kauf der Liegenschaften ein Ende setzte.

Wirklich wieder aufwärts mit Tarasp ging es ab dem Jahr 1900, als der Dresdner Odol-Fabrikant Karl August Lingner Tarasp für 20000 Franken von der Familie Planta erwarb und sich dabei verpflichtete, das Schloß »zur Zierde der Gegend« zu pflegen. In seinem Einsatz für Tarasp ließ sich Lingner nicht einmal beirren, als im Herbst 1905 Teile des Burghügels abbrachen und Stücke der Ringmauer mit sich rissen. Dies gab vielmehr den Anstoß zu einer umfassenden Renovierung und Sanierung des Gesamtbauwerks, wobei die Innenausstattung nach und nach aus Tirol und Graubünden zusammengetragen und möglichst stilgerecht wieder eingebaut wurde. Lingner war es allerdings nicht vergönnt, sein Lebenswerk auch noch zu genießen. Kurz vor Vollendung der Restaurierung verstarb 1916 der neue Eigentümer.

Per Testament hatte Lingner Tarasp dem König von Sachsen vermacht, doch König August III. lehnte das Legat wohl aus Angst vor den Unterhaltskosten dankend ab. An seiner Stelle übernahm der Großherzog Ernst Ludwig von Hessen das Erbe. Seine Familie pflegt Tarasp bis heute.

Seine heutige Ausdehnung erhielt Schloß Tarasp im 17. Jahrhundert, als der spiralförmig angelegte Burgweg vom unteren Tor bis zum Vorhof mit einer Schildmauer gesichert und der Zugang durch das Tor beim Wächterhaus und das Kapellentor in drei Wehrabschnitte unterteilt wurde. Der gedrungen wirkende Bergfried in der Nordwestecke, der Nordtrakt der Wohnbauten sowie die Kapelle und der Campanile sind noch Bauten des Hochmittelalters, die südlichen Wohnbauten dagegen entstanden im 16. Jahrhundert.

Eine Tarasper Eigenart ist die romanische Kapelle. Sie ist nicht in die Kernburg, sondern in die Ringmauer integriert und springt dort mit ihrer Apsis erkerartig über die Wandflucht vor. Auch der Campanile hat einen eigenartigen Platz, steht er doch mit seinem romanischen Zwillingsfensterchen und dem barocken Zwiebeldach gegenüber der Kapelle, angelehnt an die Ostecke des Palas. Der Palas selbst ist hufeisenförmig um einen länglichen Innenhof angelegt. Um das Regenwasser für die Hofzisterne zu sammeln, sind die Pultdächer des Palas allesamt nach innen abgeschrägt.

Dank Lingners Sicherungsmaßnahmen ist heute die langgezogene, wie ein Schneckengang zum Palas führende Ringmauer bestens erhalten, sodaß der Besucher schon beim Hinaufwandern auf den Burghügel Zug um Zug eingestimmt wird auf die mittelalterlichen Verteidigungsmaßnahmen. Bollwerk folgt hier auf Bollwerk, bis man schließlich auf der Ostseite zur alten Burgkapelle hinaufkommt. Sie gehört noch zum Anfangsbestand des Baus und war Johannes dem Täufer geweiht. Bauherr könnte sogar noch jener Ulrich I. von Tarasp gewesen sein, der 1079 zunächst Dompropst und dann Bischof in Chur wurde.

Auch in späterer Zeit hielt man die alte Kapelle in Ehren. Im 15. Jahrhundert etwa wurden die Apsis und der Chorbogen mit spätgotischen Fresken neu bemalt. In der Mitte ist die Verkündigung an Maria dargestellt, links der Pestheilige St. Rochus, rechts der Pilgerpatron St. Jakob. Die Apostelgestalten im Schiff dagegen dürften erst nach 1600 entstanden sein. Schon vor 1520 wurde dagegen das Obergeschoß der Kapelle aufgestockt.

Das letzte Sturmtor führt in ein Spitzgewölbe und in den Innenhof des Palas. Gleich rechts ist die alte, 1490 belegte aber von Anfang an bestehende und heute 7,5 m tiefe Zisterne zu sehen. Sie wurde letztmals 1732 renoviert, als sie »auf kaiserliche Kosten erweitert und ertiefert und von Grunt auf mit neien Quaderstein völlig renoviert worden« ist.

Gleich links neben dem Haupteingang zum Palas war einst die große Mannschaftsküche mit mehreren offenen Feuerstellen und einem Backofen. Rechts vom Eingang gab es einen Mannschaftsraum und daneben die Wohnung des Kommandanten der Burgbesatzung.

Das mächtigste Schloß des gesamten Unterengadin ist Schloß Tarasp, einst eine Grenzburg der Churer Bischöfe und der Stammsitz mächtiger Grafen. Daß die bereits ruinöse Festung heute wieder in altem Glanz erstrahlt, ist einem Dresdener Fabrikanten zu verdanken, der die Mauern ab 1900 großzügig restaurieren ließ.

Der erste für die Besichtigung freigegebene Raum im ersten Stock ist die ehemalige Gerichtsstube. Die heutige Wand- und Deckenverkleidung ist eine Renaissancearbeit von 1576 und war ursprünglich im Schloß Enn in der Nähe von Bozen eingebaut. Auch der danebenliegende Speisesaal mit seinen schönen Intarsientüren kam auf ähnliche Weise zu seiner Ausstattung. Sowohl die Wandvertäfelung wie die Kassettendecke stammen aus dem Ansitz Enticlar bei Kurtatsch.
Der Rundgang führt dann in den Hauptturm, der ursprünglich drei große Mannschaftsräume übereinander enthielt. Jetzt sind in ihm der große Festsaal und darüber Gästezimmer eingebaut. Auch die Renaissancedecke des Festsaales ist natürlich kein Original, sondern in diesem Fall eine Kopie der Stuckdecke im Audienzsaal des Schlosses Jever in Oldenburg. Das Original entstand 1566 und ist eine Werk des Antwerpener Meisters Cornelis Floris. Hinter der Ostwand des Saales ist eine große Orgel mit 48 Registern und über 3 000 Pfeifen versteckt. Sie wurde vom Dresdner Orgelbauer Jemlich geliefert und bis 1916 eingebaut.
Der Rundgang führt dann hinauf zum oberen Wehrgang, der rund um die Außenkanten der Pultdächer der Wohngebäude führt. Von hier (immerhin 1530 m über NN) bietet sich ein herrlicher Rundblick über das gesamte Unterengadin und seine prächtige Bergwelt.
Auch die anschließenden Gästezimmer bekamen ihre Ausstattung im Stil der Renaissance aus den verschiedensten alten Herrensitzen. Decke und Wände des ersten Gästezimmers stammen so von 1697 und waren ursprünglich in einem Patrizierhaus in Poschiavo eingebaut. Die spätgotische Tonnendecke des Schlafzimmers stammt aus einem Churer Herrensitz. Auch das zweite Gästezimmer hat eine wertvolle Kassettendecke, diesmal aus dem Kloster Cazis. Gefertigt hat sie 1704 Peter Solér, der Kunstschreiner des Klosters Disentis.
Der Eingang zur alten Soldatenküche ist ebenfalls nicht original. Er wurde vielmehr 1629 für ein Berner Patrizierhaus geschaffen. Schönste Stücke hier sind die prächtigen Churer Kranzkannen aus Zinn, die wohl die meisten Besucher am liebsten mitnehmen möchten.
Interessant sind auch noch die Kemenate mit ihrer Wandbespannung aus Genueser Samt und das Burgherrenzimmer mit einer um 1650 in Ulm entstandenen Vertäfelung. Das Florentiner Himmelbett ist eine Barockarbeit von 1674. Über den mit zahlreichen alten Wappenscheiben geschmückten Bündnergang gelangt der Besucher schließlich wieder auf die Haupttreppe und hinunter in den intimen Schloßhof.
Wem nach einem Besuch von Schloß Tarasp noch Zeit bleibt, der sollte es nicht versäumen, hinüberzufahren zum Kloster Marienberg und in der dortigen Krypta das besichtigen, was zur ersten Blütezeit von Schloß Tarasp vom hiesigen Bauherrn dort geschaffen wurde. Nur dann nämlich kann man das Anliegen der wenigen Generationen Tarasper Herren ganz verstehen.

Die Churburg

Die mächtigsten und wohl auch streitbarsten Herren im oberen Vinschgau waren im 13. Jahrhundert die Vögte von Matsch. Das edelfreie Geschlecht hatte seine Stammburg hoch oben in dem bei Schluderns mündenden Matscher Tal. Ihr Herrschaftsgebiet umfaßte den gesamten oberen Vinschgau und Teile des Münstertales im heutigen Kanton Graubünden. Ihr mächtigster Gegner war der Bischof von Chur, dessen Interessen ebenfalls bis in den mittleren Vintschgau reichten.
Die Dauerfehde zwischen dem Churer Bischof und den Matscher Vögten bescherte den Matschern 1253 eine Niederlage, die der Churer Bischof Heinrich IV. von Montfort geschickt zu nutzen verstand. Um den Matschern in Zukunft besser paroli bieten zu können, ließ er sich nämlich von denen das Recht einräumen, »an einem gefelligen Orth von Cleven bis gegen Latsch Schlosz oder Vestung frey unverhinderlich zu bawen«. Daß die bischöfli-

che Burg dann ausgerechnet an der Mündung des Tales errichtet wurde, in dem die gerade besiegten Matscher ihren Stammsitz hatten, zeigt nur allzu deutlich, welcher Zweck von den Churer Bischöfen mit dem Bau der Churburg verfolgt wurde. 1259 jedenfalls war die »Cuberch« bereits so funktionsfähig, daß Bischof Heinrich in ihr eine Urkunde ausstellen konnte.

Bei aller Klugheit hatte der Bischof dennoch »die Rechnung ohne den Wirt gemacht«. Die Matscher nämlich waren offensichtlich nicht nur besonders streitbar, sondern auch diplomatisch sehr geschickt. Immerhin gelang es ihnen, in nicht einmal 40 Jahren die ursprünglich als Bollwerk gegen sie selbst errichtete Burg in ihre eigenen Hände zu bekommen und daraus ihren neuen Stammsitz zu machen – und all dies sogar auf friedlichem Wege. 1297 jedenfalls erhielten sie vom Churer Hochstift die Hälfte der Burg als Lehen, nachdem es ihnen gelungen war, die andere Hälfte als freies Eigentum in ihren Besitz zu bekommen.

Für rund zwei Jahrhunderte herrschten die Matscher von der Churburg aus, nannten sich Grafen von Matsch und konnten zunächst sogar noch den Tiroler Landesherren widerstehen. Erst 1331 gelang es den Landesfürsten, von den Matschern die Anerkennung ihrer Lehenshoheit zu erzwingen. Allerdings wären die Matscher nicht sie selbst gewesen, wäre es ihnen nicht gelungen, auch daraus wieder ihren Vorteil zu ziehen. So gelang es ihnen von 1361 bis 1482 nicht weniger als sechsmal, Landeshauptmann an der Etsch und Burggraf auf Schloß Tirol zu werden. 1499 schließlich verteidigten sie die Churburg erfolgreich gegen die nach der Schlacht an der Calva den Obervinschgau verwüstenden Engadiner. Jeder militärische oder diplomatische Erfolg hatte dann jedoch 1504 ein Ende, als mit Graf Gaudenz von Matsch das Geschlecht ausstarb.

Herrenlos jedoch wurde die Churburg dadurch nicht. Tatendurstige Neffen, Söhne der Barbara von Matsch und des Hofmeisters von Tirol, Jakob IV. Trapp, übernahmen das Erbe und verteidigten es 34 Jahre erfolgreich, bis ihre Ansprüche auf das Matscher Erbe in einem bis 1537 dauernden Prozeß endgültig bestätigt wurden. Trotz dieser Erbstreitigkeiten begannen die neuen Herren bereits unmittelbar nach der Übernahme der Burg mit großzügigen Erweiterungsbauten.

Zug um Zug wurde der Palas vergrößert, entstanden neue Zwingeranlagen um die Kernburg, und ab 1537 wurde dann der Umbau in Angriff genommen, der aus der mittelalterlichen Burg das heutige residenzartige Schloß entstehen lassen sollte. Immerhin wurde damals gebaut, was die Churburg für uns zur in Bau und Ausstattung bedeutendsten Südtiroler Burg macht. Daß die Burg bis heute im Besitz der Grafen von Trapp ist und der gesamte Bestand unversehrt erhalten werden konnte, ist ohnehin ein Glücksfall besonderer Art.

Das Äußere der Burg ist geprägt von ihrem wuchtigen, 26 m hohen Bergfried. Seine 2,15 m starken Mauern sind von einer vorkragenden, mit großen Schwalbenschwanzzinnen besetzten Wehrplatte bekrönt. Unter dem Zinnenkranz gab es einst noch einen hölzernen Wehrgang rings um den Turm. Der romanische Eingang zum Bergfried ist in halber Höhe auf der Nordseite. Der unterste Teil des Wehrturmes wurde als Verlies genutzt.

Der Palas der Kernburg war ein rechteckiger Baukörper mit Buckelquadern an den Ecken. Sie beweisen, daß der Palas beim Ausbau im 16. Jahrhundert kaum noch erhöht wurde. Die Wehrmauer trug ursprünglich die gleichen Schwalbenschwanzzinnen wie der Bergfried. Als letztes Bauteil der alten Burg wurde schließlich an ihrer Südostecke und außerhalb des engeren Burgbereichs über einer gewaltigen Fundamentmauer die Burgkapelle errichtet.

Der umfassende Um- und Ausbau der Burg unter den Grafen Trapp begann beim alten Palas, der jetzt »Hoher Stock« genannt wurde. Er erhielt auf der Talseite einen Zinnenkranz, Renaissancekamine und auf der Südseite einen Erkerbau. Im Inneren wurden neue Balkendecken eingezogen und im Erdgeschoß eine gotische Stube eingebaut. Zwischen dem Bergfried und der alten Wehrmauer im Norden wurden Erweiterungsbauten hochge-

Die eindrucksvollste Burganlage im unteren Vinschgau ist die Churburg. Ihre Bauherren waren Mitte des 13. Jh. die Churer Bischöfe, die damit ihren Herrschaftsbereich gegen Südosten sichern wollten. Bis 1504 regierten die Grafen von Matsch, danach übernahmen die Grafen von Trapp die Anlage und pflegen sie bis heute. Nie zerstört, ist die Churburg heute die in Bau und Ausstattung bedeutendste Südtiroler Burg.

Unsere Bilder zeigen einen Blick in den beeindruckenden, reich bemalten dreigeschossigen Loggienhof, das »Herzstück« der Burg, und auf die Westseite der Gesamtanlage.

zogen. Im Burghof wurde damit begonnen, die Arkaden zu errichten, die heute den besonderen Reiz der Churburg ausmachen. In einem Baubericht aus dem Jahre 1537 konnte der Innsbrucker Baumeister Gregor Türing jedenfalls feststellen, von Jakob V. Trapp sei ein »gewelbter, schöner, lustig gang mit ausgebawen sewlen schönen weißen gestains« errichtet worden. Während des gesamten 16. Jahrhunderts wurde daran gearbeitet, diesen Arkadenhof fertigzustellen und die erweiterten Wohngebäude auszustatten. Bei den Räumen des zweiten Obergeschosses dauerte das bis in das 17. Jahrhundert hinein.
Heute kommt der Besucher nach der Bewältigung des steilen Burgweges an der Südwestecke vor den talseitigen Torturm. Er hieß einst »vordere Porten« und entstand zusammen mit einer äußeren Wehrmauer und dem der Burg Mitte des 16. Jahrhunderts im Süden vorgebauten Zwinger. Vom »Sommerhaus« sieht man hinunter in den großen Burggarten, der im Süden von einer weiteren Wehrmauer eingeschlossen ist. In sie ist der 1560 erbaute und mit Wappengemälden verzierte »Taubenturm« integriert.
Vom äußeren, wie ein breiter Gang wirkenden Burghof betritt man gegen Norden das Herzstück der gesamten Burg, den dreigeschossigen Loggienhof mit seinem, alle vier Seiten umlaufenden, bemalten Arkadengang im ersten Stock. Er öffnet sich mit reich ornamentierten Bögen zum Hof und ruht auf 16 außerordentlich kunstvoll gearbeiteten Säulen aus weißem Göflaner Marmor. Jede dieser Säulen ist anders gearbeitet, alle vereinen jedoch in einer eigenartigen Mischung Stilelemente der Romanik, der Gotik und der Renaissance. Die Innenseiten der Kapitelle sind mit Wappen der Trapp oder der Familien ihrer Gattinnen verziert und geben damit eine Chronologie der Ehen der Burgherren von 1462 bis 1567. Damit ergibt sich gleichzeitig der Beweis dafür, daß der Arkadengang um 1570 vollendet gewesen sein dürfte.
Ein Jahrzehnt später ließ Jakob VIII. Trapp das Gratgewölbe des Arkadengangs in symbolischer Form mit der genialogischen Abfolge der Vögte von Matsch und der Grafen von Trapp bis 1580 bemalen. Der Maler erfüllte den Auftrag in den typischen Formen der Renaissance, indem er einen früchtereichen Stammbaum aus einem sagenhaften Laurentius treiben und über das ganze Gewölbe hin wachsen ließ. Für das rechte Verständnis sorgen dann erklärende Schriftbänder und bunte Allianzwappen. Als Referenz gegenüber dem Landesherrn ist das mit dem Erzherzoghut und dem Goldenen Vlies verzierte Wappen von Ferdinand von Tirol besonders hervorgehoben.
Ebenfalls ganz im Sinne der Renaissance sind die Wände des Arkadengangs gestaltet. Über einer rot-weiß gestreiften Sockelzone und einem gemalten Gesims finden sich höchst originelle Darstellungen von Gefäßen, Früchten und Tieren sowie Narrenszenen und Tierfabeln. Im oberen Teil sind zudem in 24 reich verzierten Rollwerkkartuschen gelehrte lateinische Sinnsprüche über Sinn und Unsinn des Lebens wiedergegeben. Diese gesamte Malerei dürfte ein Werk des 1578 bis 1582 im Schloß nachgewiesenen »Paul Moriczius, Maler auf Churburg« gewesen sein.
Etwa zur gleichen Zeit wie der Arkadengang erhielt auch das Jakobszimmer seine Ausstattung nach wohl durchdachtem allegorischem Programm. Die beiden geschnitzten Prunkportale sind mit Pilastern, Reliefs, Figuren und Ornamenten überreich verziert und beziehen sich in ihrer Symbolik auf die Familien Matsch und Trapp. Geschnitzt wurden die beiden Portale wahrscheinlich vom einheimischen Bildhauer Wolf Kolb. Auf die Nutzung des Raumes als Speisezimmer weisen Wandgemälde in der Türleibung hin, der gemalte Wandfries zeigt einen Triumphzug mit Monatsbildern. Überreich gestaltet ist auch die im Grundton dunkle Kassettendecke, deren Weiß und Gold gefaßte Reliefs in den einzelnen Feldern Planeten vorstellen.
Gefüllt ist das Zimmer heute mit Erinnerungsstücken aus der Zeit der Renaissance. Besondere Prunkstücke sind eine mit kunstvoller Intarsienarbeit und vergoldeten Kupferplatten verzierte Hausorgel von 1559, eine lebensgroße Holzfigur von Jakob VII. Trapp

und sein auf einer Reise nach Palästina getragener Pilgermantel von 1560 sowie das aus einem Büffelhorn gearbeitete und in Silber gefaßte Trinkhorn »Greifenklau«. In ihm bekamen die Gäste der Burg den Willkommenstrunk kredenzt. Glaubte der Gast an Legenden, durfte er den Trunk unbesorgt annehmen, denn möglicherweise im Trunk enthaltenes Gift würde durch das Büffelhorn unschädlich gemacht.

Die alte, 1334 dem hl. Nikolaus geweihte Burgkapelle hatte 1561 zunächst ausgedient, als Jakob VII. Trapp im Bereich der inneren Burg eine neue Kapelle hatte bauen lassen. Die alte wurde profaniert und als Backstube und Vorratsraum genutzt. Heute ist sie mit ihrem zweijochigen romanischen Kreuzgratgewölbe und den aus Hausteinquadern gearbeiteten Pfeilern, Gurtbögen und Kämpfern wieder tadellos restauriert. Wie einst steht nun vor der apsislosen Ostwand wieder das um 1415 entstandene Passionsaltärchen. Seine beiden Flügel zeigen auf goldenem Grund gemalte Darstellungen der Passion Christi. Die Wappen in den Ecken der beiden Flügel des Diptychons beweisen, daß das Werk eine Stiftung von Elisabeth Gräfin von Matsch ist. Da beide Flügel im höfischen Stil gehalten sind, könnten sie das Werk eines böhmischen Wandermalers gewesen sein.

Noch einmal rund 150 Jahre älter ist die thronende Madonna mit Kind, die die Altarwand über dem Passionsaltärchen ziert. Das um 1270 geschnitzte romanische Bildwerk gehört zu den ältesten Plastiken des Vinschgaus und beeindruckt trotz seiner starren Frontalität mit der Ausdruckskraft seiner einfachen Linien.

Höhepunkt jeder Besichtigung der Churburg ist ihre Rüstkammer. Sie enthält keine nach wie immer gearteten Gesichtspunkten zusammengetragene Sammlung, sondern im wahrsten Sinne des Wortes die eiserne Garderobe der verschiedenen Generationen der Grafen Trapp. Dank eines besonderen Traditionssinnes innerhalb der Familie wurden die originalen Rüstungen der Burgherren und ihrer bewaffneten Knechte, so wie sie sie im Kampf und Turnier getragen hatten, von Generation zu Generation verwahrt und ab 1889 in einer eigens neu erbauten Rüstkammer »standesgemäß« untergebracht. Das Zusammenspiel von guter Pflege und der Trockenheit des Vinschgauer Klimas hat darüber hinaus dafür gesorgt, daß die Rüstungen als ein unversehrtes Stück Vergangenheit auf uns gekommen sind.

Die wertvollsten Stücke datieren noch aus gotischer Zeit, als im 14. Jahrhundert österreichische Ritter und Schweizer Eidgenossen aufeinander einschlugen. Kostbarstes Stück ist zweifellos der Trecentoharnisch des Vogtes Ulrich IV. von Matsch. Sein Hals- und Schulterschutz ist noch als Kettenpanzer gearbeitet, Hundsgugel, Bruststück, Armzeug und Handschuhe weisen sogar noch ihr Originalfutter auf. Der Harnisch ist ein Werk des Mailänder Plattners Petrajolo da Missaglia und von ihm signiert. Auch der um 1450 gearbeitete Harnisch des Grafen Ulrich IX. von Matsch stammt aus Mailand. Er war eine Maßanfertigung für den Burggrafen von Tirol, der knapp 2,30 m groß war und deshalb eine über 45 kg schwere Rüstung tragen durfte.

Insgesamt vermitteln die aus den verschiedensten Generationen erhaltenen Rüstungen oder Teile davon in einmaliger Vollständigkeit eine lebendige Vorstellung von der Entwicklung der mittelalterlichen Rüstung. Belegt sind aus gotischer Zeit hauptsächlich die Künste der Mailänder, aus Spätgotik und Renaissance sind dann die Innsbrucker Hofplattner Hans und Jörg Seusenhofer vertreten. In maximilianischer Zeit waren die Harnische bereits so raffiniert konstruiert, daß zur einzelnen Rüstung schon ein ganzes Ersatzteillager gehörte. Einzelne Teile konnten ausgewechselt und die Rüstung so für den Ernstfall oder für das Turnier ausgerichtet werden. Wie all das funktioniert hat, läßt sich nirgendwo so gut studieren wie in der Rüstkammer der Churburg.

PETER

Burg Obermontani

Burg Obermontani bei Morter im Vinschgau war einst kaum weniger wehrfähig als die nahegelegene Churburg. Allerdings fehlte hier die bewahrende Hand völlig, sodaß heute lediglich noch die etwas abseits gelegene, dem hl. Stephan geweihte Kapelle erhalten ist. Sie ist allerdings ein Kleinod. Ihr Inneres wurde in der ersten Hälfte des 15. Jh. von lombardischen Wandermalern vollständig ausgemalt. Unser Bild zeigt den Zug der heiligen Drei Könige am Schildbogen des Chors.

Auf dem Bergrücken am Eingang des Martell-Tales auf der Südseite der Etsch müßte man noch heute eine Burg bauen, gäbe es sie dort nicht schon seit 750 Jahren. Das gleiche dachte wohl auch Graf Albert III. von Tirol, als er 1228 daran ging, Burg Obermontani zur Sicherung der gräflichen Macht und als Grenzbollwerk gegen den Einfluß der Bischöfe von Chur zu errichten. Als Rechtsgrundlage für seinen Bau nahm er eine alte, praktisch schon vergessene Schenkung Kaiser Ottos, ohne dabei zu berücksichtigen, daß es auch noch Rechte des Churer Bischofs gab. Vielleicht versuchte er sein Glück aber auch nur wie die Matscher Vögte, die ihre Sorglosigkeit bekanntlich damit büßen mußten, daß ihnen die Churburg vor die Nase gesetzt wurde. Albert III. jedenfalls wollte zunächst die vom Churer Bischof umgehend angemeldeten Rechte nicht anerkennen. Statt dessen ließ er sich mit dem Bischof auf eine Fehde ein, die er ebenso wie die Matscher verlor. In der Folge mußte er zum einen das Lehensverhältnis zum Bistum Chur anerkennen, zum anderen verlor er seine Burg Steinberg im Unterengadin. Verbrieft und besiegelt wurde all dies in einem Vertrag in Glurns.

Zwar schenkte Meinhard II. Graf von Görz und Tirol seiner Gemahlin Elisabeth von Bayern im Jahre 1259 nicht nur 80000 Mark Silbergeld, sondern stellte ihr auch mehrere Burgen, darunter auch Obermontani als späteren Witwensitz zur Auswahl. Doch änderte all das nichts an der Tatsache, daß die Burg weiterhin Lehen der Churer Bischöfe war. Ende des 13. Jahrhunderts schließlich ging sie als Lehen an die Herren von Montani. Unumstritten war deshalb die Herrschaft auf dem ziemlich unwirtlichen Felsriegel aber immer noch nicht. Zumindest zeitweise muß es zwei Lehensträger gegeben haben, denn nur so ist es zu erklären, daß die Burg den Palas gleich in doppelter Ausführung hatte. Auch das Eigentum des Churer Bischofs scheint nicht unumstritten gewesen zu sein – zumindest sah sich Kaiser Karl IV. noch 1348 genötigt, das Recht des Bischofs neuerlich zu bestätigen.

Eine durchgreifende Änderung trat erst 1501 ein, als es Viktor von Montani gelang, die gesamte Burg von Kaiser Maximilian als Lehen zu erhalten. Nun war es erstmals möglich, ohne das Hindernis eines fremden Mitbesitzers an den Ausbau der Anlage zu gehen. Unverzüglich begann man nun mit einer eifrigen Bautätigkeit. So wurden der westliche Palas erhöht, der Torzwinger errichtet und ein Wehrgang gebaut. Zudem wurden alle Einzelbauten miteinander verbunden und so der romanische Kern zu einer gotischen Burg erweitert.

War die Churburg ein Paradebeispiel dafür, was Kontinuität bewirken kann, so ist Burg Obermontani das Beispiel für das Gegenteil. Als mit Balthasar von Montani 1614 die Herren von Montani ausstarben, ging der Besitz an den Landesfürsten zurück, der das Lehen 1616 Georg Strebele, einem Vetter der Montani, übertrug. Anders als an der Churburg ging dies gerade zehn Jahre lang gut, bevor ein neuer Besitzerwechsel fällig war. Erst mit dem Erwerb der Burg durch den Historiker Maximilian Freiherr von Mohr kehrte 1647 etwas Ruhe ein, ohne daß es jedoch mit der Burg weiter aufwärts gegangen wäre. Als die Herren von Mohr 1837 schließlich ausstarben, war der Besitz so weit heruntergekommen, daß nur der Verkauf an einen Bauern blieb. Der Verfall war damit unaufhaltsam programmiert.

Ist der Niedergang der Burg schon schlimm genug, so ist das Schicksal ihrer Bibliothek noch schlimmer. Die Herren von Montani waren kultivierte Leute, die eine umfangreiche Bibliothek zusammengetragen hatten. 1699 erhielt Maximilian von Mohr darüber hinaus durch Erbschaft den Gesamtbestand der berühmten Bibliothek von Anton von Annenberg mit einer umfangreichen Sammlung von Minne- und Heldenliedern. Unglücklicherweise teilte diese Bibliothek das Schicksal der Burg.

Beim Tod des letzten Freiherrn von Mohr waren vom einstigen Glanz nur noch klägliche

Reste übrig, die der Marienberger Chorherr Beda Weber für ganze 10 Gulden erwerben konnte. Daß darunter nicht nur Schriften von Petrarca und Boccaccio sowie Evangelien in alemannischer Mundart waren, sondern sogar die älteste, noch auf Pergament geschriebene Handschrift des Nibelungenliedes auftauchte (sie gehört heute zum kostbarsten Besitz der Stiftung Preußischer Kulturbesitz), mag die einstige Bedeutung der Bibliothek auf Burg Obermontani beleuchten.
Während die Burg selbst schnell zur Ruine wurde und den Bauern als bequemer Steinbruch diente, blieb die etwas abseits gelegene romanische Burgkapelle unversehrt erhalten. Die einfache Saalkirche mit flacher Holzdecke und rechteckigem Chor mit Kreuzgratgewölbe wurde bald nach 1228 errichtet und im 15. Jahrhundert in zwei Schüben gotisch bemalt. Diese Fresken sind heute der einzige Schatz, den Obermontani noch bewahrt.
Die dem hl. Stephan geweihte Kapelle ist in ihrem Innern vollständig bemalt. Die Nord- und die Ostwand sowie der Chor wurden in der ersten Hälfte des 15. Jahrhunderts von lombardischen Wandmalern ausgestattet, die Süd- und die Westwand bemalten 1487 schwäbische Maler. Damit läßt sich in dem kleinen Kirchenraum der unterschiedliche Ausdruck gotischer Kunst in italienischer und deutscher Ausführung hervorragend betrachten.
Auf der knapp 9 m langen und gut 4 m hohen Nordwand sind auf 13 Rechtecksfeldern das Martyrium des hl. Stephan und ein Teil der Ursulalegende dargestellt. Trotz Detailtreue bei der Darstellung von Waffen und höfischer Kleidung, ist bei diesen beiden Bildstreifen eine gewisse Derbheit nicht zu übersehen. Vermutlich haben hier die Gesellen eines Meisters gearbeitet, während der selbst sich die Ostwand und den Chor vornahm. Beide Bereiche jedenfalls sind im höfischen Stil des südlichen Alpen- und Voralpenbereichs gehalten.
Die Ostwand (Fläche des Triumphbogens) zeigt oben links eine besonders interessante Szene. Dargestellt ist ein Kriegslager vor einer Stadtansicht, ein vor einem Zelt sitzender, bärtiger Mann mit einem Turban erteilt seine Befehle. Aus dem Mittelgrund strömen zahlreiche, durch liegende Halbmonde als nichtchristlich gekennzeichnete Soldaten. Folgt man der Ursulalegende, dann muß dieses mit so viel Freude am Detail gemalte Bild die Belagerung Kölns durch die Hunnen darstellen. Der bärtige Mann mit dem Turban im Vordergrund wäre demnach Attila.
Eine ganze Qualitätsstufe besser ist die Ausmalung des Chores. Im Gewölbe sind Christus und Maria mit den Evangelisten und deren Symbolen, auf der östlichen und südlichen Schildbogenwand die Zwölf Apostel unter Baldachinen zu sehen. Besonders interessant ist der Schildbogen des Chores mit einem großen Fresko, das den Zug der Drei Könige und die Anbetung zeigt. Rechts ziehen die Könige in verschiedenen Ebenen vor einem Hintergrund mit Stadtbefestigungen, Burgen, Bergkegeln und einer phantastischen Landschaft. Wieder ist das endlose Gefolge der Könige mit erstaunlicher Detailgenauigkeit bei der prachtvollen Kleidung und den Prunkrüstungen wiedergegeben. Die linke Hälfte füllt die Anbetung, die Könige sind auch hier in prächtige Mäntel mit Fabeltiermustern gehüllt.
Die Südwand zeigt, unterbrochen von zwei Spitzbogenfenstern, sieben Stationen der Passion Christi. Auch sie zeichnen sich durch ausgewogene Komposition und effektvolle Landschafts- und Architekturhintergründe aus. Bemalt wurde die Wand offensichtlich von einer schwäbischen Werkstatt, wobei wohl mehrere Hände nachzuweisen sind, Qualitätsunterschiede jedoch nicht auftreten.
Die Westwand schließlich zeigt ein Monumentalfresko des Jüngsten Gerichts. Während die Engel in ihre Posaunen blasen, springen die Gräber auf, und die Toten steigen teils zum Himmel auf, teils werden sie zum Höllenrachen hingetrieben. In der Mitte thront Christus in der Mandorla, seine Füße ruhen auf der Weltkugel. Zu seiner Rechten kniet Maria, zur Linken Johannes der Täufer. Bemalt wurde die Westwand von derselben schwäbischen Werkstatt wie die Südwand.

Einer der vielen Charakterköpfe aus dem Gefolge der hl. Drei Könige zeigt besonders eindringlich die hohe Qualität der Chorfresken von St. Stephan/Obermontani. Der Maler hat sich geradezu liebevoll mit Details beschäftigt.

Burgen im Burggrafenamt

Das »Haupt- und Stammschloß« Tirols

Die weiten Südhänge oberhalb Merans sind uraltes Siedlungsgebiet. Das kleine, blendendweiß aus den Rebhängen herausleuchtende Kirchlein St. Peter ob Gratsch stammt in seiner heutigen Form im wesentlichen aus dem 9. Jahrhundert, doch dürfte bereits zwei Jahrhunderte früher hier ein Vorgängerbau gestanden haben. Der steile Moränenkegel daneben mit den mächtigen Mauern von Schloß Tirol trug schon im 7. Jahrhundert eine rechteckige Kapelle mit Apsis, deren Grundmauern inzwischen freigelegt werden konnten. Wann zu dieser Kapelle der erste Ansatz zu einer Burg kam, ist bis heute nicht bekannt. Fest steht lediglich, daß 1140 ein Comes Adelbertus de Tyroles und 1141 derselbe Albert mit seinem Bruder Berichtold als comites Tierolles urkundlich belegt sind und es zu dieser Zeit bereits eine Burg dieses Namens gegeben haben muß.
Fest steht auch, daß der Vater der beiden Brüder 1096 vom Trienter Bischof Altmann die Grafschaft Vinschgau zum Lehen erhielt. Graf Albert vom Vinschgau, verheiratet mit Adelheid von Andechs, muß sehr schnell erkannt haben, daß nach Westen hin eine Ausdehnung seines Besitzes an den Rechten der Churer Bischöfe scheitern würde. Das Zentrum des Landes aber lockte im Süden, wo zwar die Grafen von Eppan herrschten, darüber aber der gleiche Lehensherr stand.
Mit der Wahl des Meraner Moränenkegels als Standort für den Amtssitz, demonstrierte der neue Herr im Vinschgau von Anfang an seine offensichtliche Absicht, mit den Eppanern in Konkurrenz zu treten. Alles spricht deshalb dafür, daß bereits Albert I. vom Vinschgau mit dem Bau der Burg Tirol begann. Jedenfalls stammt der älteste Baubestand aus den Jahren um 1100, wobei Palas und Kapelle schon ihren heutigen Platz hatten, nur etwas kleiner geraten waren. Auch die langgezogene Schildmauer im Westen entstand schon zu dieser Zeit.
Bereits unter den Söhnen (Albert II. starb 1165, sein Bruder Berthold I. 1180) gab es eine zweite Bauphase. Der Palas im Süden und die im Osten anschließende Kapelle erhielten ihren heutigen Grundriß. Dabei wurde der Südpalas auf stolze 23 m Länge und 11 m Breite erweitert. Die Burgkapelle wurde nach dem Vorbild der staufischen Kaiserpfalzen zur zweigeschossigen Palastkapelle ausgebaut. Wann jedoch Palas und Kapelle ihr oberes Stockwerk erhielten, konnte noch nicht geklärt werden. Vermutlich folgte dieser Ausbau erst nach dem Vorbild der Nürnberger Kaiserburg. Zur selben Bauphase dürfte auch der mit einer Mauerstärke von nahezu 5 m gewaltige Bergfried im Norden gehören. Daß gleichzeitig auch ein höchst feinsinniger Kunstverstand regierte, beweisen die ebenfalls aus dieser Zeit stammenden, besonders kunstvoll gearbeiteten romanischen Portale von Palas und Kapelle sowie die Bogenfenster des Palas.
Unter den Nachfolgern Albert III. und Meinhard II. wurde die Burg bereits endgültig zum Schloß. Nun entstanden die herrschaftlichen Wohn- und Verwaltungstrakte auf der Ostseite, das Mushaus und Wirtschaftsgebäude. Vermutlich erhielten auch Südpalas und Kapelle spätestens jetzt ihr Obergeschoß. Treibende Kraft dabei dürfte vor allem Albert III. gewesen sein, der seine Herrschaft ganz zielstrebig ausbaute. So gelang es ihm 1210, dem Grafen von Andechs die Vogtei Brixen abzunehmen, von Bischof Egno von Trient die Herrschaft der Eppaner zu bekommen und 1248 schließlich sogar noch nach dem Tod seines Schwiegersohnes Otto von Andechs, dessen Herrschaft im Inntal zu überneh-

men. Als 1253 mit Albert III. die Tiroler Grafen im Mannesstamm ausstarben, hinterließ er seinem Schwiegersohn Meinhard I. von Görz die Grafschaften Vinschgau, Bozen und Eisacktal sowie die Herrschaft im Inntal.
Nach einer Regierungszeit seines Vaters von nur 5 Jahren übernahm 1258 Meinhard II. für 37 Jahre die Herrschaft. In dieser Zeit gelang es ihm, den Einfluß der Bischöfe von Trient und Brixen entscheidend zurückzudrängen, die hochfreien Geschlechter in seine Gefolgschaft zu zwingen und eine »moderne« Verwaltung als weitgehenden Ersatz des rittermäßigen Lehensadels zu schaffen. Erstmals gab es nun besoldete Beamte auf Schloß Tirol, Urbare und Raitbücher wurden als jederzeit nachprüfbare Belege der Verwaltung angelegt und in Meran die ersten eigenen Münzen, die Tirolini, geprägt.
Mit dem Ausbau der zentralen Verwaltung erhielt Schloß Tirol neben seiner Funktion als landesfürstliche Residenz auch die der obersten Kanzlei. Zur Bewältigung der selbstgestellten Aufgaben waren bald über 130 »Beamte« auf Schloß Tirol. An ihrer Spitze stand der Hofmeister »magister Curiae«, der gleichzeitig als oberster Richter des Landesadels fungierte und dem die vier Hauptämter (Marschall, Kämmerer, Truchseß und Schenk) unterstanden. Den militärischen Schutz des Schlosses gewährleistete der Burggraf, dem auch etwa 20 Dienstmannenburgen im Vorfeld von Schloß Tirol unterstanden. Aus diesem Wehrbezirk wurde das heutige Burggrafenamt. Außerdem hatte er die Aufsicht über die Schildhöfe (allein im Passeier waren es 12). Ihre Bauern hatten teilweise Vorrechte des Adels und waren dafür zum Waffendienst mit Roß, Schild und Speer verpflichtet.
Um die Macht Tirols zu stärken, war Meinhard II. jedes Mittel recht. Nicht umsonst hielt der Mönch Goswin im Kloster Marienberg fest: »Er hat viel Schreckliches und Furchtbares in unserem Land vollbracht, Gerichte und Täler erobert, Burgen gebrochen, die Dynasten gedemütigt wie er konnte und sie so weit unterworfen, daß er die Grafschaft Tirol, welche kleiner war als die übrigen, vor allen anderen erhob.« 1282 mußte gar der Bischof von Chur König Rudolf von Habsburg gegenüber zugeben, der Graf von Tirol lebe nach eigenem Recht. Immerhin erreichte Meinhard damit, daß Tirol erstmals als einheitliches Herrschaftsgebiet, als »dominium Comitis Tirolis« anerkannt wurde.
Welchen baulichen Umfang Schloß Tirol unter Meinhard II. erreicht hatte, ließ sich bisher nicht eindeutig nachweisen. Fest steht lediglich, daß das Schloß sehr viel umfangreicher als heute (und über das um 1520 Abgestürzte hinaus) gewesen sein muß. Heute deuten lediglich noch alte Flurnamen wie »Roßplatz« und »Alter Friedhof« auf das hin, was zu Füßen des Schlosses einst angesiedelt war.
Hätte es im Tirol des 14. Jahrhunderts schon einen Thomas Mann gegeben, hätte er bereits damals den Niedergang einer Familie beschreiben können. Nach dem Tod Meinhards II. nämlich regierten seine drei Söhne Otto, Ludwig und Heinrich gemeinsam, genossen eine verschwenderische Hofhaltung und hofften vergeblich auf männlichen Nachwuchs. Graf Heinrich heiratete obendrein die Königstochter Anna von Böhmen und amtierte von 1306 bis 1310 in der Heimat seiner Frau als König. Als man ihn aus Böhmen vertrieb, kehrte er nicht ins väterliche Schloß zurück, sondern bezog die Zenoburg. Möglicherweise hing dies mit einem Brand auf Schloß Tirol zusammen, der vor 1302 das Schloß einäscherte. Immerhin war der Wiederaufbau um 1320 noch nicht abgeschlossen. Keiner der Drei sorgte jedenfalls für eine Mehrung des Erbes.
Neue Herrin in Tirol wurde 1335 nach dem Tod ihres Vaters König Heinrich Margarethe Maultasch. Sie residierte wieder im Schloß. In ihrer Zeit (1335 bis 1363) wurde die Kapelle frühgotisch ausgemalt und mit neuen Farbglasfenstern ausgestattet. Etwa gleichzeitig wurden die Repräsentationsräume im Südpalas mit frühgotischen Fresken ausgeschmückt. All das aber konnte nicht darüber hinwegtäuschen, daß Margarethe von Anfang an ein Schacherobjekt in der Machtpolitik der konkurrierenden Häuser Luxemburg, Wittelsbach und Habsburg war.

Schloß Tirol birgt heute noch wichtige Kunstschätze. Die überlebensgroße Kreuzigungsgruppe entstand um 1320. Die Figur des Johannes ist bereits von ihrer späteren Übermalung befreit, bei der Christusfigur wollen es die Restauratoren demnächst versuchen.

Sowohl das Portal des Palas als auch der Kapelle auf Schloß Tirol sind Hauptwerke romanischer Steinmetzkunst. Am Kapellenportal bezwingt Simson den Löwen. Er reißt ihm das Maul auf, um den geschlagenen Schafbock zu retten (oberes Bild).
Der Löwe am Palaseingang dagegen ist ein Symbol der Macht (unteres Bild).

In diesem Spiel hatten die Luxemburger zunächst »die Nase vorn«, hatten sie doch dem ewig in finanziellen Schwierigkeiten steckenden König Heinrich immer wieder aus der Klemme geholfen. 1330 wurde deshalb die zwölfjährige Margarethe mit dem neunjährigen Johann Heinrich von Luxemburg vermählt. Daß der Handel der Väter letztlich am Widerstand Margarethes und des Tiroler Adels scheitern sollte, zeigte sich bereits fünf Jahre später, als die Siebzehnjährige die Regierung in Tirol antreten mußte.
Um das Übel an der Wurzel zu packen, verkündete Margarethe, mit diesem Gemahl könne es für das Haus Tirol keine Kinder geben und brachte damit schlagartig den gesamten Tiroler Adel, der den Luxemburgern ohnehin nicht grün war, auf ihre Seite. So konnte es Margarethe am Allerseelentag 1341 wagen, ihren von der Jagd heimkehrenden Gemahl aus der Burg auszusperren. Ohne Rückhalt im Land blieb dem nur die Flucht.
Natürlich war das Aussperrmanöver nur das Ende eines schon länger laufenden Intrigenspiels. So war mit Kaiser Ludwig dem Bayern längst über eine neue Ehe von dessen Sohn Ludwig von Brandenburg mit Margarethe verhandelt worden. Vollzogen wurde diese Hochzeit bereits am 10. Februar 1342. Gefeiert wurde auf Schloß Tirol im Beisein von Kaiser Ludwig IV. und ohne daß die Ehe mit dem Luxemburger zuvor gelöst worden wäre. Natürlich kam darauf, was kommen mußte: die Neuvermählten wurden vom Papst ebenso mit dem Bann belegt wie der Kaiser; das ganze Land Tirol wurde mit dem Interdikt bestraft. Kaiser Ludwig wurde darauf von den deutschen Fürsten für abgesetzt erklärt, und ausgerechnet der Bruder des aus Tirol vertriebenen Luxemburgers als Karl IV. auf den Thron gehievt.
Dem Luxemburger kam dies gerade recht, sammelte er doch in Trient Truppen, um dem Hause Luxemburg Tirol und seinem Bruder Margarethe zurückzuholen. Bozen und Meran wurden in Schutt und Asche gelegt, während Margarethe in Abwesenheit ihres neuen Gemahls Schloß Tirol alleine verteidigen mußte. Mit einer Minimalbesatzung gelang ihr dies so lange, bis ihr Ludwig zur Hilfe kommen und Kaiser Karl vertreiben konnte.
Wohl gelang es anschließend in jahrelangen Verhandlungen, den Papst zur Anerkennung der Ehe und des inzwischen geborenen Sohnes Meinhard III. zu bewegen. Doch stand rasch nächstes Ungemach ins Haus. Bereits 1361 starb Ludwig, und als wäre das noch nicht genug, brannten am 13. Februar 1363 schon wieder die Sterbekerzen im Schloß, diesmal neben der Bahre des erst neunzehnjährigen, einzigen Sohnes. Auf die Hiobsbotschaft eilte Herzog Rudolf IV. von Habsburg durch Eis und Schnee nach Bozen und ließ sich und seinen Brüdern Albrecht und Leopold von der völlig entnervten Margarethe die Herrschaft Tirols übertragen. Sie selbst wurde nach Wien gebracht und in einen mehr oder weniger goldenen Käfig gesteckt. Ihr geliebtes Tirol sollte sie nicht mehr wiedersehen. 1369 starb sie im Wiener »Exil«.
Mit dem Auszug der letzten Tirolerin aus dem Schloß war auch dessen Schicksal besiegelt. Mit der Übergabe der Macht an die Wiener verlor es seine Bedeutung als Symbol einer lokalen Zentralgewalt. Es hatte lediglich noch die Funktion, Statthalter zu beherbergen. Als Herzog Friedrich IV. (der mit der leeren Tasche) um 1420 die Residenz dann offiziell nach Innsbruck verlegte, schwand der letzte Rest Bedeutung von Schloß Tirol. Jetzt residierte hier nur noch der Burggraf, aus dem 1460 der Landeshauptmann wurde. Als um 1520 große Gebäudeteile samt einer Scheibe des Moränenrückens in die Tiefe brachen, fand sich keine helfende Hand mehr. Aus einem Bericht des damaligen Landeshauptmanns Leonhard von Völs geht sogar hervor, daß 1526 kein Gemach mehr vor eindringendem Regen sicher sei und kein Amtmann im ganzen Land eine so schlechte Wohnung habe.
Gut ein Jahrhundert später hatte sich der Zustand noch weiter verschlimmert. Um 1640 hielt der Unterhauptmann Balthasar Wohlgeschaffen den Aufenthalt auf Schloß Tirol für lebensgefährlich und weigerte sich, die Burg zu betreten. Daraufhin wurde 1641 der Innsbrucker Baumeister Elias Gumpp beauftragt, Vorschläge für eine Sanierung zu unter-

Vorhergehende Seite: Schloß Tirol vor den Bergen der Texel-Gruppe. Das »Haupt- und Stammschloß« Tirols steht auf einem Moränenrücken hoch über den weiten Obstkulturen Merans. Von hier aus schwangen sich die Grafen vom Vinschgau zu Landesherren Tirols auf, hier bauten Albert III. und Meinhard II. die Burg zum Schloß aus, und hier ließ sich im Februar 1363 Herzog Rudolf IV. von Habsburg von der völlig entnervten Margarethe Maultasch, der letzten Herrscherin Tirols, nach dem Tod ihres einzigen Sohnes die Herrschaft übertragen.

breiten. Da er nur die Möglichkeit sah, mit großem Kostenaufwand zu sanieren oder Gefährdetes abzureißen und nur den inneren Kern zu erhalten, entschied sich die Regierung in Innsbruck fürs Abreißen und gab damit dem Schloß den Todesstoß. Wohl nicht umsonst stellten Zeitgenossen fest, Gumpp habe mehr auf den Wein als auf die Arbeit geschaut und dem Schloß mehr geschadet als genützt. Lebensgefährlich blieb das Schloß jedenfalls allemal.

Noch einmal 40 Jahre später war der Zugang durch Erdrutsche lebensgefährlich geworden. Den aber brauchte man, weil einmal im Jahr ein Jahrtag für die Tiroler Grafen abgehalten wurde. Dazu reisten die hohen Herren eigens aus Wien und Innsbruck an und mußten einigermaßen sicher ins Schloß gebracht werden. 1682 wurde deshalb vom Bergmann Simon Kranperger und vom Maurer Simon Stolz der knapp 90 m lange Tunnel durch den Moränenhang gebaut, durch den noch heute der Zugang zum Schloß führt.

Endgültig bergab mit dem einst so stolzen Gemäuer ging es dann, als Tirol 1805 an Bayern kam und man dort jemanden suchte, der das jetzt ärgerliche Symbol möglichst billig beseitigte. Er fand sich in Baron Sebastian von Hausmann, der das alte Gemäuer 1808 um 2700 Gulden zum Abriß kaufte. Acht Jahre später kaufte die Stadt Meran den Besitz zwar um 4000 Gulden zurück und schenkte ihn am 20. Mai 1816 dem Kaiser, ohne daß jedoch deswegen Entscheidendes passiert wäre. Erst unter Erzherzog Karl Ludwig wurde ab 1861 versucht, das eine oder andere zu retten, doch wurde dabei mehr zerstört als geholfen. Erst gegen Ende des Jahrhunderts setzten unter Leitung von David von Schönherr umfangreichere Restaurierungsarbeiten ein, wobei allerdings noch einmal mehr verfälscht als wirklich restauriert wurde.

Ganz langsam in die richtige Richtung gingen die Bemühungen zur Rettung von Schloß Tirol erst, als die Anlage 1919 an das Königreich Italien und damit in die Zuständigkeit des Denkmalamtes in Trient kam. Nun wurden die ersten zaghaften Schritte zur Rückführung in alte Formen gemacht, wobei die entscheidenden Arbeiten zwischen 1960 und 1970

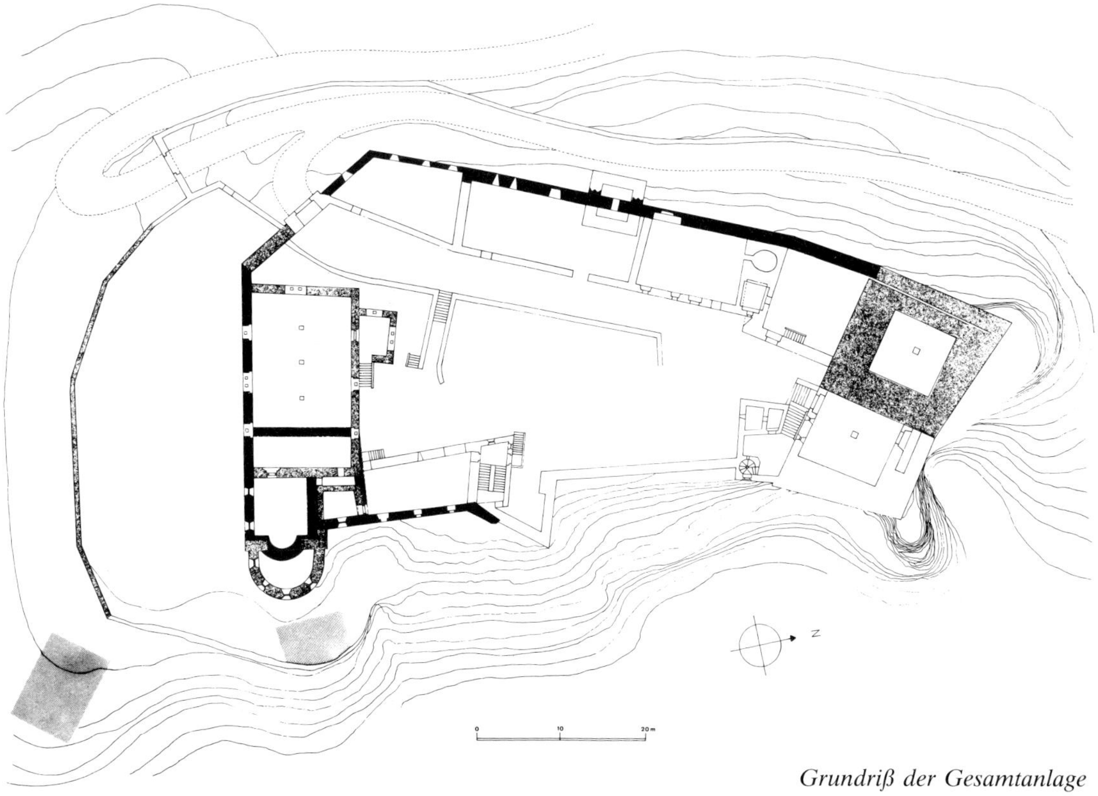

Grundriß der Gesamtanlage

erledigt wurden. 1974 schließlich kam Schloß Tirol in den Besitz des Landes Tirol, das noch einmal zehn Jahre benötigte, um die Burg in den heutigen Zustand zu bringen.
Alle Bemühungen der letzten Zeit liefen dabei darauf hinaus, möglichst den originalen Baubestand zu sichern. Allerdings muß sich der Besucher dennoch bewußt sein, daß lediglich der untere Teil des Bergfrieds, Teile des Mushauses, Reste des Ostpalas, die Kapelle und der Südpalas Originalbestandteile der alten Burg sind. Da der Bergfried aus Sicherheitsgründen nicht zugänglich ist, das Mushaus und der Ostpalas aber für Ausstellungszwecke adaptiert sind, bleiben dem Besucher lediglich Südpalas und Kapelle, um sich ein Bild von der Burg zu machen, wie sie zu Zeiten von Margarethe Maultasch ausgesehen hat.
Welche Bedeutung dem Südpalas als Repräsentationsraum und Ausdruck des Machtanspruches zugedacht war, beweist schon sein als Hauptwerk romanischer Steinmetzkunst des 12. Jahrhunderts geltendes Portal. Gefertigt ist es aus gelblich-weißem Vinschgauer Marmor. Sein Tympanon zeigt den Verkündigungsengel Gabriel. Zwei Bänder mit ornamentalen Schmuckmotiven und ein drittes mit figürlichen Reliefs geben ihm den passenden Rahmen. Zu sehen sind ein geflügelter Drache als Symbol des Satans, ein Widder als Symbol des Herrschers, eine Taube als Sinnbild der Jungfrau Maria, zwei Tauben an der Wasserschale als Symbol der Taufe, ein Greif als Todessymbol und als Scheitelbild schließlich Daniel in der Löwengrube als Symbol der Errettung der Seele.
Die Figurenreliefs setzen sich in der seitlichen Rahmung der Tür nach unten fort. Dargestellt sind rechts und links je ein Löwe, dann ein Widder, beide als Symbole von Macht und Herrschaft. Links ist dann noch ein Menschenpaar in der höfischen Mode der Zeit zu erkennen. Die untersten Reliefs sind so beschädigt, daß sie nichts mehr verraten. Zweck des Bildprogrammes war es, böse Geister mit der positiven Symbolik solcher Tiere zu bannen, denen wunderbare Beziehungen zu Christus nachgesagt wurden.
Der zweistöckige Saalbau des Palas wirkt vor allem durch die mit 20×11 m riesigen Raumdimensionen. Zwar entstand die hölzerne Deckenkonstruktion im unteren Saal erst im 19. Jahrhundert, der Fußboden aber wird noch immer von den 11 m überspannenden, gewaltigen Balken aus dem 12. Jahrhundert getragen. Auch die Bogenfenster sind nur teilweise alter Bestand. Das Dreibogenfenster in der Mitte der Südwand entstand im 19. Jahrhundert, das zweibogige links daneben dagegen stammt noch samt dem mit einem Boot mit geblähten Segeln verzierten Krückenkapitell aus der Bauzeit. Am rechten Doppelbogenfenster sind wenigstens noch die mit Ranken und Blattzierwerk ausgestatteten Krückenkapitelle original. Der Ausbau des oberen Saales entstammt dem 19. Jahrhundert.
Das zweite Kunstwerk von europäischem Rang auf Schloß Tirol ist das Kapellenportal. Es wurde aus demselben Material und zur selben Zeit wie das Palasportal gefertigt, doch ist es noch wesentlich reicher geschmückt. Sein Tympanon enthält eine von zwei Engeln getragene Kreuzabnahme, bei der Joseph von Arimathäa mit einer riesigen Zange den Nagel aus der Hand Christi zieht. Wieder ist das Bogenfeld umrahmt von ornamentverzierten Halbkreisbögen. Der äußerste Bogen trägt wieder figürliche Reliefs. Sie sind mit Ausnahme der Hand Gottes in der Mitte ganz Symbolen der Hölle gewidmet. So stürzt der Teufel mit einem Dreizack einen Menschen kopfüber in die Hölle. Die Hölle selbst ist dargestellt mit einem über dem Feuer hängenden Kessel. Ein fressendes Affenpaar soll den die armen Seelen verschlingenden Teufel darstellen, ein fliehendes Rebhuhn zeigt den Teufel als Seelendieb.
Auch auf beiden Seiten des Portals setzt sich außen die Reliefzone fort. Links unten ist ein Kentaur mit Spitzhelm und Pfeil und Bogen dargestellt, darüber sind Adam und Eva sowie die Bäume des Lebens und der Erkenntnis zu sehen. Eva nimmt gerade von der Schlange den Apfel. Im obersten Relief auf dieser Seite reißt Simson einem Löwen das Maul auf, um den geschlagenen Schafbock zu retten.

Auf der rechten Seite wird unten ein geflügelter, feuerspeiender Drache als Symbol des Satans gezeigt. Er wird von einem Adler mit gekrümmtem Schnabel als Symbol Christi mit Schnabelhieben zurückgedrängt. Darüber verschlingt ein flügelloser Drache gleich zwei Menschen, während aus seinem Rücken zwei Schlangen wachsen. Nach der Apokalypse ist er das Symbol des Antichristen, der Elias und Henoch verschlingt. Rechtes Gegenstück zu Simson auf der linken Seite ist noch einmal ein Löwe mit weit ausgreifenden Pranken.
Höhepunkt in Raumgestaltung und Ausstattung von Schloß Tirol ist die zweigeschossige Kapelle. Durch das so überreich verzierte Portal betritt man die zwischen 1160 und 1170 entstandene untere Kapelle. Ihr Triumphbogen ist mit ähnlichen Reliefs wie das Portal verziert. Den Scheitelpunkt nimmt das Lammgottes mit Kreuz und aufgeschlagenem Buch ein. Links folgen die Evangelistensymbole von Lukas und Johannes, Stier und Adler, rechts ein Adler und ein Löwe mit heraushängender Zunge. Weil ihnen im Gegensatz zu den linken Symbolen das Buch als Kennzeichen fehlt, dürften dies keine Evangelistensymbole sein.
Die Fresken in der Kapelle stammen aus der Mitte des 14. Jahrhunderts. Sie wurden im Auftrag von Margarethe Maultasch gemalt. In der Apsis sind in gemalten Arkaden Heiligenfiguren dargestellt, von links nach rechts sind Magdalena und Paulus, Ambrosius und Gregorius sowie Augustinus und Hieronymus zu sehen. Aus den Zwickeln über den Arkaden lugen Engelsköpfe. Den Sockel bildet ein gemalter Teppich. Das rechte Apsisfenster enthält ein Farbglasfenster mit der thronenden Madonna. Das um 1350 entstandene Fenster ist das älteste, bekannte Glasfenster Tirols.
In die obere Kapelle kommt man über den oberen Saal des Palas. Sie dürfte zusammen mit der Erhöhung des Südpalas im frühen 13. Jahrhundert gebaut worden sein. Dabei wurde die Decke der Unterkapelle bis auf den heutigen Rest entfernt. Die dadurch gewonnene Galerie diente der Familie des Landesfürsten als Hauskapelle.
Die plastische Verbindung zwischen Ober- und Unterkapelle schuf schon damals eine überlebensgroße Kreuzigungsgruppe. Die gesamte Gruppe entstand um 1320. Heute sind die Figuren der Maria und des Johannes von Übermalungen des 19. Jahrhunderts befreit. Schwache Reste verraten die ursprüngliche Bemalung. Die Christusfigur soll demnächst von der Übermalung befreit werden.
Die Malereien in der Apsis der oberen Kapelle entstanden ebenfalls im Auftrag von Margarethe Maultasch. Zu sehen sind eine Kreuzigung, eine Drei-Königsdarstellung sowie die hl. Elisabeth beim Brotverteilen und der hl. Pankratius mit Schwert und Palmzweig.

Die Landesfürstliche Burg

Daß ein Name und sein dazugehörendes Objekt nicht immer ganz zusammenpassen müssen, zeigt sich überdeutlich bei der Landesfürstlichen Burg in Meran. Hinter dem großsprecherischen Namen nämlich verbirgt sich ein zwar reizvolles, aber doch eigentlich winziges Schlößchen, dessen grüner Efeumantel ihm zudem noch etwas märchenhaft Verwunschenes gibt. Trutzig Wehrhaftiges jedenfalls sucht man hier vergeblich. Der ursprüngliche Name »Fürstenhaus« wäre denn auch sehr viel passender.

Als kleine Stadtresidenz jedenfalls entstand die Burg im Auftrag von Herzog Sigmund dem Münzreichen. Der hatte 1448 die Regierung in Tirol übernommen und ein Jahr später Eleonora, die Tochter König Jakobs I. von Schottland, geheiratet. Da zur selben Zeit Schloß Tirol wohl alles andere als sehr einladend war und die junge Fürstin ihrerseits ein enges Verhältnis zu Literatur und Musik hatte, wurde einfach eine wenn auch kleine, aber dafür um so gemütlichere Stadtresidenz benötigt. Ausgewählt wurde dafür ein älteres Gebäude an der nördlichen Stadtmauer, das zwischen 1449 und 1470 in den heute noch erhaltenen Bestand gebracht wurde.

Auch wenn die Innenausstattung nur bruchstückhaft erhalten ist (das meiste wurde in unserer Zeit wieder ergänzt), spricht doch alles dafür, daß die Meraner Stadtresidenz ein urgemütliches Wohnhaus war. Sowohl Herzog Sigmund selbst als auch später dann Kaiser Maximilian I. hielten sich hier häufig auf, Eleonora wohnte nahezu ausschließlich in dem wohl weitgehend von ihr gestalteten Häuschen. Zu Ehren Maximilians wurden die beiden Haupträume im ersten Stock schon 1518 nur noch »Kaiserzimmer« genannt.

Auch später noch kamen die Tiroler Landesherren gerne hierher. 1564 etwa reiste Kaiser Ferdinand I. gleich mit der gesamten Familie an, und 1614 wohnte hier Erzherzog Maximilian, der Deutschmeister. Erst 1655, mit dem Aussterben der Habsburger Linie in Tirol, sorgte niemand mehr so recht für die kleine Residenz. Ein völlig neues Kapitel wurde in napoleonischer Zeit aufgeschlagen, als die bayerische Regierung 1806 die Burg den Fürsten von Thurn und Taxis als Entschädigung für alte Postrechte in Tirol überließ. Erst 1875 konnte die Gemeinde Meran die Burg käuflich erwerben, doch geschah dies nicht zur Erhaltung, sondern weil man den Platz zur Errichtung einer Schule benötigte. Allerdings hatten die Gemeindeväter die Rechnung ohne ihre Bürger gemacht.

Umfangreiche Proteste setzten ein. Unter anderem schrieb der Historienmaler Karl Andreae: »Es würde ein rasendes Spektakel in der ganzen Kunstwelt geben, wenn man die grenzenlose Barbarei beginge, dieses Kleinod abzutragen.« Als die Gemeindeväter daraufhin kapitulierten, formierte sich ein Komitee zur Erhaltung der Burg und machte sich energisch an das Restaurieren und Sammeln neuer Ausstattungsstücke. Das damals Geschaffene ist heute nahezu unverändert erhalten und zeigt eindrucksvoll auf, wie man Denkmalpflege vor hundert Jahren verstanden hat.

Von außen zeigt die kleine Burg mit eisenbeschlagenen Toren, Schießscharten, vergitterten Fenstern, wehrhaften Zinnen und einem Turm durchaus alle Attribute kriegerischer Verteidigungsbereitschaft, doch verraten allein schon die Dimensionen, daß es damit nicht sehr weit her war. Der kriegerische Anstrich im Spielzeugformat war denn auch von Anfang an mehr Zier denn Zweck.

Im Innern setzt sich dieser Eindruck verstärkt fort, bietet das Ganze doch ein hervorragendes Beispiel aristokratischer Wohnkultur in gotischer Zeit. Auch wenn so manches später gesammelte Ausstattungsstück eher zufälligen Charakter hat, bilden doch die Holzvertäfelungen, die geschnitzten Türen und Balkendecken, die erhaltenen Freskenreste und so manches Holzrelief und Tafelgemälde doch einen Eindruck ehemaliger Einheitlichkeit.

Zunächst allerdings trifft der Besucher im kleinen Innenhof und in der engen Wachstube auf so mancherlei Gesammeltes. Holz- und Eisentruhen, darunter eine massive Eisentruhe aus

der Zeit Maximilians von der Burg Hasegg in Hall, sind dort ebenso zu finden wie Hellebarden, Armbrüste und Morgensterne.
So klein der Innenhof eigentlich ist, so hat er doch im ersten Stock einen einem Wehrgang nachempfundenen Umgang. Die Wände wurden hier in der Zeit von Herzog Sigmund mit schwungvoller Rankenmalerei ausgeschmückt. Die grünen und roten Ranken bilden den Rahmen für Jagdszenen mit Hirschen, Hasen, Rehen, Hunden und Vögeln. Die Dame mit dem Jagdfalken auf der Südseite dürfte die damalige Burgherrin, Fürstin Eleonora von Schottland, sein.
Die Räume des ersten Stockes enthielten die herzogliche Wohnung mit Kaiserzimmer, dem fürstlichen Schlafzimmer und der Kapelle. Der ursprünglich sicher prächtigste Raum der Burg war das Kaiserzimmer, das gleichermaßen als Wohn-, Empfangs- und Speiseraum diente. Die Holzdecke, die Vertäfelungen und der Holzboden stammen noch ebenso aus der Bauzeit wie die beiden Wappenschilder über den gotischen Türen. Sie zeigen das österreichische Bindenschild und das »altösterreichische« Wappen mit den fünf Adlern.
Aus dem Jahr 1466 stammt der turmartige, grüne Kachelofen. Das Prachtstück, ein Werk des Passauer Hafners Ulrich Senftenpeck, besteht aus einem kubischen Unterbau und einem zylindrischen Oberbau. Der untere Teil setzt sich aus vier Kachelreihen mit Rosenverzierungen, der obere aus fünf Lagen hochrechteckiger Reliefkacheln mit unterschiedlichsten Motiven zusammen. Zu sehen sind verschiedene Wappen, eine Jungfrau mit Einhorn, ein Kaiser unterm Kielbogen, ein hl. Georg als Drachentöter sowie Engel mit den Wappenschildern von 13 österreichischen Ländern. Den oberen Abschluß des Prunkofens bildet ein Zinnenkranz als Anklang an die Wehrplattform eines Bergfriedes.
Aus der gleichen Zeit stammen die Terraverdemalereien im Erker mit ihren dunklen Konturen und den weiß gehöhten Lichtern. Die Nordwand zeigt die Vermählung Sigmunds mit Eleonora, die Ostwand eine höfische Gesellschaft. Ein historisches Dokument ersten Ranges ist das zeitgenössische Leinwandbild Kaiser Maximilians, das den »letzten Ritter« mit seiner zweiten Gemahlin Bianca Maria Sforza darstellt.
Auch im angrenzenden Schlafzimmer sind die Vertäfelungen, die Holzdecke und der Estrichboden ebenso original wie das schottische Wappen der Gemahlin Sigmunds über der Tür und der zierliche Wandschrank mit eingebautem Waschbecken und einer geschnitzten Frauenbüste als Handtuchhalter. Hinzugekauft ist dagegen das mit Maßwerk reich verzierte, gotische Himmelbett. Das insgesamt wohl wertvollste Stück in der ganzen Burg ist das im Schlafzimmer hängende und 1520 datierte Tafelbild einer hl. Anna selbdritt. Das aus dem Schloß Annenberg stammende Bild folgt schon ganz den Gesetzen der Renaissance und zeigt die Gestalten in einer offenen Halle vor einem weiten Landschaftshintergrund.
Der Erker im Schlafzimmer birgt ein hervorragend geschnitztes Reliefbrustbild von Maximilian I. Dieses Kaiserportrait entstand um 1510 und kam erst 1886 aus der Schloßkapelle von Burg Hasegg nach Meran in die Landesfürstliche Burg. Die wieder in Terraverdetechnik ausgeführte Bemalung der Erkerwände zeigt neben üppigem Rankendekor im Gewölbe Szenen aus der Dichtung des Spätmittelalters sowie eine Gesellschaftsszene.
Den Zugang zur kleinen Hauskapelle bildet ein mit gotischem Maßwerk reich verziertes Holzgitter. Die Fresken an der Wand über dem Altar stellen eine Kreuzigungsgruppe sowie ritterliche Heiligengestalten dar. An der Predella der Kreuzigung zeigen zwei kleine Fresken Maria Verkündigung und die Anbetung der Hirten. Im Gegensatz zu den großen Fresken sind die beiden kleinen noch ganz im Original erhalten. Die Altarmensa ziert heute ein mit Kettenhemd, Rüstung und burgundischem Gürtel ausstaffierter hl. Georg im Kampf mit dem Drachen. Die in Meran antiquarisch erworbene Skulptur könnte um 1455 von Leonhard von Brixen geschaffen worden sein.
Die Räume im zweiten Stock der Burg vermitteln eine gute Vorstellung, wie ein vornehmes Haus im 16. Jahrhundert ausgesehen haben mag.

◁ *Die Landesfürstliche Burg in Meran entstand als kleine Stadtresidenz im Auftrag von Herzog Sigmund dem Münzreichen, der seiner Gemahlin Eleonora, der Tochter König Jakobs I. von Schottland, ein angenehmeres Wohnen bieten wollte als es wohl zu dieser Zeit auf dem nur schwer zugänglichen Schloß Tirol möglich gewesen wäre.*

Der gewaltige Bauklotz über dem malerischen Dörflein Schenna wurde Mitte des 14. Jh. vom damaligen Günstling von Margarethe Maultasch und Burggrafen auf Schloß Tirol, Petermann von Schenna, als seine private Burg errichtet. Dazu erhielt er von Margarethe Maultasch 1354 die Gerichtsbarkeit auf »Schennan«.
Der Süd- und Osttrakt birgt heute eine Sammlung von Tirolensien.

Schloß Schenna

Petermann von Schenna scheint ein tatkräftiger Mann gewesen zu sein. Als Burggraf auf Schloß Tirol war er der besondere Günstling von Margarethe Maultasch und einer der reichsten und mächtigsten Herren des Landes. Seine angestammte Burg beim kleinen Kirchlein St. Georg oberhalb von Schenna wurde ihm deshalb bald zu klein. 1346 ging er daran, auf einem Hügel neben der Pfarrkirche von Schenna eine neue Burg zu errichten. 1354 wurde ihm dazu »daz gericht auf Schennan« übertragen.
Als Petermann als letzter seines Stammes 1369 starb, wurde sein Schwiegersohn Hans von Starkenberg zwar mit Schenna belehnt, erhielt aber nur die niedere Gerichtsbarkeit. Dieses erste Indiz geschwundenen Vertrauens fand 50 Jahre später seine Bestätigung, als Herzog Friedrich im Spätherbst 1423 Schenna sogar belagern ließ, wohl weil ihm die Starkenberger zu mächtig zu werden drohten. Mit nur 43 Mann Besatzung verteidigte Ursula von Starkenberg die Burg sechs Wochen lang, mußte aber dann am 15. Januar 1423 in einen Waffenstillstand einwilligen. Die Bedingung dabei war, daß das gesamte Eigentum der Starkenberger mit der Burg übergeben werden und die Besatzung Urfehde schwören müsse. Am 16. Februar dann mußte Ursula von Starkenberg die Burg räumen, die nun einen landesfürstlichen Pfleger erhielt. Erst 1446 wurde Wilhelm von Starkenberg gnadenweise wieder mit Schenna belehnt.
Ganz andere Verhältnisse kamen für die Burg unter Kaiser Maximilian. Ihm wurde offensichtlich der Erhaltungsaufwand zu groß. Zunächst verpfändete er die Burg deshalb 1497 seinem Pfleger von Thaur, Paul von Lichtenstein, dem er die Burg vier Jahre später dann sogar verkaufte. Eine wirkliche Lösung des Problems scheint aber auch dies nicht gewesen zu sein, denn 1510 bewilligte Maximilian dem neuen Burgherrn 6000 Gulden für Neubauten auf Schenna mit der Bedingung, daß die Burg »uns und unseren Erben, wann wir an der Etsch sein würden, zu unserm Lust wol dienen mag«. Trotz reger Bautätigkeit scheint all dies nicht sehr viel geholfen zu haben, denn 1527 erhielten Andre Teubler und Jörg Kölderer den Auftrag, das Schloß wegen seiner Baufälligkeit zu untersuchen und darüber zu berichten.
Noch einmal gebaut wurde auf Schenna unter dem letzten Lichtensteiner, dem Grafen Thomas. Er verbaute zwischen 1727 und 1745 30000 Gulden, um die Anlage vor dem Verfall zu bewahren. Nach mehrmaligem Besitzerwechsel kam die Burg schließlich an Erzherzog Johann, den späteren deutschen Reichsverweser, dessen Nachkommen, die Grafen von Meran, sie noch heute besitzen.
Heute präsentiert sich die Burg als massiver, wenig gegliederter, aus drei aneinanderstoßenden Wohntrakten bestehender Baublock mit einem sehr engen Innenhof. Von dem ursprünglich wohl in der Südostecke stehenden Bergfried ist keine Spur mehr erhalten, er war bereits vor 1469 eingestürzt. Der alte Palas ist heute im Südtrakt aufgegangen, ohne daß seine ehemals romanischen Fenster die Zeiten überdauert hätten. Die regelmäßigen, relativ großen Fenster wurden im 16. Jahrhundert ausgebrochen. Das südöstliche Zimmer im ersten Stock ist heute der wohl schönste Raum des Schlosses, enthält er doch noch eine reiche Felderdecke und eine Vertäfelung aus dem ausgehenden 17. Jahrhundert sowie einen prächtigen, zweistöckigen Fayenceofen aus dem frühen 18. Jahrhundert.
Als die Burg unter Erzherzog Johann völlig neu eingerichtet wurde, war Schlichtheit oberstes Gebot. Erst gegen Ende des 19. Jahrhunderts kam die Sammlung von Tirolensien, Waffen, habsburgischen Familienportraits, Erinnerungen an die Tiroler Freiheitskämpfer und die vielen Gegenstände der Kleinkunst zusammen, die heute die Zimmer des Süd- und Osttraktes füllen.

Burgen und Schlösser der Trienter Bischöfe

Schloß Runkelstein

Fährt man von Bozen aus in Richtung Sarnthein, thront auf dem ersten steilen Porphyrfelsen am Eingang zur Sarntaler Schlucht das Paradestück einer mittelalterlichen Ritterburg. Schloß Runkelstein war denn auch zunächst eine Lehensburg der Bischöfe von Trient, die am 10. Februar 1237 den Brüdern Friedrich und Beral von Wanga die Felsnase »Runchenstayn« (von runcare = roden) zur Erbauung einer Burg überließen.
Der Bau der wehrhaften Feste war gleich aus mehreren Gründen äußerst dringend geworden. Zum einen hatte Beral von Wanga die Tochter Sophie des Grafen Ulrich von Eppan geheiratet und damit sich und seine Familie auf die Seite der Gegner der Grafen von Tirol gestellt, zum anderen wuchsen die Machtansprüche der Grafen von Tirol immer nachhaltiger. Graf Albert hatte inzwischen seinen Herrschaftsbereich bis zum rechten Talferufer, also unmittelbar bis an die Stadtmauern Bozens ausgedehnt, und es war abzusehen, daß er sich damit nicht begnügen würde. 1244 schlossen deshalb die Herren von Wanga mit Graf Egno von Eppan (seit 1239 Fürstbischof von Brixen) ein Verteidigungsbündnis, das noch bekräftigt wurde, als Egno Bischof von Trient wurde.
Die Auseinandersetzungen zwischen den Grafen von Tirol und dem Bischof von Trient trieben unter Meinhard von Tirol 1264 ihrem Höhepunkt entgegen. Bischof Egno von Eppan wurde in seiner eigenen Stadt und von seinem eigenen »Schirmvogt« gefangengesetzt. Friedrich von Wanga fiel bei den Kämpfen am 6. November als Befehlshaber der bischöflichen Truppen und sein Bruder Beral kam als Gefangener in die Burg von Salurn. Auch Egnos Nachfolger Heinrich war kein besseres Los bestimmt. Zwar erneuerte er 1277 noch einmal das Bündnis mit den Herren von Wanga, doch wurde daraus für Graf Meinhard von Tirol kein Hindernis. Der Versuch des Widerstandes scheiterte kläglich, Bischof Heinrich wurde aus dem Fürstbistum vertrieben und die Burgen der Wanga gebrochen. 1317 schließlich starb mit Albero von Wanga der letzte ihres Stammes.
Was die Brüder Friedrich und Beral von Wanga ab 1237 errichteten, ist im wesentlichen noch heute erhalten. Der kühn an der äußersten Kante des senkrecht zur Talfer abfallenden Felsens angelegte Mauerring mit seinen Schwalbenschwanzzinnen stammt ebenso noch von ihnen wie der Palas auf der Innenseite der Westmauer für den einen und sein Gegenüber an der Ostmauer für den anderen der Brüder. An der Nordseite des östlichen Palas schloß sich schon damals die Burgkapelle an, die mit ihrer Apsis die Ringmauer durchbrach und frei über dem Abgrund schwebte. Dazu gab es einen kleinen Bergfried, Wohnungen der Dienstleute und vor allem auf der Südseite einen Wehrturm, der allerdings nichts mit dem heutigen, erst im 19. Jahrhundert errichteten gemeinsam hat. Vom alten Wehrturm sind keine Spuren mehr vorhanden.
Graf Meinhard hatte die Wanga zwar aus Runkelstein vertrieben, die Burg selbst aber nicht zerstört. Nach dem Aussterben der Wanga fiel die Burg deshalb an die Trienter Bischöfe zurück, die sie dem Bozener Ritter Gottschalk Chnoger zum Lehen gaben. Danach wechselte die Burg im Erbwege öfters den Besitzer, bis sie 1385 durch Kauf an Nikolaus Vintler, den Ratgeber Herzog Leopolds, und dessen Bruder Franz Vintler kam. Bischof Albert bestätigte diesen Besitzwechsel und belehnte die Brüder offiziell mit der Burg. Zwischen 1388 und 1413 baute daraufhin Nikolaus Vintler die Burg zum Schloß und kulturellen Kleinod seiner Zeit aus.

Als Paradestück einer mittelalterlichen Ritterburg thront Schloß Runkelstein auf einem steilen Porphyrfelsen am Eingang zur Sarntaler Schlucht nördlich von Bozen. Als Lehensburg der Bischöfe von Trient spielte sie eine wichtige Rolle im Kampf der Grafen von Tirol mit denen von Eppan. Ihre heutige Gestalt erhielt die Burg bis 1413 durch Nikolaus Vintler, dem Ratgeber Herzog Leopolds. ▷

Zusammen mit seinem Bruder Franz ließ Nikolaus Vintler das gesamte Innere von Burg Runkelstein reich mit Fresken ausschmücken. Sie geben ein höchst anschauliches Zeugnis höfischer Mode und höfischen Lebens der Zeit.

Aus dem großen Rittersaal zeigt das obere Bild eine Turnierszene. In den Steigbügeln stehend rennen die Kämpfenden gegeneinander an.

Im sog. Sommerhaus der Burg »erzählt« ein Freskenzyklus das höfische Epos von Tristan und Isolde. Hier: Tristans Kampf mit dem Drachen (unten links).

Wohin oder auf wen wohl die vornehme Dame zeigt?

Vintler ließ den Westpalas nach Süden hin erweitern und um ein Geschoß erhöhen, ebenso wurde der Osttrakt gegen den Bergfried hin vergrößert. Auf der Nordseite wurde die Kapelle in den Bau einbezogen und daneben noch eine großzügige Küche angebaut. Die Nordspitze der Wehrmauer schließlich wurde mit einem ganz neuen Trakt mit offener Bogenhalle im Erdgeschoß und bequemen Wohnräumen darüber geschickt ausgefüllt. Wie schon zu Zeiten der Brüder Wanga nutzten auch die Brüder Vintler je eine Seite der Anlage, das »Sommerhaus« im Norden diente ihnen gemeinsam für Gesellschaften und Empfänge. Das entscheidend Neue aber war, daß die gesamte Burg reich mit Wandgemälden ausgeschmückt wurde, die auf ein völlig neues Lebensverständnis schließen lassen.
Allzu lange allerdings sollten sich die Brüder Vintler nicht an ihrer so prächtig ausgestatteten, gotischen Wohnburg erfreuen dürfen. Schon 1407 wurden sie von Herzog Friedrich von ihren Besitzungen vertrieben und aus dem Lande gejagt. Erst 1409 durften sie nach Runkelstein zurückkommen, doch konnte dies die der Burg drohenden Gefahren nicht mehr abwenden. Als der ältere Bruder 1413 starb, verkaufte der jüngere bald darauf die Anlage, die dann nach einigen Umwegen um 1460 in die Hand des Landesfürsten Erzherzog Sigmund kam. Er setzte, wie später sein Nachfolger Kaiser Maximilian, Pfleger auf die Burg, die sie militärisch einsatzbereit halten mußten.
Der weltoffene Maximilian war es denn auch, der den Wert der einmaligen Freskenbestände der Burg und ihre Gefährdung durch Witterungseinflüsse erkannte. Um 1502 beschloß er deshalb, für ihre Erhaltung zu sorgen. Der Versuch früher Denkmalpflege ist mit dem kaiserlichen Satz in seinem Notizbuch belegt: »das sloss Runcklstein mit dem gemel lassen zu vernewen von wegen der guten alten istori«. Zwischen 1508 und 1511 ließ der Kaiser deshalb Marx Reichlich die Fresken erneuern. Für sich selbst ließ er im Oberstock des Sommerhauses eine Wohnung einrichten.
Die kaiserlichen Bemühungen blieben jedoch leider die Ausnahme. Schon 1520 kam die nächste Bedrohung der Burg, als durch die Nachlässigkeit des Verwalters Simon Grünberger der Pulvervorrat im Bergfried in die Luft flog und große Zerstörungen anrichtete. Erst als die Burg 1531 wieder in den Besitz des Trienter Bischofs Bernhard von Cles kam, wurde mit der Restaurierung begonnen und die schließlich wieder wohnliche Anlage 1538 Christoph Philipp Graf von Liechtenstein zu Lehen übergeben.
Obwohl die Burg nun über zwei Jahrhunderte in der Hand dieser Familie blieb, half dies den kostbaren Fresken wenig. Wünschte man eine neue Tür oder größere Fenster, dann wurde ohne Rücksicht auf die Wandgemälde gebaut. Kaum besser wurde es, als die Familie 1774 zugunsten Kaiserin Maria Theresias auf Runkelstein verzichtete. In den Händen verschiedener Pächter ging es langsam aber stetig bergab. Noch schlimmer wurde es sogar, als die Burg 1803 der bischöflichen Verwaltung in Trient zurückgegeben wurde. Nach und nach stürzten nun die Dächer ein, und der Regen konnte ungehindert den Mauern entlang bis zu den Fundamenten durchsickern. Damit schien das Ende der alten Mauern greifbar nahe.
Daran konnte zunächst auch alle romantische Burgenbegeisterung des 19. Jahrhunderts nichts ändern. Noch 1868 stürzte die Außenmauer des Sommerhauses zur Talfer hinunter, erst 1881 kam schließlich die Wende mit dem Kauf Runkelsteins durch den Erzherzog Johann Salvator. Der schenkte die Ruine demonstrativ dem Kaiser, und der endlich verstand den »Wink mit dem Zaunpfahl«: Von 1884 bis 1888 wurde gesichert und gerettet, was zu retten war. Anderes, wie etwa der Bergfried, wurde völlig neu aufgebaut. Zwar wurde damit auf Runkelstein manches im Sinne romantischer Burgenbegeisterung verfälscht, andererseits konnte nur so kostbarster Restbestand überhaupt gerettet werden.
Noch aber waren nicht alle Gefahren für Runkelstein vorüber. 1893 schenkte der Kaiser die Burg der Stadt Bozen, die sich zwar vertraglich verpflichtete, pro Jahr mindestens 500 Gulden zur Erhaltung aufzuwenden, die dieses Versprechen aber nie hielt. Im Nordosten wie im Nordwesten brachen die Felsen unter den Mauern ab und gefährdeten so neuerlich

große Teile der Burg. Erst vor knapp zwanzig Jahren konnte diese Gefahr durch umfangreiche Stützpfeilerkonstruktionen endgültig gebannt werden. Heute sind die Burg und der Freskenschatz so weit gesichert, daß sie wieder besichtigt werden können.
Die Führung beginnt im Westpalas, dem schönsten Zeugnis mittelalterlicher Wohnkultur. Weil die Maler vom Zwang sakraler Darstellungen befreit waren, konnten sie ihre ganze Liebe der Wiedergabe des höfischen Lebens widmen. Die Fresken zeigen deshalb die Herrschaften bei der Jagd, beim Turnier, beim Spiel und bei der Unterhaltung. Besonders interessant ist dabei die detailgetreue Wiedergabe der reichhaltigen Garderobe der höfischen Gesellschaft. »Die Damenmode besticht durch kapriziöse Vielfalt: man sieht hochgeschlossene Roben mit weitem Faltenwurf neben enganliegenden mit tiefem Ausschnitt, winzige Hüte neben breitkrempigen aus Stoff oder Stroh, kurze Spaziermäntel; die Ärmel um das Handgelenk eng geschlossen, fallen nach unten glockig auseinander und bedecken fast die ganze Hand. Dem stehen die Herren an Eleganz nichts nach: kurze Wämser mit Wespentaille und gepolsterter Brust, Glockenärmel wie bei den Damen, hautenge Strumpfhosen, reich verzierte, tief um die Hüften gelegte schwere Metallgürtel, an denen der Dolch oder häufiger noch ein Glöckchen hängt, Schuhe mit langen Schnabelspitzen; die Hutmode gibt sich nicht minder abwechselungsreich als der weibliche Kopfputz« (Rasmo).
Die Reise ins Mittelalter beginnt im mittleren Zimmer des zweiten Stocks, dem sogenannten »Wappensaal«. Hier sind in einem oberen Wandfries die Wappen der Geschlechter aufgemalt, die mit den Vintler verwandt oder befreundet waren. Der hofseitige Raum, die »Kammer der Ritterspiele«, birgt noch an zwei ursprünglichen Wänden Freskenszenen. Zu sehen sind musizierende, spielende und umschlungen wandelnde junge Paare vor dem Hintergrund einer burgenreichen Landschaft. Auf der Ostseite ist Runkelstein selbst im Zustand beim Ausbau durch die Brüder Vintler in der Perspektive von Westen her dargestellt. Zu diesem Zeitpunkt war der Westpalas schon erhöht, das Sommerhaus fehlte noch.
Die anschließende »Badestube« hat ihren für einen Wohnraum eigenartigen Namen von sechs Aktgestalten an der Westwand, die sich anschicken, über eine Brüstung ins Bad zu steigen. Tatsächlich dürfte es sich jedoch um eine Vorstellung von Gauklern handeln, die mit ihren Spielen eine höfische Gesellschaft amüsieren sollten. Die Gesamtdekoration des Raumes ist konzipiert als eine umlaufende Arkadengalerie, an deren Brüstung an einer Wand Ritter, an einer Damen, an der dritten Fabeltiere und an der vierten eben die Athleten lehnen. Als Sockel ist ein roter Wandteppich gemalt, in den Adler und Hirsche eingewebt sind. Den oberen Abschluß bildet eine Bordüre mit Blattornamenten und Vierpaßmedaillons mit Ritter- und Damenfigürchen.
Den gesamten dritten Stock des alten Westpalas nimmt als festlicher Repräsentationsraum der »Rittersaal« ein. Er war ursprünglich vollständig bemalt, doch ist nur noch das Fresko an der Südwand ganz erhalten. Dargestellt ist eine Turnierszene, in der die Kämpfenden hoch zu Roß in den Steigbügeln stehend gegeneinander anrennen. Schilde und Helmzier identifizieren die Dargestellten: in der Mitte einen Herzog von Österreich, bei ihm die Brüder Vintler sowie den Hauptmann an der Etsch, Heinrich von Rottenburg, und mehrere weitere Ritter. Die Burg auf der rechten Seite bildet die Zuschauerkulisse. Vom Burgtor aus verfolgt der Kampfrichter das Spiel, Fenster, Türme und Söller dienen den Damen als Zuschauerlogen. Das Ganze ist oben mit einem Rahmenfries eingefaßt, der die Wappen des Kaiserreichs und der sieben Kurfürsten enthält. Der Bilderstreifen unter der Turnierszene zeigt links von der Tür Damen und Herren beim Ballspielen, rechts spielen zwei Musikanten tanzenden Paaren auf.
Die übrigen Wände des Rittersaales enthielten Jagddarstellungen. Zu erkennen sind noch eine Hirsch- und eine Eberjagd sowie Szenen aus der Gemsen- und Steinbockjagd im Gebirge. Bei ihnen handelt es sich um eine regelrechte Erzählung, die mit dem Auszug aus

der Burg beginnt und mit der Heimkehr schließt. Die vierte Wand schließlich ist dem Fischfang in einem Weiher sowie der Hasenjagd gewidmet.
Der kleinere, im Süden angrenzende Raum, »Rüstkammer« genannt, war ebenfalls vollständig ausgemalt. Er litt jedoch stark unter der Explosion des Pulverturms, die dem Raum das Dach genommen hatte. Zu sehen sind heute noch eine Reihe männlicher und weiblicher Halbfiguren auf rotem, ursprünglich gemustertem Grund. Sie blicken von einer mit bunten Teppichen behängten Estrade in den Raum herunter. Die Dreipaßlünette über dem Eingang ist wieder mit einer Turnierszene gefüllt, bei der der Kampf aber schon sehr viel weiter fortgeschritten ist. Die meisten Ritter sind bereits gestürzt oder verwundet, von rechts kommen die Schiedsrichter, um das Spiel abzubrechen, von links die Damen, um zu helfen.
Entstanden sind sämtliche Fresken des Westpalas in der Zeit zwischen 1390 und 1400. Geschaffen wurden sie hauptsächlich von zwei, an darstellerischen Eigenheiten unterscheidbaren Künstlern, die jedoch durchaus der gleichen Werkstatt angehört haben könnten. Beiden Malern standen darüber hinaus offensichtlich ein oder mehrere Gehilfen zur Seite.
Nächste Station der Besichtigung ist das um 1400 an das nördliche Ringmauerstück angebaute »Sommerhaus«. Seine Halle im Erdgeschoß öffnet sich mit vier großen Bögen gegen den Hof. Das Obergeschoß ist über den Wehrgang von Westen und den östlichen Palas von Osten her in die Burg eingebunden. Die Stirnwand der Halle im Erdgeschoß ist mit Bögen unterteilt und mit Vierpaßmedaillons gefüllt. Sie zeigen Brustbilder römischer Kaiser von Karl dem Großen bis zu Kaiser Sigismund. Die westlichen Bogenleibungen enthalten acht allegorische Frauengestalten, die die freien Künste verkörpern.
Die Balkonwand im ersten Stock ist ganz mit Triaden ausgefüllt, also Dreiergruppen aus Geschichte, Bibel und ritterlicher Sagenwelt. Dargestellt sind je drei berühmte Helden des Altertums und des Alten Testaments, die besten christlichen Könige, die tapfersten Ritter, die edelsten Liebespaare, die Ritter mit den besten Schwertern, die stärksten Riesen und die bekanntesten Zwergkönige. Eine Frauengestalt neben der Tür begrüßt den Besucher schließlich mit einem Becher zum Willkommenstrunk.
Der erste Raum im Sommerhaus ist der Sage von Tristan und Isolde gewidmet. Dargestellt ist in Terraverdetechnik auf insgesamt 13 Bildern das Schicksal von Tristan und Isolde nach dem höfischen Epos von Gottfried von Straßburg.
Auch die Bilderfolge im nächsten Raum ist einem höfischen Epos gewidmet. Zu sehen sind die Abenteuer Gerels vom blühenden Tale, eines Helden aus der Tafelrunde von König Artus. Die Szenen des Rittergedichts beginnen rechts vom Kamin, über den Maximilian die Wappen von Österreich, Burgund und Tirol hatte malen lassen.
Alle Fresken im Sommerhaus entstanden zwar noch zur Zeit von Nikolaus Vintler, wurden aber im Auftrag von Kaiser Maximilian so gründlich übermalt, daß heute keine Zuweisungen mehr möglich sind, was aus welcher Zeit stammt.

Das so malerisch mitten in alten Weinbergen gelegene Schloß Maretsch war einst der Dienstsitz des Güterverwalters der Trienter Bischöfe. Ältester Teil der Anlage ist der fünfstöckige Wehrturm aus dem Jahre 1194. Mit den 4 Ecktürmen wurde die Anlage im 16. Jh. vollendet. Heute dient das Schloß der Stadt Bozen zu Veranstaltungen und Kongressen.

Schloß Maretsch

Unmittelbar an der Bozener Wassermauerpromenade liegt mitten in alten Weinbergen Schloß Maretsch, einst der Dienstsitz des Güterverwalters der Trienter Bischöfe. 1194 war dies Berthold von Bozen, der das wenig ertragreiche Schwemmgelände an der Talfer zur Errichtung seines Wohnhauses nutzte. Als erstes entstand ein fünfstöckiger Wehrturm, dann im Osten ein kleiner Palas, zum Schluß die viereckige Ringmauer. Erst spätere Generationen nutzten den Mauerring zur Anlage von Erweiterungsbauten. Die vier Ecktürme, die der Anlage das typische mittelalterliche Gepräge geben sollten, entstanden

sogar erst im 16. Jahrhundert, als eine Familie Römer die alte Anlage zu ihrer Stadtresidenz im Sinne der Renaissance herrichten ließ.
Zu dieser Zeit entstanden auch die Fresken im großen Saal, die Themen des Alten Testamentes gewidmet sind. Allerdings ging es dabei keineswegs um die Darstellung religiöser Inhalte. Vielmehr sollten Tugenden wie Tapferkeit, Gerechtigkeit und Weisheit durch biblische Gestalten verdeutlicht werden. Wer die ganz im Geiste der Renaissance gehaltenen und nicht sehr qualitätsvollen Malereien geschaffen hat und wann sie genau entstanden sind, konnte bisher nicht geklärt werden.
Heute ist das Schloß im Besitz der Stadt Bozen, dient als Kongreßzentrum und kann nur auf Anfrage besichtigt werden.

Burg Hocheppan

Mächtigste Gegenspieler der Vinschgauer Grafen beim Kampf um die Vorherrschaft in Tirol waren im 12. und 13. Jahrhundert die Grafen von Eppan. Sie errichteten um 1200 als Gegenstück zur Burg Tirol (s. S. 84f.) in den Hängen oberhalb des Überetscher Hügellandes ihre Burg Hocheppan. Sie nutzten dabei eine nach drei Seiten steil abfallende Felsnase, auf deren vorderster Kante bereits 1131 Bischof Altmann von Trient eine Kapelle geweiht hatte. Sie wurde in die Wehrmauer der neuen Burg integriert und macht heute mit ihren wohl erhaltenen, romanischen Fresken den eigentlichen Reiz der Ruine Hocheppan aus.
In der ersten Hälfte des 12. Jahrhunderts waren die Eppaner und Tiroler Grafen die mächtigsten Lehensträger der Bischöfe von Trient, ihre Herrschaftsbereiche waren etwa gleich groß und sie selbst etwa gleich mächtig. Beide Seiten lauerten jedoch darauf, den Rivalen »an die Wand zu drücken«. Daß dabei jedes Mittel recht war, zeigte sich spätestens 1158, als die Eppaner Brüder Heinrich II. und Friedrich II. nicht davor zurückschreckten, ihren eigenen Lehensherrn, Bischof Adelpret von Trient, zu überfallen, als der eine päpstliche Gesandtschaft von zwei Kardinälen auf einer Friedensmission zu Kaiser Barbarossa begleitete. Mit dem dreisten Bubenstück wollten die jungen Grafen verhindern, daß der Bischof zu sehr den Forderungen der Tiroler nachgab, erreichten jedoch das genaue Gegenteil. Barbarossa schickte Herzog Heinrich den Löwen zu einer Strafexpedition nach Eppan. Wie die Grafen gestraft wurden, ist nicht überliefert, ihr Ansehen jedenfalls wurde durch den Überfall sicher nicht gefördert.
Vorläufige Hilfe gegen ihre Erzrivalen auf Burg Tirol fanden die Eppaner dann ausgerechnet doch wieder bei den Bischöfen von Trient. Die hatten wohl erkannt, daß ein zu mächtig gewordener Graf auf Tirol ihnen zu gefährlich werden könnte und sahen das einzige Gegenmittel in der Rückenstärkung für die Eppaner. So konnte Ulrich III. von Eppan sich mit wohlwollender Unterstützung des Trienter Bischofs Friedrich von Wanga an den Bau von Hocheppan machen und bei dieser Gelegenheit die alte Kapelle in seiner neuen Burg ausmalen lassen.
Obwohl zu Eppan mit Heinrich III. und Ulrich III. zu dieser Zeit wieder ein Brüderpaar herrschte und sie immerhin nicht weniger als fünf Söhne und eine Tochter hatten (die Tochter heiratete jenen Beral von Wanga, der zusammen mit seinem Bruder Runkelstein erbaute), reichte all dies doch nicht zur Sicherung des Hauses Eppan. Ulrichs zwei Söhne starben jung und kinderlos, während die drei Söhne Heinrichs Geistliche wurden. Der berühmteste wurde Egno von Eppan, der zuerst Bischof von Brixen und 1250 Bischof von Trient wurde. Zwischen 1253 und 1259 war er gezwungen, den Tiroler Rivalen nach und nach die Eppaner Grafenrechte, den Besitz der Familie und schließlich die Stammburg selbst zu übertragen. Als um 1300 Gottschalk von Eppan, der letzte der drei Brüder und Domdechant zu Trient, starb, erlosch das Geschlecht der Eppaner.

Der Bau von Hocheppan dürfte in rund einem Jahrzehnt zwischen 1200 und 1210 erfolgt sein. Die Mauern aus gleichmäßig geschichteten, sauber behauenen Buckelquadern aus rötlichem Porphyr bestätigen, daß der Bau in einem Zug errichtet wurde. Kern des Ganzen ist ein mächtiger, auch heute noch weitgehend erhaltener Bergfried. An seine Westseite schloß sich der ganz an den Felsrand gebaute und mit Schwalbenschwanzzinnen bekrönte Palas an. Die notwendigen Nebenbauten lehnten sich an die Ostflanke der Ringmauer. Den Zugang erschwerte ein Torzwinger neben dem Bergfried. Befestigungsanlagen nördlich des Halsgrabens und der Zugbrücke entstanden dagegen erst um 1500.
Auch wenn der Augenschein dafür spricht, zerstört wurde Hocheppan nie. Die Tiroler Grafen wußten den Wert der Burg nur zu gut einzuschätzen und ließen sie durch Verwalter verteidigungsbereit halten. Margarethe Maultasch schließlich übertrug die Anlage den Herren von Schenna, von 1426 bis 1494 regierten die Starkenberger, und bis 1828 saßen die Herren von Fuchsberg auf dem Adlernest. Die im 19. Jahrhundert stark verwahrloste Anlage kam schließlich 1912 in den Besitz der Grafen Enzenberg.
Einzigartiges Juwel auf Hocheppan ist nach wie vor die 1131 geweihte Burgkapelle. Sie besteht aus einem kryptaähnlichen Unter- und einem flachgedeckten Obergeschoß mit drei halbrunden Apsidennischen mit je einem schmalen Rundbogenfenster. Vom äußeren Freskenschmuck sind rechts neben dem Eingang Fragmente eines Christophorus erhalten (das älteste Christophorusfresko Südtirols). Über der Tür wacht eine Kreuzigungsgruppe mit Sonne und Mond. Links neben der Tür verfolgt ein berittener Jäger mit Horn und zwei Hunden einen Hirsch. Der Jäger stellte ursprünglich Dietrich von Bern dar, erst das 16. Jahrhundert machte daraus einen hl. Georg.
Im Inneren der Kapelle sind alle vier Wände mit außergewöhnlich farbschönen Fresken aus der Zeit zwischen 1207 und 1210 ausgemalt. Über den drei Apsiden thront auf einem auf die Seitenwände übergreifenden Band Christus als Richter zwischen den zwölf Aposteln. Die Wölbung der mittleren Apsis enthält die thronende Maria mit Kind und Engel, darunter links und rechts vom Fenster die Klugen und Törichten Jungfrauen. Die linke Apsis zeigt das Gotteslamm zwischen Johannes und Propheten, die rechte Christus zwischen Petrus und Paulus. Auf den Langhauswänden wird in zwei, durch Mäanderbänder getrennten Bildreihen das Leben Jesu geschildert. Die obere Reihe reicht von der Verkündigung bis zum Kindermord, die untere von der Flucht nach Ägypten bis zu den Frauen am Grabe. Auf den schmalen Wänden zwischen den Apsiden stehen eine weibliche und eine männliche Figur. Die Altarmensa ist mit einem Kentauren und einem Ritter auf einem Fabeltier geschmückt.

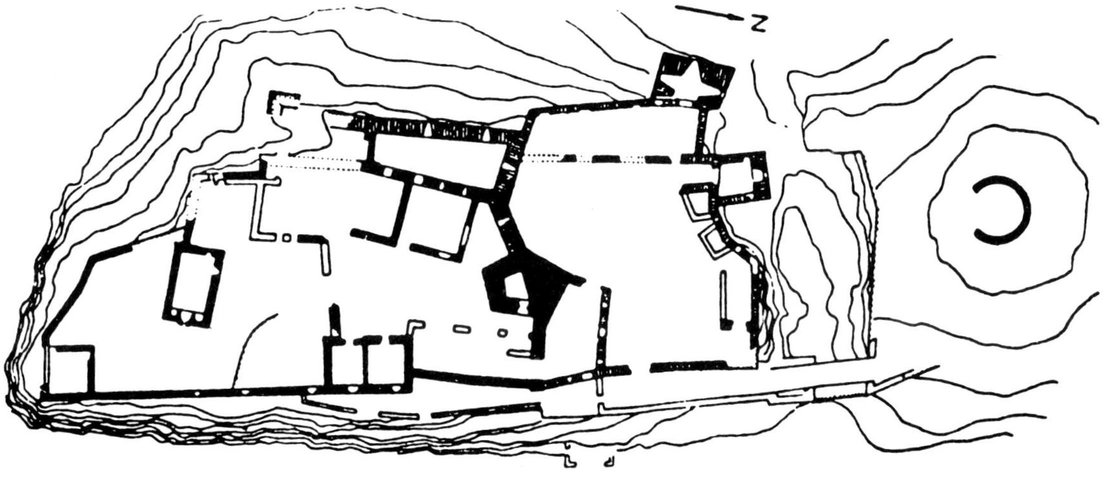

Grundriß der Gesamtanlage

Die Burg Hocheppan, kühn in die Hänge oberhalb des Überetscher Hügellandes gebaut, spielte eine wichtige Rolle im Kampf der Eppaner und Tiroler Grafen um die Herrschaft über das Land im Gebirge. Weil die Eppaner verloren, geriet ihre Burg schon bald zur Ruine.

Erhalten jedoch blieb die Burgkapelle, die Bischof Altmann von Trient bereits 1131 geweiht hatte. In ihrem Inneren sind alle Wände mit außergewöhnlich farbschönen Fresken aus der Zeit zwischen 1207 und 1210 bemalt. Die Beispiele zeigen zwei modisch gekleidete »törichte Jungfrauen« vor der verschlossenen Himmelstür; sowie die thronende Muttergottes mit dem »erwachsenen Jesusknaben« aus der Mittelapsis.

Während die Altarwand mit den drei Apsiden noch ganz die monumentale Strenge byzantinisch geprägter Hochromanik ausstrahlt (die thronende Maria als starre Herrscherin könnte von einer Ikone stammen), ist diese Strenge an den Langhauswänden durch naturalistische und teilweise ausgesprochen tirolerische Details durchbrochen. In liebevoller Naturbeobachtung und expressiver Gestik der weisenden Hände kündigt sich ein neues Gefühl für Realistik in der Darstellung an. Schönstes Beispiel dafür ist die »Knödelesserin« in der Szene von der Geburt Christi (erste Darstellung eines Tiroler Knödels). Dank der Verwandtschaft der Fresken mit denen von S. Zeno in Verona wird allgemein davon ausgegangen, daß der Schöpfer der neben Marienberg qualitätsvollsten romanischen Malerei in Tirol aus Oberitalien kam.

Festung Sigmundskron

Am Hügel über dem Zusammenfluß von Etsch und Eisack gab es schon in vorgeschichtlicher Zeit eine Siedlung. Mitte des 10. Jahrhunderts hatte die strategisch so günstige Lage die Trienter Bischöfe dazu animiert, dort die Burg Formigar errichten zu lassen. Berangar von Ivrea eroberte sie auf seinem Italienfeldzug gegen Hugo von Arles im Jahre 956. Nach dem Wiederaufbau diente die Burg bis ins 13. Jahrhundert hinein den Trienter Bischöfen als Stützpunkt gegen die Grafen von Tirol. Mit dem Niedergang der Eppaner und dem Aufstieg der Tiroler kam auch die Burg in den Besitz der Tiroler. Aus dieser Zeit sind noch Ruinenreste des Palas, der Kapelle und eines Viereckturms der Vorburg erhalten.
Als die Tiroler Landesherren in der zweiten Hälfte des 15. Jahrhunderts immer größere Schwierigkeiten mit der Republik Venedig bekamen, kaufte Erzherzog Sigmund der Münzreiche die Anlage und ließ sie von 1474 bis 1483 vom Baumeister Hans Hueber zu einer das gesamte Etschtal beherrschenden Festungsanlage ausbauen. Aus dieser Zeit stammt auch der neue Name Sigmundskron. Die Festung war nun das wichtigste Bollwerk im Lande, konnte sogar Feuerwaffen widerstehen und wurde so zum bedeutenden Aktivposten im Krieg mit Venedig im Jahre 1487.
Kaiser Maximilian verstärkte die Befestigungsanlagen noch einmal und machte Sigmundskron zum zentralen Zeughaus für den Venezianerkrieg von 1508. Damals entstanden die obere Vorburg mit ihren zwei mächtigen, runden Geschütztürmen sowie die bis zu 5 m dicke Ringmauer mit ihrem stark befestigten Spitzbogentor. Damals wurde auch die ältere, untere Vorburg mit einer Ringmauer an die neuen Anlagen angebunden und mit Geschützrondellen ausgestattet. Noch heute trägt die Ruine des Torturms im weißen Marmorrelief das Wappen von Erzherzog Sigmund, dem eigentlichen Vater von Sigmundskron. Ansonsten ist außer einem Gasthaus in einem alten Wohntrakt der unteren Vorburg und Ruinenresten der oberen Burg von der ganzen Riesenanlage kaum etwas erhalten.

Castello del Buonconsiglio

Strenggenommen gehört der Stammsitz der Trienter Bischöfe, das Castello del Buonconsiglio, gar nicht mehr in den Rahmen dieses Buches, das sich auf den deutschsprachigen Alpenraum beschränkt. Deshalb soll auch nicht auf die sehr komplexe Baugeschichte des riesigen fürstbischöflichen Palastes und seine Renaissanceschätze aus der ersten Hälfte des 16. Jahrhunderts eingegangen werden. Wohl aber erwähnt werden muß eine Kostbarkeit innerhalb des großen Palastes, die ein deutscher Bischof in Trient um 1400 von einem deutschen Maler gestalten ließ, sodaß im italienischen Kulturraum ein »nordisches« Kunstwerk entstand. Dieser Bischof war Georg I. von Liechtenstein. Er fühlte sich in dem weitläufigen Bischofspalast offensichtlich nicht sehr wohl und ließ sich deshalb im Adlerturm seiner Festung ein kleines Privatappartement einrichten. So privat der Auftrag war, so persönlich durften die Motive der Ausmalung sein. Um dennoch seinem geistlichen Stand gerecht zu werden, wurde für die einzelnen Bilder eine ganz eigenartige Motivmischung gefunden. In der Regel sind im Vordergrund Unterhaltungen des höfischen Lebens, im Hintergrund die arbeitenden Bauern dargestellt. Für jeden Monat des Jahres gibt es so ein passendes Bild. Das Fresko für den Februar etwa bringt ganz jahreszeitgemäß das Schweineschlachten und eine Turnierszene, im August wird geerntet, während der Adel zur Falkenjagd geht.

Der Eigenart in der Themenmischung entspricht durchaus die Eigenart des Stils. Wohl ist es eindeutig höfisch »Weicher Stil«, doch fehlt beinahe ganz die anatomische und perspektivische Durchbildung. Statt dessen werden mit großer Liebe zum Detail von der einzelnen Pflanze bis zur Darstellung des Menschen, vom Steinchen bis zum ganzen Haus Einzelheiten additiv komponiert. Vieles spricht deshalb dafür, daß der Maler derselbe »Magister Venclaus« war, der sich in der Friedhofskapelle von Riffian selbst verewigte, als Hofmaler des Trienter Bischofs ausgewiesen ist und auch eine Malerwerkstatt in Meran unterhielt.

Der Adlerturm mit seinen hervorragend erhaltenen, wegen ihrer Eigenart einmaligen gotischen Fresken ist nicht allgemein, wohl aber auf Wunsch zugänglich.

◁ *Die alte Festung Sigmundskron hat heute in Volksliedern einen besseren Klang als auf der Prioritätenliste der Konservatoren. Dabei bestand die Festung am Zusammenfluß von Etsch und Eisack schon Mitte des 10. Jh. als Burg der Trienter Bischöfe. Kaiser Maximilian machte aus ihr bis 1508 das zentrale Zeughaus für den Krieg gegen die Venezianer. Erhalten sind aus der Zeit der Eppaner Grafen nur noch Ruinenreste des Palas, der Kapelle und eines Viereckturms der ehemaligen Vorburg. An die Zeit Kaiser Maximilians erinnern Reste der riesigen Befestigungsanlagen.*

Auf dem Trienter Bischofsstuhl gab es neben machtbewußten auch kunstsinnige Bischöfe. Einer von ihnen war Bischof Georg I. von Liechtenstein, der sich um 1400 in seinem riesigen Schloß ein kleines Privatappartement einrichten und vom »Magister Venclaus«, dem Meister der Riffianer Friedhofskapelle, mit weltlichen Fresken ausmalen ließ. Zu jedem Monat des Jahres gibt es eine passende Darstellung, hier das Oktoberbild mit der Weinernte. Im Vordergrund promenieren höfische Damen und Herren.

Schloß Prösels

Den Herren von Völs am Schlern war 1027 das Glück hold. Zu ihrem Ministerialenamt für die Bischöfe von Brixen erhielten sie durch kaiserliche Schenkung auch noch die weltliche Herrschaft für das Gebiet unterm Schlern und durften in dieser Funktion um 1200 eine eigene Burg errichten. Zum Standort wählten sie den malerischen Moränenkegel südlich von Völs, von dem aus der Zugang zum Plateau gut kontrolliert werden konnte. Als es Meinhard II. von Görz-Tirol gelang, das Völser Gericht an sich zu ziehen, erhielten dessen Herren die Burg Prösels und das Völser Gericht gegen Ende des 13. Jahrhunderts als landesfürstliches Lehen. Bis 1804 blieb es im Besitz der Herren von Völs.
Leider erlebte das Schloß danach bis 1978 nicht weniger als 14 neue Eigentümer, die allesamt mit der Erhaltung der umfangreichen Gebäude überfordert waren. Erst durch die Gründung eines Kuratoriums gelang es, die beinahe schon ruinösen Gebäude vor weiterem Verfall zu sichern, nach und nach eine umfassende Restaurierung durchzuführen und so die für die maximilianische Zeit charakteristische, weitläufige Zwingeranlage wieder zugänglich zu machen.
Leider kam nicht nur das Schloß herunter, auch sein gesamtes, einst kostbares Inventar war verschleudert worden. Das Burgarchiv etwa landete bei einem Schuster, der die Pergamenturkunden als Schuheinlagen verwendete! Erst nach und nach entstehen nun wieder besonders schöne Details in liebevoller Restaurierung. Inzwischen künden die freskierte spätgotische Loggienfassade ebenso wieder von besseren Zeiten wie die Täfelungen und Decken der Säle im Palas. Sicher ist noch vieles zu tun, doch verspricht das schon Geleistete ein gutes Ende.

Schloß Prösels bei Völs am Schlern entstand um 1200 als Burg Völser Ministerialen der Bischöfe von Brixen. Bis 1804 blieb das Schloß im Besitz der Herren von Völs. Heute sorgt ein Verein für die Erhaltung und Restaurierung. Ihm gelang es, wichtiges wie die Loggienfassade oder Täfelungen und Decken einzelner Säle zu retten.

Grundriß der Gesamtanlage

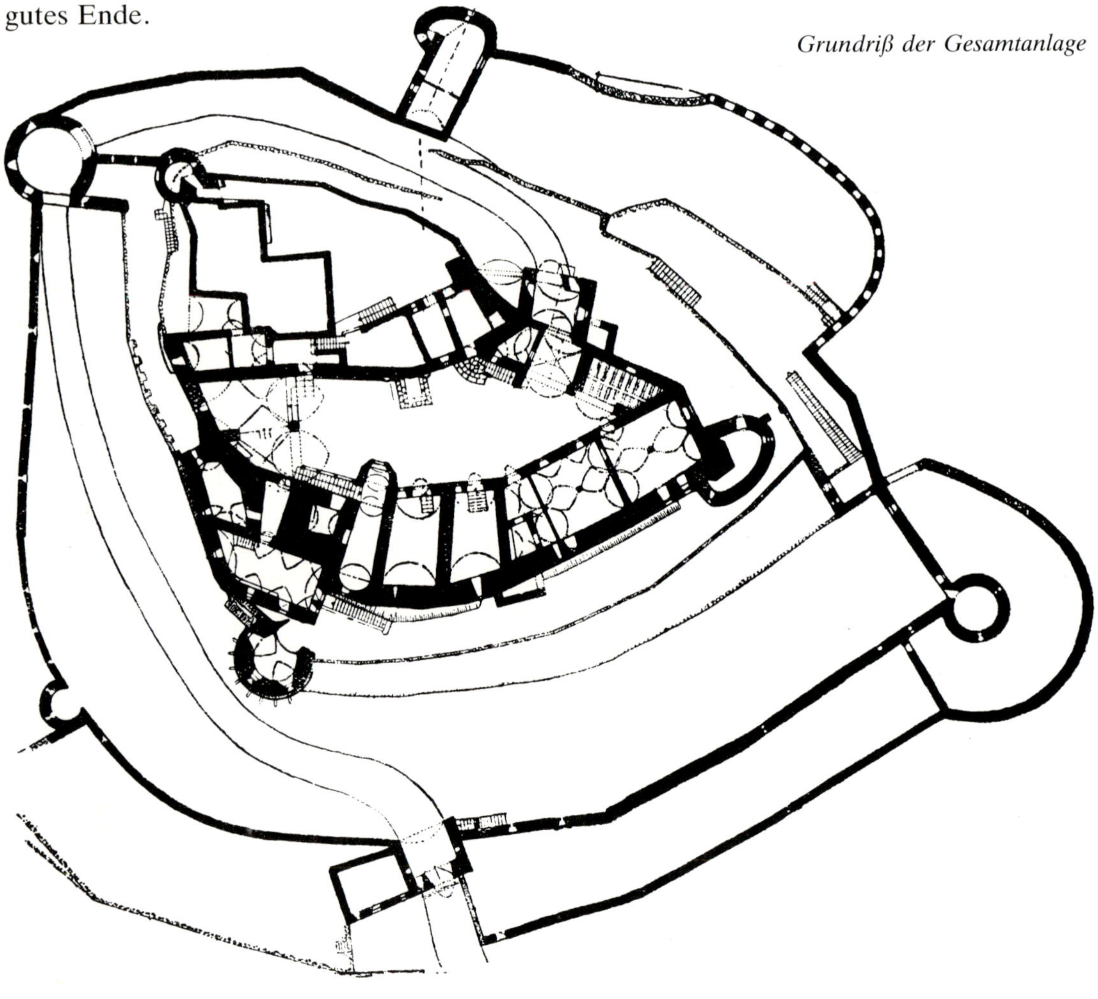

Die Trostburg

Zu den ganz besonders martialisch aussehenden Burgen Südtirols gehört ohne Zweifel die Trostburg oberhalb von Waidbruck. Im Kern entstand sie um 1150 zur Sicherung des Zugangs ins Grödnertal und des Verkehrs durch das Eisacktal. In einer Brixener Urkunde von 1173 ist ein Cunrat de Trostperch als Ministerialer des Bischofs von Brixen belegt. Dieser Konrad kam aus Kastelruth, konnte sich mit seiner Familie jedoch nicht auf Dauer auf der Trostburg festsetzen. 1243 jedenfalls nannte sich ein Arnold von Velturns erstmals Arnold de Troastperch. Weder mit dessen noch mit der Macht des Brixener Bischofs scheint es allerdings noch sehr weit her gewesen zu sein. Nur so jedenfalls ist es zu erklären, daß Meinhard II. von Tirol die Trostburg 1290 billig »erwerben« konnte. Fortan saßen hier tirolische Ministerialen, bis Eckhart von Vilanders 1382 »mein Feste Trostberg, Leut und Gut« per Testament seiner einzigen Tochter Katharina, der Gemahlin Friedrichs von Wolkenstein, hinterließ. Nahezu sechs Jahrhunderte (bis 1967) blieb die Burg dann im Besitz der Nachkommen dieses Wolkensteiners.
In den folgenden zwei Jahrhunderten bauten verschiedene Generationen der Wolkensteiner an der Burg, ohne sie jedoch über die mittelalterliche Kernburg hinaus auszudehnen. Stets blieben sie innerhalb der engen Grenzen des alten Mauerberings, erhöhten hier einen Teil und fügten dort einen an. Erst in maximilianischer Zeit wurde ein großzügiger Vorzwinger angelegt, die Burg selbst aber blieb unverändert. Noch 1522 gab es auf der ganzen Burg lediglich 12 möblierte Stuben und Kammern. Erst Wilhelm II. von Wolkenstein, der als kaiserlicher Rat und Landeshauptmann (ab 1562) eine wichtige Rolle spielte, ließ die Burg entsprechend den Erfordernissen des Geschützkrieges neu befestigen. Jetzt wurde ein neuer äußerer Mauergürtel errichtet, der einen weiten Vorhof mit Wehrgängen einschloß. Dazu entstand ein Zwinger mit einem eigenen Batterieturm.

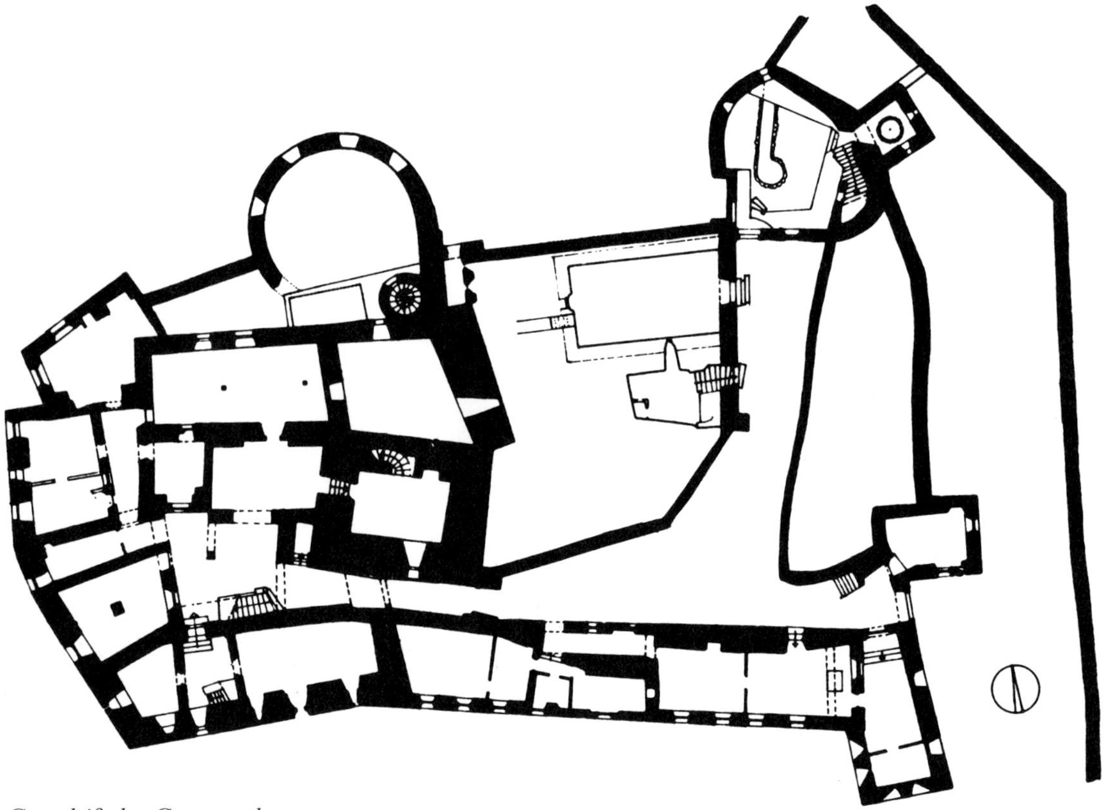

Grundriß der Gesamtanlage

Daß all dies eigentlich schon überholt war, bevor es fertig wurde, begriff offensichtlich Wilhelms jüngster Sohn, Engelhard Dietrich, der die Trostburg 1595 im Zuge einer Erbteilung erhielt und sofort damit begann, die Burg zu einer befestigten Renaissanceresidenz zu erweitern. Nach dem Vorbild von Schloß Ambras sollte aus der düsteren Kriegsanlage so schnell wie möglich ein Schaustück höfischer Wohn- und Lebenskultur werden. »Dabei zählte der Schein mehr als die Substanz, und eine auf Fernwirkung berechnete Fassadenkosmetik verbarg im Innern vielfach unberührten oder mit sparsamsten Mitteln adaptierten älteren Baubestand, ja ließ schon aus der Nähe die illusionistische Absicht unverhüllt erkennen wie am Bergfried, dessen Außenwände nur in der weithin sichtbar die anstoßenden Dächer überragenden obersten Partie verputzt wurden« (Adelheid von Zallinger).

Rund 30 Jahre lang wurde nach den Plänen Bartolomeo Luccheses daran gearbeitet, aus der mittelalterlichen Burg eine Renaissancefestung zu machen. Jetzt wurde aufs Großzügigste umgebaut und aufgestockt, die Innenausstattung wurde völlig erneuert und die ganze Anlage weit nach Westen hinausgeschoben. Ab 1620 wurden auch die militärischen Teile energisch ausgebaut, noch einmal wurden Basteien, Türme, Zwinger und Wehrgänge angelegt. Allerdings war auch das wohl mehr martialische Gebärde, militärisch wirklich Brauchbares kam dabei nicht heraus. Schließlich hielten Schießscharten mit Freskobemalung Kanonenkugeln kaum besser auf, und hölzerne Sturmpfähle wären für sie auch kein Hindernis gewesen. Ob der ganze dekorative Bluff nur der Selbsttäuschung des von den Wirren des Dreißigjährigen Krieges beunruhigten Burgherrn diente?

Als Engelhard Dietrich 1648 starb, verließ der letzte große Bauherr die Trostburg. Danach wurde zwar noch hier und da repariert, nennenswert Neues jedoch entstand nicht mehr. Die Wehrbauten gerieten alsbald in Verfall, 1820 ist von ihnen bereits als »Ruine« die Rede. Bis zum letzten Krieg gelang es wenigstens, die Wohnräume der Burg zu erhalten. Im September 1943 war es auch damit vorbei, als die Burg Zielscheibe eines deutschen Flakangriffs wurde. Erst 1967 gelang es, eine Gesellschaft zur Rettung der Burg zu gründen, die seither an einer schrittweisen Gesamtrestaurierung arbeitet. Diese Bemühungen sind inzwischen immerhin so weit fortgeschritten, daß die Burg wieder besichtigt werden kann.

Heute gibt es in der Trostburg wie in kaum einer anderen Burg des Alpenraumes eine Fülle festungsbautechnischer, architektonischer und künstlerischer Details aus allen Bauphasen von der Romanik bis zum Barock zu sehen. Vom Weinkeller bis zur gewölbten Stube, vom Pechloch bis zur Kanonenbastion, vom romanischen Portal bis zum Renaissancesaal reicht hier die Spannweite – und all das auf engstem Raum, angeordnet um einen verwinkelten Innenhof. Trotz seiner Enge ist auch er noch mit einer zweigeschossigen Arkadenfront auf Repräsentation angelegt und demonstriert mit einem ausgreifenden Wappengemälde, wie weit die Ahnenreihe der Wolkensteiner zurückreicht.

Interessantestes Detail aus gotischer Zeit ist die »Gewölbte Stube«, die kurz nach 1400 in der Trostburg eingebaut worden sein dürfte. Ihren Namen verdankt sie ihrer dreipaßförmig aufgebogenen Tonnendecke aus Holz. Diese Deckenform stammt aus Oberitalien und wurde um 1390 auch auf Runkelstein verwendet. Ihre Verzierung besteht aus einer zeitlos schlichten, fast strengen Kerbschnittornamentik aus Spiralflechten und Kreuzschnittmustern auf den Deckenbalken. Die Balkenköpfe setzen mit stilisierten Rosetten die Akzente. Der spätgotische Turmofen aus grün lasierten Medaillonkacheln ist zweistufig aufgebaut und schließt oben mit einem Kranzgesims aus konkaven Reliefkacheln ab.

Das Gegenstück zur gotischen Gewölbten Stube ist der für den verwinkelten Bau geradezu fürstlich und riesig anmutende »Große Saal« im Dachgeschoß der mittelalterlichen Burg. Der wohl ungewöhnlichste profane Renaissancesaal Südtirols wurde von Engelhard Dietrich von Wolkenstein bis 1607 als »Gegenstück« zum Spanischen Saal in Schloß Ambras

errichtet, auch wenn es natürlich trotz der Größe von 15×5 m nicht möglich war, die Nordtiroler Monumentalarchitektur zu erreichen.
Nach dem Ambraser Vorbild erhielt der Saal eine äußerst kunstvoll gearbeitete Kassettendecke mit einem System aus wechselnden Oktogonen und Kreuzen mit Sechseckfüllungen. Rankenintarsien in wechselnden Holztönen, vergoldete Rosetten und filigranes Beschlagwerk bilden hier den adäquaten Rahmen für polychromierte Wappenreliefs der Wolkensteiner und ihrer angeheirateten Verwandtschaft. Geschaffen wurde das Prachtstück vom Brixener Hoftischler Hans Rumpfer.
Der dynastische Repäsentationswille fand sein zweites Betätigungsfeld an den Wänden. Sie sind in überreich gestaltete, stuckgerahmte Nischen aufgeteilt, in denen acht fast lebensgroße Statuen stehen. Dargestellt sind vom Ahnherrn der Wolkensteiner bis zum Bauherrn des Saales, Engelhard Dietrich selbst, die aus seiner Sicht wichtigsten Persönlichkeiten aus den beiden Wolkensteiner Linien Trostburg und Rodeneck.

Die besonders martialisch aussehende Trostburg oberhalb von Waidbruck entstand bereits um 1150. Sie sicherte sowohl den Zugang zum Grödnertal als auch den Verkehr durch das Eisacktal. Zunächst saßen hier Brixener, später Tiroler Ministeriale. Für nahezu sechs Jahrhunderte war die Burg dann bis 1967 Besitz der Wolkensteiner bzw. ihrer Nachkommen.

Von der teils noch erhaltenen, kostbaren Ausstattung der Trostburg zeugen u. a. die Kassettendecke im »Großen Saal« und Fresken der Renaissance.

Schloß Velthurns

Kardinal Christoph von Madruz war Mitte des 16. Jahrhunderts als Oberhirte und Fürst von Brixen und Trient nicht nur Herr über zwei Diözesen und Reichsfürstentümer, sondern auch noch einflußreicher Hausherr des Trienter Konzils. Als 66jähriger gab er im Herbst 1577 den Bau des heutigen Schlosses Velthurns oberhalb von Brixen in Auftrag, wohl um sich dort einen angemessenen Alterssitz zu schaffen. Vergönnt allerdings war ihm der nicht, denn bereits im Juli des folgenden Jahres starb der Fürstbischof. Die Vollendung blieb seinem Neffen und Nachfolger im Amt als Bischof von Brixen, Johann Thomas Spaur, vorbehalten.
Bis 1803 diente die 1587 fertiggestellte Anlage den Brixener Bischöfen als Sommerresidenz. Nach der Säkularisation wechselten die Besitzer häufig, bis es 1875 Fürst Johannes II. von Liechtenstein gelang, das Schloß zu erwerben, um es vor weiterem Verfall zu bewahren. Zum selben Zweck schenkte er die Anlage 1903 der Stadt Bozen, die damit ebenso umging wie mit Runkelstein: nach elfjährigem Überlegen wurde die Schenkung angenommen, getan aber wurde nichts. Erst 1979 konnte mit den dringendsten Restaurierungsarbeiten begonnen werden, so daß das von außen schmucklose Schloß heute im Inneren zumindest wieder in seinen wichtigsten Teilen in altem Glanz erstrahlt.
Die relativ kurze Bauzeit von nur zehn Jahren sorgte dafür, daß die überaus kunstvolle Innenausstattung im Stil der Hochrenaissance eine seltene Einheitlichkeit erhielt. Einheimische und italienische Meister arbeiteten zusammen unter der Leitung des Brixener Baumeisters Mattia Parlati. Die Maler Horazio Michele und Pietro Maria Bagnadore aus Brescia sorgten zusammen mit Schreinern aus Brixen, Klausen und Bruneck dafür, daß jede einzelne Wand zum überreich gestalteten Kunstwerk wurde.
Jeder Raum wurde mit Wandvertäfelungen, Prunkportalen, Kassettendecken und Gemälden als Ganzes konzipiert, wobei vor allem die überaus kunstvollen Intarsienarbeiten in den Holzvertäfelungen besondere optische Reize bieten. Die Fresken sind vor allem im zweiten Stock von hervorragender Qualität. Ganz dem Geschmack der Renaissance entsprechend enthalten sie Allegorien in allen denkbaren Variationen.
Als fürstbischöfliche Wohnung diente das zweite Obergeschoß, dessen vier Eckräume heute den ganzen Glanz von Schloß Velthurns repräsentieren. Bereits in der Diele deutet sich die Prachtentfaltung mit einer durchgehenden Kassettendecke mit großen, vergoldeten Rosetten und überreich verzierten Türrahmungen an. Die Türfüllungen selbst sind mit ornamentalen Intarsienmustern phantasievoll verziert.
Der westliche Eckraum enthält ebenfalls eine Kassettendecke mit vergoldeten Rosetten sowie umfangreiche Temperamalereien an den Wänden. In zehn Bildern sind Tugenden und Laster dargestellt, in vier weiteren die vier Elemente. Die Tugenden sind dabei ausnahmslos durch klassische Frauengestalten verkörpert, die Laster sind männlich oder weiblich und werden von den Tugenden besiegt. Der gesamte Raum wurde in knapp zwei Jahren bis zum Mai 1584 von Pietro Maria Bagnadore bemalt.
Der nördliche Eckraum ist ebenfalls mit Kassettendecke und Fresken reich verziert. Dargestellt sind hier wieder als Allegorien die damals bekannten vier Erdteile (Australien wurde erst 20 Jahre später entdeckt) sowie die fünf Sinne. Der östliche Eckraum schließlich ist mit seinen Fresken zwölf Ereignissen aus der Kindheit Christi gewidmet.
Der absolute Höhepunkt ist der Eckraum im Süden, das Fürstenzimmer. Seine besonders reiche Vertäfelung und die großzügige Kassettendecke sind Meisterwerke, die ihresgleichen suchen. Die überaus phantasievollen, ornamentalen, architektonischen und figuralen Intarsien wurden nach Entwürfen von Hans Spineider aus Meran gefertigt, seine Werkstatt übernahm die Ausführung. Knapp 10 000 Arbeitsstunden wurden alleine für die Holzarbeiten im Fürstenzimmer notwendig.

Ein Prachtstück für sich ist der monumentale Kachelofen aus blau-weißen Fayencekacheln. Auf einer von vier Löwen getragenen Grundplatte sitzt ein rechteckiger Unterbau, der in einen turmartigen, polygonalen Aufbau übergeht. Die Kachelfelder sind mit biblischen Darstellungen aus dem Alten und Neuen Testament verziert, wobei die Bilder blau in den weißen Untergrund eingebrannt sind. Der Ofen wurde 1583 vom Bozener Hafnermeister Paul Pitschdorfer fertiggestellt. Er hatte auch die Kacheln nach Formen des Brixener Bildhauers Asam Pokh hergestellt und nach der Bemalung selbst gebrannt.
Die Fresken für das Fürstenzimmer fertigte ebenfalls wieder Pietro Maria Bagnadore. Dargestellt sind hier die Sieben Weltwunder, wobei der Maler eigenartigerweise die Hängenden Gärten der Semiramis in Babylon ausgelassen, statt dessen aber die Babylonischen Mauern gemalt hat. Hinzugefügt hat er zudem noch das Kolosseum in Rom und den Tempel des Salomo in Jerusalem.

Burg Rodeneck

Die wohl ausgedehnteste Burganlage Südtirols steht mit Vorburg und weitläufiger Hauptburg auf einer, an drei Seiten von der Rienz umschlossenen Felsnase. Bauherr der stolzen Burg Rodeneck war Friedrich I. von Rodank, mächtiger Ministeriale der Bischöfe von Brixen. In deren Auftrag hatte er bis 1140 den »mansum zu Rodunk« zur Sicherung des Pustertales errichtet. Bischof Hartmann von Brixen (1140–1154) übertrug seinem Burgherrn zudem noch das Richteramt für die gesamte Umgebung. Daraus wurde später das Landgericht Rodeneck, das bis in die erste Hälfte des 19. Jahrhunderts bestand.
Der kinderlose Friedrich IV. von Rodank nahm es kaum 150 Jahre später mit seinem Vasalleneid den Brixener Bischöfen gegenüber nicht mehr so genau: Am 12. Mai 1271 übergab er die Burg und den gesamten Besitz dem Grafen Meinhard II. von Görz, ohne sich darum zu kümmern, daß er Brixener Lehensgut widerrechtlich weitergab. Die Görzer ihrerseits kümmerten sich um diese Rechtsverletzung ebenfalls herzlich wenig, konnten sie dadurch doch ihr Einflußgebiet bis knapp vor die Tore Brixens ausdehnen.
Über die Görzer Grafen kam Rodeneck in den Besitz der Tiroler Landesfürsten und nach der Übergabe Tirols an das Haus Habsburg durch Margarethe Maultasch schließlich in den Besitz der Herzöge von Österreich. Diese setzten Pfleger ein, darunter von 1460–1469 Oswald von Wolkenstein, einen Sohn des berühmten Minnesängers. Dessen Sohn, Veit von Wolkenstein, erhielt am 22. Juli 1491 von Kaiser Maximilian I. Rodeneck in Anerkennung seiner treuen Dienste zum Geschenk.
Auch jetzt halfen dem Hochstift Brixen alle Einwände gegen die unrechtmäßige Weitergabe des ihm zustehenden Lehensgutes nichts. Bis 1849 sollten die Wolkensteiner im Besitz der Burg bleiben. 1897 gelang es Arthur Graf Wolkenstein sogar, die inzwischen durch verschiedene Hände gegangene Burg zurückzukaufen, sodaß die Burg bis heute Eigentum dieser Familie ist.
Friedrich I. von Rodank errichtete in der ersten Hälfte des 12. Jahrhunderts einen mehrstöckigen, bewohnbaren Bergfried und einen einstöckigen Palas. Beide Bauteile sind heute an den Mauern noch deutlich zu erkennen. Einen ersten Ausbau gab es dann unter den Görzer Grafen, die bereits wesentliche Teile der heutigen Anlage errichteten. Zum umfassenden Ausbau jedoch kam es erst unter Veit II. von Wolkenstein (1523–1538). Er errichtete den weitläufigen, für Geschütz- und Handfeuerwaffenverteidigung eingerichteten Schloßbau im Stil der Frührenaissance. Ihm verdankte Rodeneck den Ruf, die stärkste Festung Tirols zu sein. Sein Sohn Christoph setzte diese Bestrebungen konsequent fort, erhöhte den Palas, erbaute die heutige Kapelle und richtete eine Bibliothek, eine Gemäldesammlung, ein Antikenkabinett und eine Harnischkammer ein.

◁ *Das Schlößchen Velthurns oberhalb von Brixen entstand nicht aus dem Ausbau einer alten Burg, sondern ab 1577 als Alterssitz des Brixener Bischofs Kardinal Christoph von Madruz. In 10jähriger Arbeit entstand eine überaus kunstvolle und besonders einheitliche Innenausstattung im Stil des Hochrenaissance: reicher allegorischer Freskenschmuck, kunstvollste Intarsienarbeit an Türen und Rahmungen, prachtvolle Kassettendecken und eingelegte Böden. Der monumentale Kachelofen aus blauweißen Fayencekacheln ist ein besonderes Prachtstück. Seine Kachelfelder zeigen biblische Darstellungen aus dem Alten und Neuen Testament.*

Rechte Seite:
Rodeneck ist die wohl ausgedehnteste Burganlage Südtirols. Sie steht mit Vorburg und weitläufiger Hauptburg auf einer hoch aufragenden, an drei Seiten von der Rienz umschlossenen Felsnase nördlich von Brixen.

Im ehemaligen Wohnraum des kleinen Palas der ersten Rodenecker Burg sind die frühesten bisher bekannten Fresken ritterlich-höfischer, profaner Malerei erhalten: Der kurz nach 1200 entstandene Bilderzyklus enthält 12 Szenen aus dem Versepos Iwein von Hartmann von Aue. Die beiden Szenen zeigen den Zweikampf zwischen Iwein und König Askalon und den Tod Askalons in den Armen seiner Frau Laudine. Das dritte Freskenbeispiel stammt aus der 1582 geweihten Burgkapelle. Zu sehen ist der damalige Besitzer, Christoph I. von Wolkenstein mit seinem Familenwappen.

SIVE ENĪ COMEDO, SIVE BIBO SIVE ALIVD ALIQVID FACIO, SEMPER VIDETV

Die herrlichen Zeiten auf Rodeneck waren am 17. Mai 1694 schlagartig vorbei, als ein Brand die ganze Burganlage in Schutt und Asche legte. Von diesem Schlag sollte sich Rodeneck nie wieder erholen, Teile der Burg wurden nicht wieder aufgebaut, die letzten Brandspuren wurden sogar erst unter Arthur Graf Wolkenstein Anfang unseres Jahrhunderts beseitigt.
Weil Rodeneck von den Besitzern bewohnt wird, können Teile der Hauptburg nicht besichtigt werden, doch wird dadurch der großartige Gesamteindruck keineswegs geschmälert. Bereits beim Eintritt durch das Mannsloch des 400 Jahre alten, außen mit Eisenblech beschlagenen äußeren Burgtores spürt der Besucher die einstige Wehrhaftigkeit der Anlage. Ein tiefer Halsgraben schützte diese »Vordere Bastei«, die auch noch vor 400 Jahren im Ernstfall nur sehr schwer zu nehmen gewesen sein dürfte.
Im Vorhof führt der Weg dann weiter entlang der westseitigen, am unteren Teil bis zu 7 m dicken, oben in einen Wehrgang mündenden Verteidigungsmauer hinauf zum zweiten Tor. Hier gab es noch einmal eine Zugbrücke, eine Pechnase und ein Fallgitter. Erst danach wird der Blick frei in den romantischen Innenhof der Hauptburg. Auf seiner Ostseite verrät ein Erker im ersten Obergeschoß den ehemaligen Eingang zum ersten Rodanker Burgturm. Die westseitige Wehrmauer hat auch hier in ihrem oberen Teil einen Wehrgang, darunter sind die Wappen der Schloßbesitzer vom ersten Rodank bis in die heutige Zeit aufgemalt.

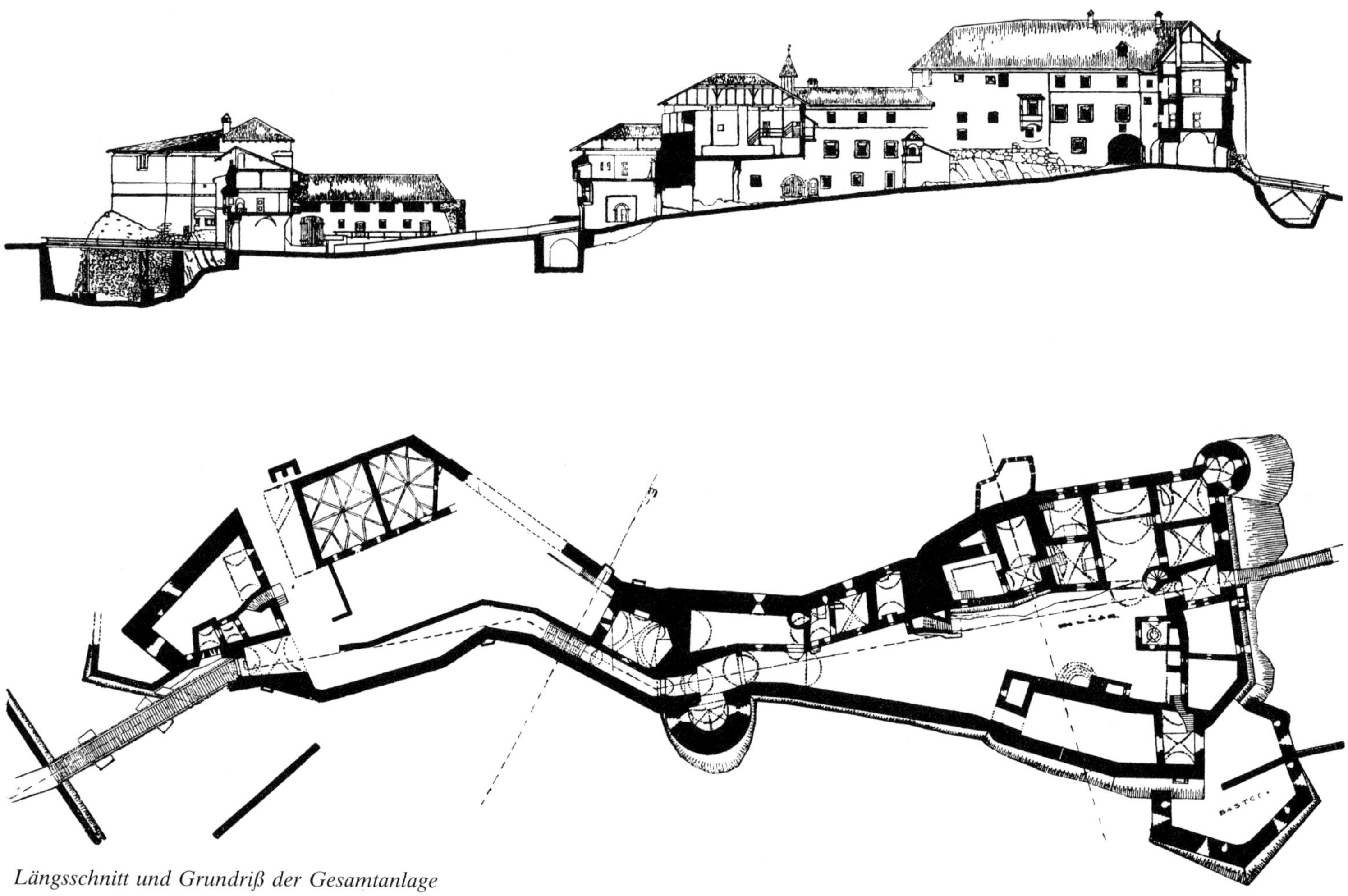

Längsschnitt und Grundriß der Gesamtanlage

Die heutige Burgkapelle wurde unter Christoph I. von Wolkenstein errichtet und am 25. Juli 1582 geweiht. Interessant ist ihre Westwand, die mit einer drastischen Darstellung des Jüngsten Gerichtes verziert ist. Darunter ist die umfangreiche Familie des damaligen Schloßbesitzers (er hatte mit seiner Gemahlin Ursula von Spaur nicht weniger als 17 Kinder) zusammen mit den Familienwappen verewigt. Die gwölbte Decke zieren die Symbole der vier Evangelisten und in der Mitte die hl. Dreifaltigkeit.
Neben dem Durchgang in den südlich, auf völlig unzugänglicher Felsnase vorgelagerten Burggarten ist die wohl um 1530 errichtete, 7 m tiefe Zisterne samt ihrem alten Schöpfrad erhalten. Das hier gesammelte Regenwasser hat dank Sandfilterung auch bei heutigen Ansprüchen noch Trinkwasserqualität.
Im ehemaligen Wohnraum des kleinen Palas der ersten Rodanker Burg findet sich schließlich das, was im Herbst 1972 als Sensation zutage trat: die frühesten, bisher bekannten Fresken ritterlich-höfischer Malerei. Der kurz nach 1200 entstandene Bilderzyklus enthält zwölf Szenen aus dem Versepos »Iwein« von Hartmann von Aue.
In diesem ersten Teil des Epos zieht Iwein von der Burg im Walde von Breziljan auf Abenteuer aus. In einer Waldlichtung sieht er wilde Tiere kämpfen. Ein wilder Hirte weist Iwein den Weg zu einem verzauberten Brunnen, der von König Askalon behütet wird. Weil Iwein verbotenerweise dort Wasser schöpft, kommt es zum Zweikampf zwischen ihm und König Askalon. Der schwer verwundete Askalon flieht von Iwein verfolgt in seine Burg zurück und stirbt dort in den Armen seiner Frau Laudine. Dem gefangenen Iwein steckt die Zofe Lunete einen Tarnring an den Finger, so daß der inzwischen in die schöne Laudine verliebte Iwein nicht gefunden werden kann. Schließlich gesteht Iwein Laudine seine Liebe, erhält von ihr Hand und Vergebung und zum guten Ende das Königreich Askalons.
Das eigentlich Beeindruckende an den Fresken ist weniger, daß der gesamte Inhalt der Sage in zwölf Szenen dargestellt ist, sondern vielmehr die Ausdruckskraft und die dramatische Bewegtheit, zu der der romanische Maler fand. Er vermied es, einfach die vergeistigende Darstellungsweise der sakralen Malerei auf die profanen Inhalte zu übertragen. Statt dessen gelang es ihm, seinen Gestalten expressive Gesichter zu geben und den Darstellungen von ritterlichen Zweikämpfen und höfischen Szenen Leben einzuhauchen.
Gemalt wurden die Fresken aller Wahrscheinlichkeit nach von jenem Meister Hugo, der für den Brixener Bischof Konrad von Rodank die Freskenzyklen in der Brixener Johannes- und der Frauenkirche (neben dem Brixener Kreuzgang) schuf. Weil der Bischof zu jener Zeit auch Besitzer von Rodeneck war, dürfte er der Auftraggeber gewesen sein.

Burg Reifenstein

Bekanntlich dürfen Kindheitsträume nicht erfüllt werden, soll die Enttäuschung nicht zu groß werden. Weil aber Ausnahmen die Regel bestätigen, gibt es durchaus die Möglichkeit, den Jugendtraum von der »richtigen« Ritterburg ohne Enttäuschung Wirklichkeit werden zu lassen. Nötig ist lediglich ein Besuch der Burg Reifenstein südlich von Sterzing.
Auf einem breiten Felsrücken, mitten in der Ebene eines früh verlandeten Sees, ist hinter Vorwerk, Zugbrücke und Toranlage alles versammelt, was das Herz eines Burgenliebhabers höher schlagen läßt: Um einen Innenhof mit Brunnen und Zisterne reihen sich Turm und zinnenbewehrter Wehrgang, die Wohngebäude präsentieren ein allerschönstes Winkelwerk aus Portalen, Galerien, Gängen, Treppen, Gewölben, Küche und Kemenate. Daß hier wohl erhaltende, nie aber »restaurierende« Hände am Werk waren, erhöht den Reiz der knarrenden Böden und ächzenden Stiegen erst recht. Da schadet es denn gar nichts, daß auf Reifenstein keine große Kunst zu finden ist, der Reiz des Ursprünglichen allein lohnt den Besuch.

Begonnen hatte alles bald nach 1027, als Kaiser Konrad II. Bischof Hartwig von Brixen die Grafschaft im Eisack- und Inntal übertrug. Damit wurde es nötig, den uralten Handelsweg über den Brenner zu sichern und dafür war nichts geeigneter als der wohl schon vorhandene Wehrturm auf dem Bergrücken südlich von Sterzing. Um 1100 jedenfalls taucht die Burg bereits als »castrum Riffinstein« in den Urkunden auf und bis 1209 saßen auf ihr die Ministerialen des Brixener Hochstiftes.

Vögte des Bistums Brixen waren Anfang des 13. Jahrhunderts die Grafen von Andechs. Weil sie sich an der Verschwörung gegen König Philipp beteiligt hatten, gerieten sie 1209 in die Acht, verloren ihren gesamten Besitz und die Vogtei in Brixen. Graf Albert III. von Tirol nützte die Gelegenheit und setzte 1210, ohne den Brixener Bischof auch nur zu fragen, einen eigenen Dienstmann auf Reifenstein ein. Bis 1241 dauerte anschließend der Streit, bis Bischof Egno im Brixener Frieden auch auf Reifenstein als bischöfliches Lehen verzichten mußte. Die landesfürstliche Oberhoheit war damit endgültig besiegelt.

Ein völlig neues Kapitel begann für die Burg unter Herzog Sigmund dem Münzreichen. Als der einmal mehr unter Geldmangel litt, verpfändete er Reifenstein dem Deutschen Orden, dem die Burg 1470 als nicht eingelöstes Pfand zufiel. Nun zog ein Landkomtur ein, der umgehend dafür sorgte, daß die Burg zeitgemäß ausgebaut wurde. Bis zum Ende des 15. Jahrhunderts entstand daraus das meiste von dem, was für den heutigen Besucher so schön nach Mittelalter riecht.

Als zu Beginn des 19. Jahrhunderts Tirol unter bayerische Verwaltung kam, wurde 1811 die Deutschordenskommende Sterzing aufgehoben. Weil die Grafen von Thurn und Taxis etwa zur gleichen Zeit das Tiroler Postwesen abtreten mußten, erhielten sie 1813 Reifenstein als Entschädigung. Da die Burg aber anders als das Postwesen keinen laufenden Ertrag abwarf, geschah auch nicht mehr viel. Zwar ließ man nichts verkommen, ausgebaut oder restauriert wurde aber auch nicht. Die Burg präsentiert sich daher in etwa im Zustand vom Ende des 15. Jahrhunderts.

Die ersten Anfänge von Reifenstein dürften mit einem kleinen Turm, einer Kapelle und einem bescheidenen Palas um die Jahrtausendwende entstanden sein. In der ersten Hälfte des 12. Jahrhunderts entstand dann der heute erhaltene älteste Teil der Burg, der 24 m hohe und an der Basis rund 9×9 m große Bergfried aus fast 2 m dicken Mauern. Seinen einzigen Zugang hatte er in 6 m Höhe, sein unterer Teil diente als Verlies.

Auf der Westseite des Bergfriedes wurde im 13. Jahrhundert ein Palas mit trapezförmigem Grundriß angebaut. Seine drei Räume übereinander und der Dachraum sind heute leer,

Auf einem breiten Felsrücken unweit von Sterzing, mitten in der Ebene eines früh verlandeten Sees, ist hinter Vorwerk, Zugbrücke und Toranlage auf Burg Reifenstein alles versammelt, was das Herz eines Burgenliebhabers höher schlagen läßt. Keine Burg im gesamten deutschen Alpenraum vermittelt so den Reiz des Ursprünglichen wie Reifenstein: Um einen Innenhof mit Zisterne und zinnenbekröntem Wehrgang präsentieren sich der Turm und die Wohngebäude als reizvolles Winkelwerk. Seit 1813 ist Reifenstein im Besitz der Grafen von Thurn und Taxis.

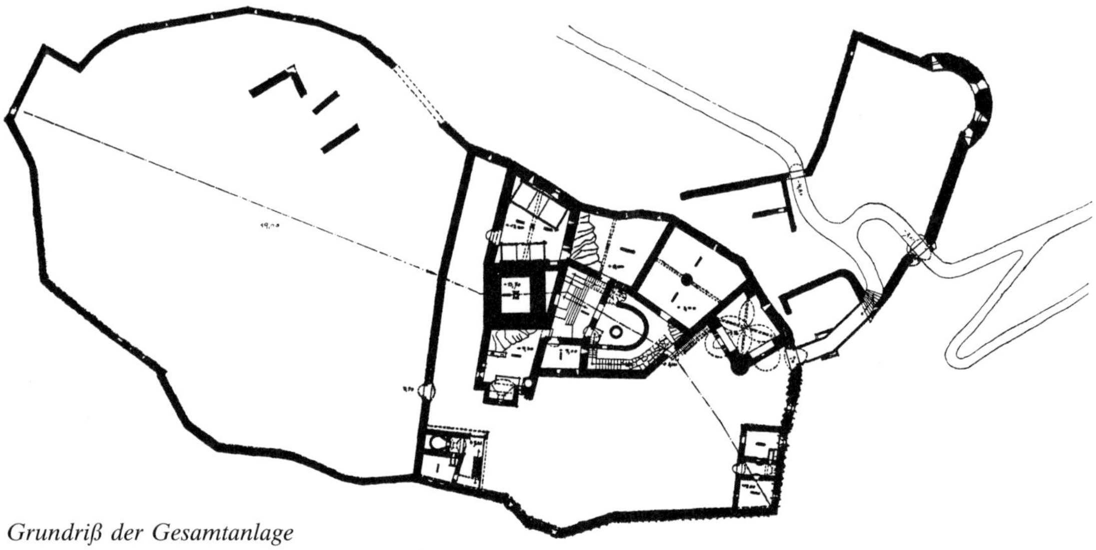

Grundriß der Gesamtanlage

beeindrucken aber mit ihren Holzkonstruktionen für die massiven, in der Mitte mit Gabelkreuzstützen unterfangenen Balkendecken. Lediglich das zweite Obergeschoß hat im Westen ein gekuppeltes, rundbogiges Fenster mit schlanker Mittelsäule und Knospenkapitell.

Etwa zur selben Zeit wie der Palas dürfte im Osten des Bergfrieds der dreigeschossige Wirtschaftstrakt entstanden sein. Im Erdgeschoß enthielt er eine große Küche mit erhöhter, offener Feuerstelle und Schüttstein. Würde man dort heute ein Feuer anzünden, könnte man die mittelalterliche Küche direkt in Betrieb nehmen. Die zweite Etage diente als Vorratsraum, die dritte wohl als Kemenate.

Zusammen mit dem »Roßstall« im Norden und der verbindenden Ringmauer um Hof und Zisterne bildeten diese drei Gebäudeteile bis 1470 die Burg, als unter dem Landkomtur Heinrich von Freyberg mit dem Ausbau begonnen wurde. Bis 1511 entstand nun auf der Nordseite über dem alten Roßstall ein neuer, insgesamt dreigeschossiger Palas. Seine interessantesten Räume sind heute das Kapitelzimmer, der Grüne Saal und das Grafenzimmer.

Das Kapitelzimmer, auch Gotische Stube genannt, ist ganz mit Zirbenholz vertäfelt. Maßwerkleisten mit Fischblasen und Vierpässen dienen als Schmuck. Besonders reich verziert ist der rund 40 cm hohe Unterzug in der Mitte der Decke, der an den Wangen und an der Unterseite mit aufgelegten, reichen Rankenschnitzereien geschmückt ist. Zwei Wappenbänder an diesem Unterzug zeigen den Königsadler Maximilians, das Wappen des Landkomturs Wolfgang von Neuhaus und das Kreuz des Deutschen Ordens. Das Wappen Wolfgangs von Neuhaus erscheint dann noch einmal in Großformat über der Flachbogentür. Unmittelbar neben der Tür steht das Prachtstück des Raumes, ein schmaler, mit reichen Flachschnitzereien geschmückter Waschschrank. Der auf der anderen Seite der Tür stehende, gemauerte und mit Lilien bemalte Ofen ist leider ein späterer Ersatz des einst hier vorhandenen Kachelofens.

Nicht ganz so prunkvoll ausgestattet ist der Grüne Saal, der an den Wänden statt einer Holzvertäfelung eine grüne Rankenmalerei aufweist. Da die hier einst vorhandenen Gemälde gestohlen wurden, ist der einzige Schmuck dieses Raumes heute das Holzgitter zur Kapellennische. Es wurde 1660 unter dem Landkomtur Georg Niklas Vintler aus einem gotischen Bett zusammengebaut. Seine Maßwerkverzierungen gelten als Meisterstück gotischer Schnitzkunst.

Die Wände des Grafenzimmers schließlich sind wieder ganz vertäfelt, die Deckenbalken sind ähnlich abgefast wie im Grünen Saal. Die Vertäfelung ist ornamental bemalt, doch ist diese Bemalung inzwischen arg verblaßt.

Burg Taufers

Abseits aller großen Durchgangsstraßen, an der Mündung des Ahrntales in das Tauferer Tal, versteckt sich vor der Kulisse der Zillertaler Eisriesen die Bilderbuchburg Taufers. Sie war einst der Stammsitz der Herren von Taufers, eines der ältesten Tiroler Adelsgeschlechter. Was die Herren von Tirol und Eppan im Etschtal waren, galten die von Taufers im frühen 12. Jahrhundert im Pustertal. Als Graf Albert von Tirol 1224 zu einem Turnier in Friesach mit 40 Rittern antrat, konnte Hugo von Taufers immerhin auch 23 aufbieten. Sein Bruder Heinrich von Taufers wurde Archediakon von Aquileia und 1224 Bischof von Brixen.

Diese Beziehung mag auch der Grund dafür gewesen sein, daß Hugo von Taufers 1225 seinem bischöflichen Bruder die Burgen Taufers und Uttenheim übergab und dankbar als Lehen zurücknahm. Bis 1315 konnten sich die Herren von Taufers halten, bis auch sie von den Grafen von Tirol überflügelt wurden. Die Tiroler kauften die Burg und Elisabeth von Taufers gründete das Clarissinnenkloster in Meran, wo sie 1325 als Äbtissin starb.

Unter den Grafen von Tirol kamen für Burg Taufers unruhige Zeiten. Wenn die Anlage nicht gerade verpfändet war, wurde sie kurzzeitig als Lehen vergeben oder von Pflegern verwaltet. Als Beispiel mag die zweite Hälfte des 15. Jahrhunderts dienen, als Erzherzog Sigismund die Burg 1456 für 15 000 Gulden an den Bischof von Brixen, Kardinal Nikolaus Cusanus, verpfändete. Nur vier Jahre später zwangen die Habsburger den Bischof zum Verzicht, doch erhielt der die Burg noch einmal vier Jahre später von Sigismund zurück. 1489 dann gab der Nachfolger von Cusanus, Kardinal Melchior von Meckau, die Burg wieder an die Habsburger. Acht Jahre später aber mußte Kaiser Maximilian Taufers erneut an denselben Bischof verpfänden. Der konnte bei diesem Handel sogar die Bedingung stellen, daß die Burg Eigentum des Hochstiftes würde, wenn die Rückzahlung nicht bis Sonnwend des gleichen Jahres erfolgen würde. Offensichtlich hielt Maximilian die Bedingung ein, denn danach folgten Habsburger Pfleger in bunter Folge.
In den folgenden vier Jahrhunderten sah die Burg mehr Besitzer als ihr guttat. Käufe, Verkäufe und Zahlungsunfähigkeiten wechselten in rascher Folge, mit der Burg selber aber ging es stetig bergab. Erst 1902 gab es einen ersten Rettungsansatz, als der Rittmeister Ludwig Lobmayr die verfallenden Mauern kaufte und in Eigeninitiative zu retten versuchte, was zu retten war. Das alles aber hätte nichts genützt, hätte nicht 1953 Hieronymus Gassner, der Abt des Stiftes Seitenstetten, die Burg erworben und sie restauriert. Seit 1977 schließlich ist die Burg im Besitz des Südtiroler Burgeninstitutes, das um die weitere Sicherung der Anlage bemüht ist.
Vom heutigen Bestand der Burg gehen noch der wuchtige Bergfried, der anschließende Wohnturm und ein kleiner Palas auf die erste Bauzeit unter den Herren von Taufers zurück. Dieser romanische Teil ist im Wohnbereich durch zahlreiche schlanke Doppelbogenfenster und dreiteilige Bogenfenster im kleinen Palas gekennzeichnet.
Der entscheidende Ausbau zum heutigen Umfang erfolgte im 15. und 16. Jahrhundert. Von 1483 bis 1485 entstanden im Auftrag des Brixener Bischofs Georg Golser das Vorwerk, die Zugbrücke und der Wehrgang. Der umfangreiche Südwesttrakt als Pendant zur alten Kernburg entstand zur Zeit Kaiser Maximilians und die Aufstockung des alten kleinen Palas auf drei Stockwerke wurde 1551 vollendet. Dieser Trakt verrät seine Entstehungszeit auch durch die drei Reihen gotischer Viereckfenster mit Steinkreuzen.
Zwar war die Burg lange Zeit in schlechten Händen, zerstört aber wurde sie nie. Vieles von der prachtvollen, spätmittelalterlichen Einrichtung blieb deshalb zumindest in den Teilen erhalten, die fest eingebaut waren. So sind nicht weniger als 24 der insgesamt 64 Räume der Burg mit teils kostbaren Vertäfelungen und kunstvollen Kassettendecken ausgestattet.
Vor allem dem Seitenstettener Abt ist es dann zu verdanken, daß vieles von den zuvor verschleuderten Einrichtungsgegenständen zurückgekauft oder neu beschafft werden konnte. Mit viel Einfühlungsvermögen stattete er nach und nach zahlreiche Räume wieder stilvoll aus. Dem Besucher präsentiert sich die Burg daher heute als eine Flucht von vertäfelten Stuben, die eine Fülle von Gemälden, Skulpturen, alten Möbeln, Leuchtern und Waffen bergen. Zu den wichtigsten Räumen wurden so der Bibliothekssaal, der Waffensaal, der Gerichtssaal, der Rittersaal und die aus dem ältesten Baubestand stammende Kapelle.
Die romanische Kapelle ist im ersten Stock des älteren Wohnturmes eingebaut, hat eine Rundapsis, ein um 1200 gearbeitetes, romanisches Kruzifix und gotische Fresken von 1482. Sie entstanden im Auftrag des Brixener Bischofs Georg Golser und dürften von der Werkstatt des Michael Pacher gearbeitet sein. Dargestellt ist am Triumphbogen eine Ölbergsszene, im Zentrum der Apsis Christus als Richter mit einem Flammenschwert im Mund, rechts und links Maria und Johannes der Täufer, darunter verschiedene Heilige.
An der Nord- und Ostseite der Kapelle liegt der ehemalige Rittersaal, der heute durch eine neuere Mauer in zwei Räume abgeteilt ist. Die Nordhälfte enthält noch eine Vertäfelung

An der Mündung des Ahrntales in das Tauferer Tal versteckt sich die Stammburg der Herren von Taufers, eines der ältesten Tiroler Adelsgeschlechter. Seine heutige Gestalt erhielt das Bauwerk im 15. und 16. Jh., als zunächst die Brixener Bischöfe das Vorwerk, die Zugbrücke und den Wehrgang errichten ließen. Der umfangreiche Südwesttrakt entstand schließlich zur Zeit Kaiser Maximilians. Erst ab 1953 wurde die Burg in Privatinitiative gründlich restauriert und der Öffentlichkeit zugänglich gemacht.

aus dem 15. Jahrhundert und darüber hinaus 26, auf Pergament gemalte Portraits von bedeutenden Südtiroler Familien, die in engerer Beziehung zur Burg standen. Gefertigt wurden die Bilder zwischen 1564 und 1567.

Die Waffenhalle enthält heute wieder eine Reihe von Harnischen, zahlreiche Hellebarden, zwei Richtschwerter, Keulen und Katapulte aus dem Bauernkrieg und Säbel aus verschiedenen Jahrhunderten. Mit Abstand schönster Raum aber ist sicherlich die Bibliothek mit ihrer prunkvollen Kassettendecke aus der Barockzeit und den darin eingelegten Barockgemälden, die die Propheten Elias, Isaias, Osea und den Armen Lazarus darstellen. Der überaus prächtige Kachelofen mit Motiven aus der Türkenzeit gehört zweifellos zu den Prachtstükken im Lande.

Kein schlechtes Zugeständnis an die Burgenromantik ist schließlich das an die Bibliothek anschließende Geisterzimmer. Auch seine Wände sind vollständig vertäfelt, die Kassettendecke stammt aus der Barockzeit. Der Erker ist mit Savonarola-Stühlen bestückt, der Delfter Kachelofen stammt von 1755. Das Gemälde einer Prinzessin soll eine Margarethe von Taufers darstellen, deren Bräutigam am Hochzeitstag mit einem Pfeil meuchlings ermordet wurde. Die vor Schmerz wahnsinnig gewordene Braut soll nur noch in diesem Zimmer gelebt und auch hier gestorben sein. Ihr nächtliches Heulen und Wehklagen gab dem Zimmer seinen Namen.

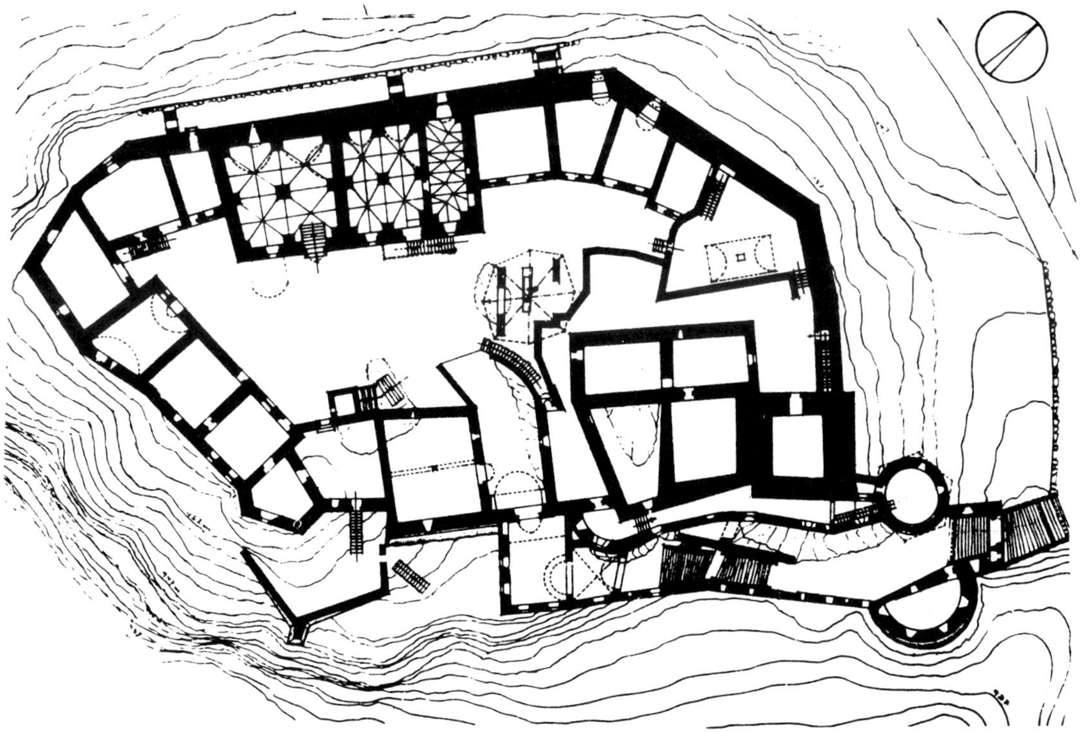

Grundriß der Gesamtanlage

Burgen und Schlösser der Salzburger Bischöfe I

Feste Hohensalzburg

Die Feste Hohensalzburg ist der wohl eindrucksvollste Wehrbau des gesamten deutschsprachigen Alpenraums. Seine Geburtsstunde schlug mit dem Ausbruch des Investiturstreits. Danach bauten zahlreiche Bischofsgenerationen stetig am Ausbau der Feste bis hin zu Erzbischof Paris Lodron, der sich nicht einmal durch den Dreißigjährigen Krieg daran hindern ließ, Hohensalzburg zur barocken Anlage umzubauen.

Hic habitat felicitas nihil intret mali – hier wohnt das Glück, nichts Böses trete ein, steht auf einem römischen Mosaik, das 1841 unter dem Salzburger Mozartdenkmal gefunden wurde. Der Wunschtraum der Römer wurde für sie selbst zwar nicht Wirklichkeit, wohl aber für die karolingische Zeit. Damals wurde Salzburg zur Erzdiözese, der die bayerischen Bistümer Regensburg, Freising, Passau und Brixen unterstellt waren. Als Kaiser Otto III. die Treue der Salzburger Erzbischöfe zum kaiserlichen Haus damit belohnte, daß er 996 Erzbischof Hartwik das tägliche Markt- und Münzrecht gewährte, schienen die glücklichen Zeiten für Salzburg garantiert.

Daß schöner Schein gewaltig trügen kann, zeigte sich dann aber kaum 80 Jahre später, als König Heinrich IV. seinen Hofpriester Tedal 1075 eigenmächtig in Mailand als Erzbischof einsetzte. Papst Gregor VII. rügte dieses Vorgehen in äußerst scharfer Form und löste damit den knapp 50 Jahre dauernden Investiturstreit aus. Weil der Salzburger Erzbischof Gebhard (1060–1088) von der ersten Stunde an Vorkämpfer der Sache des Papstes war und er schwierige Auseinandersetzungen heraufziehen sah, begann er unmittelbar nach Ausbruch des Streites mit der Befestigung strategisch wichtiger Punkte des Erzstiftes. Spätestens 1076 schlug damit die Geburtsstunde für die Festung Hohensalzburg.

Der gewaltige Dolomitfelsrücken oberhalb der Salzburger Altstadt erhielt zunächst allerdings lediglich ein kleines Kastell, das auch erst unter Erzbischof Konrad I. (1106–1147) vollendet wurde und nur aus einem überwiegend aus Holz errichteten Wohnturm und einer Ringmauer mit Zinnen bestand. Ihren besonderen Schutz bekam diese Burganlage rund ein Jahrhundert später durch einen Mauerring, der bereits die gesamte Fläche des Festungsberges einschloß und dabei den Felsvorsprüngen im Mauerlauf so folgte, daß Fels und Mauer eine Einheit bildeten. Wie das Ganze um 1460 ausgesehen hat, zeigt die Stadtansicht von Salzburg, wie sie 1493 in der Schedelschen Chronik festgehalten wurde.

Die zunehmende Bedrohnung durch die Feuerwaffen, die ständige Türkengefahr und nicht zuletzt die Spannungen zwischen Landesfürst und Bürgerschaft veranlaßten Erzbischof Kardinal Burkart von Weißpriach, die Burg weiter ausbauen zu lassen. Nun wurden die Ringmauer verstärkt und vier Rundtürme errichtet, drei von ihnen (Glocken-, Trompeter- und Arrestantenturm) sind heute noch erhalten. Auch die Nachfolger setzten das Bauprogramm eifrig fort. Bernhard von Rohr errichtete um 1480 die Schanzen am steilen Südabfall, Johann III. Beckenschlager erbaute ab 1484 den großen Getreideschüttkasten.

Der entscheidende Ausbau von Hohensalzburg zum Bollwerk gegen die Stadt und zur wohnlichen Residenz erfolgte unter Erzbischof Leonhard von Keutschach (1495–1519). Unter seiner Regie kamen zu den fünf vorhandenen Türmen 17 weitere dazu, die innere Schloßbastei mit turmbewehrter Mauer und Graben wurde angelegt und der Hohe Stock (oder der alte Palas) erhielt seine prunkvoll ausgestatteten Fürstenzimmer. Außer der Georgskirche entstand darüber hinaus auch noch eine neue Zisterne und das Hornwerk.

Bei allen Bemühungen um die Kernburg wurden die äußeren Wehranlagen keineswegs vernachlässigt. Die äußere Ringmauer wurde vielmehr von der Roßpforte zum unteren Trompeterturm verlängert und 1515 schließlich noch der Keutschachbogen errichtet. Keutschachs Nachfolger, Kardinal Matthäus Lang von Wellenburg (1519–1540), einst

Geheimschreiber Maximilians I., ließ noch das Schlangenrondell und die Geschützgänge oberhalb des Klosters Nonnberg errichten.
Der letzte umfassende Ausbau erfolgte unter Erzbischof Paris Lodron (1619–1653), der sich auch durch den Dreißigjährigen Krieg nicht daran hindern ließ, Hohensalzburg zur barokken Anlage umzubauen. Jetzt entstanden die mächtigen Vorwerke im Westen und die Mauern und Sperrbögen im Norden. Bis 1681 schließlich kamen noch die gewaltigen Feuer- und Kuenburgbastei als »Schlußsteine« hinzu. Eine wie immer geartete militärische Rolle aber spielte das Ganze nicht mehr.
Als im Dezember 1800 die Franzosen auf Salzburg vorrückten, floh der letzte geistliche Landesherr, Erzbischof Hieronymus Graf Colloredo, seine Festung überließ er den neuen Herren kampflos. Nach verschiedenen Zwischenstationen kam die Anlage 1816 an Österreich und diente bis zum Zweiten Weltkrieg als Kaserne. Nach umfangreichen Restaurierungsarbeiten sind im Hohen Stock heute die Fürstbischöflichen Prunkräume und zwei Museen zu besichtigen.
Den »richtigen« Zugang zur Festung vermitteln eigentlich nur die eigenen Füße. Wer nämlich mit der Festungsbahn hinauffährt, kommt in der Oberen Hasengrabenbastei an und versäumt damit das Erlebnis der gewaltigen Befestigungsanlagen auf der nördlichen und östlichen Zugangsseite der Festung. Wer dagegen den Fußweg nimmt, erlebt nacheinander den Lodronbogen, den Keutschachbogen, den Schlangenbogen und schließlich den Zwinger. In den äußeren Burghof kommt der Fußgänger dann entweder rechts über eine steile Treppe und die Höllenpforte oder geradeaus durch die Roßpforte.
Zuvor aber führt der Weg unter dem Reiszug durch, jener 304 m langen Seilbahn, die Leonhard von Keutschach 1504 als Materialbahn zur Versorgung der Festung hatte bauen lassen. Bis ins 19. Jahrhundert wurde das Aufziehen der Materialien von den »Schloßbüßern«, den Gefangenen auf der Festung, besorgt. Später wurden Ochsen und Pferde eingesetzt.
Der weitläufige, äußere Hof ist auf der Südseite von Zeughäusern, dem Schüttbogengebäude und dem Arbeitshaus begrenzt. Auf der Westseite schließt sich das Kaplanstöckerl, der Schloßgraben und der Kuchelturm mit seinem schindelgedeckten Spitzdach an. Die Nordseite nimmt die Schloßkirche ein. Ihre Außenwand wird von Hans Valkenauers Marmordenkmal für Erzbischof Leonhard von Keutschach beherrscht. Der von zwei Diakonen begleitete Bischof erteilt mit feierlicher Würde seinen Segen gemäß der Gedenkinschrift: »Hie gibt Erzbischove Leonhard zu Salczburg geborn von Keutschach den segen über des stiffts Salczburg landt. 1515«. Die Wand darüber ist mit einem Kreuzigungs- und Christophorusrelief von 1502 verziert. Das Innere der dem hl. Georg geweihten Kapelle ist von überlebensgroßen Reliefs der Zwölf Apostel aus rotem Marmor dominiert. Die etwas kriegerisch geratenen Apostel verkünden je ein Zitat aus dem Apostolischen Glaubensbekenntnis.
Wie es sich gehört, steht in der Mitte des äußeren Schloßhofes eine große Linde, daneben markiert eine Brunneneinfassung aus rotem Marmor und Rautengittern die Zisterne, die Kardinal Matthäus Lang 1539 »zu Notdurft und Nutzen des Schlosses« von einem Venezianer hatte in den Fels meißeln lassen. Diese Zisterne ist technisch nicht uninteressant, wurde sie doch über ein Röhrennetz mit dem Wasser aller Dachflächen der Vorgebäude gespeist.
Die Nordwestecke des äußeren Schloßhofes ist vom Stockhaus begrenzt. Seine Ostfassade ziert ein über zwei Geschosse reichender, von zwei Rundbogen getragener Breiterker. Durch die Mauer daneben eröffnet ein rundbogiges Portal den Zugang zum kleinen, inneren Schloßhof. Ein weiteres Rundbogentor, verziert mit einem 1498 von Hans Valkenauer geschaffenen Marmorrelief des hl. Ruppert, vermittelt den Zugang zu einem tonnengewölbten Gang, der endlich in den Hohen Stock selbst führt.

Plan von Hohensalzburg.

Aufgenommen und gezeichnet

von E. HETTWER, k. u. k. Oberst.

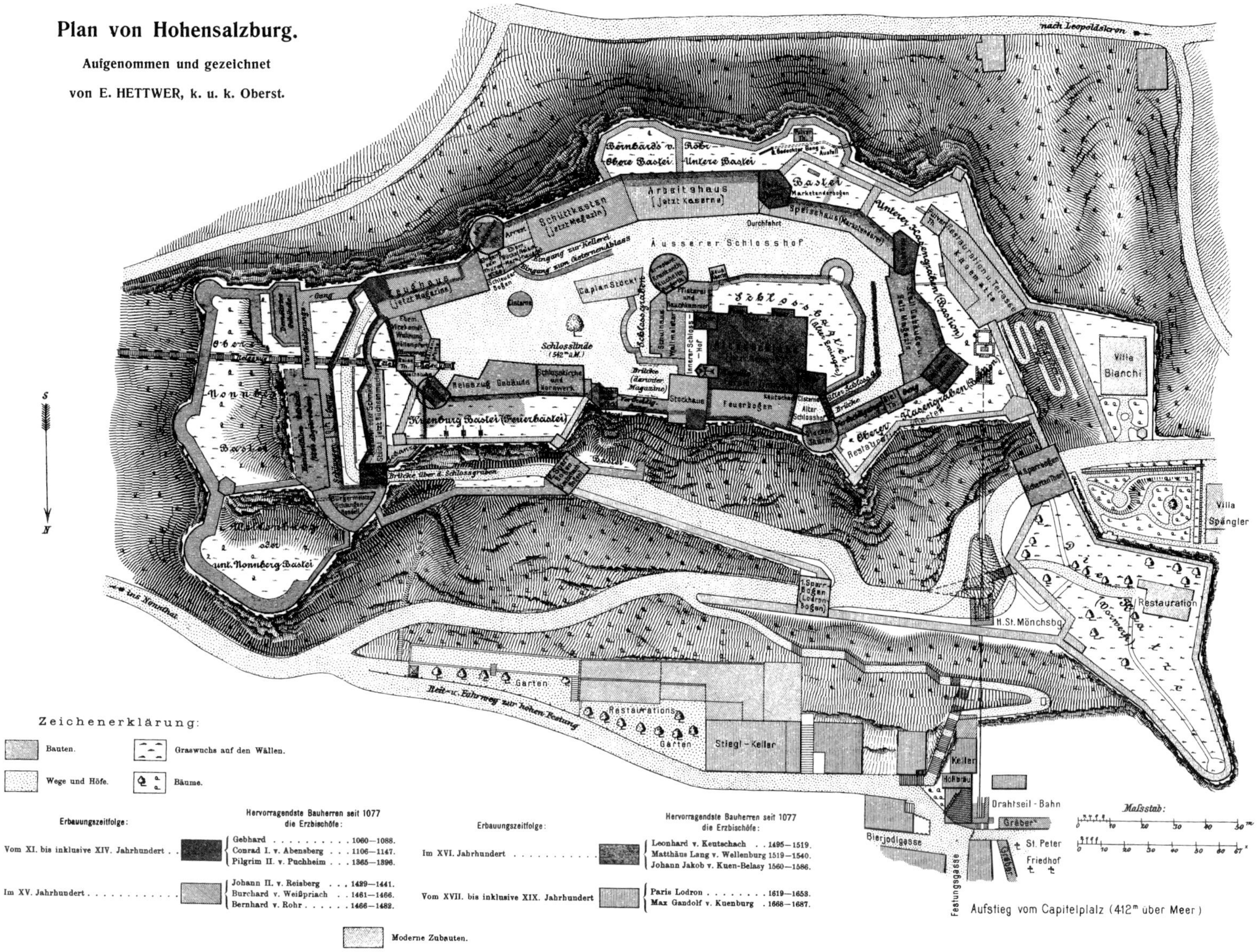

Blick in die Nordwestecke des äußeren Schloßhofs der Hohensalzburg mit seinen reizvollen Erkern. Über dem Rundbogen, links im Bild, ein Marmorrelief des hl. Rupert von Hans Valkenauer.

Der insgesamt beinahe 4 m hohe Kachelofen ist das Prunkstück der Goldenen Stube von Hohensalzburg. Der polygonale Turmaufbau des Ofens ist mit figürlichen Reliefs aus der Heilsgeschichte, mit Propheten, Aposteln, Heiligen und Wappenträgern zwischen Baldachinfigürchen verziert.

Die Führung zur Besichtigung der Prunkräume beginnt beim Recken- oder Gerichtsturm, wo einst die Inhaftierten einsaßen und »streng verhört« (also gefoltert) wurden. Von der Turmplattform, dem höchsten Punkt der Festung, bietet sich bei entsprechendem Wetter ein herrlicher Rundblick über Stadt und Umland bis weit hinein ins Tennengebirge und zum Watzmann.
Durch einen martialischen Wehrgang geht es dann zum Salzburger Stier, einer groß dimensionierten Walzenorgel mit gut 200 Pfeifen aus Zinn. Die 1502 fertiggestellte und von Hand anzutreibende Orgel wird täglich als Antwort auf das Glockenspiel am Residenzplatz gespielt und hat ihren Namen vom stierhaften Gebrüll mit dem jedes Stück des Hornwerkes schließt. Gespielt werden Choräle von Paul Hofhaymer und Leopold Mozart.
Die nun folgenden Fürstenzimmer im dritten und vierten Stock des Palas der alten Kernburg waren die Wohn- und Paraderäume der Salzburger Erzbischöfe und zählen zu den schönsten Profanräumen der Spätgotik. Zum Auftakt geht es in das Schlafzimmer, dessen Holzvertäfelung mit vergoldeten Rosetten und Kehlgewinden verziert ist. Die Türverkleidungen sind mit den Ranken stilisierter Gewächse überzogen.
Noch sehr viel prachtvoller ist die ebenfalls mit goldverzierten Holzvertäfelungen ausgestattete Goldene Stube gestaltet. Zierliches Rankenwerk umspielt zahlreiche Wappen, Statuetten von Heiligen sorgen für Abwechslung. Vor allem die Türen sind über und über mit phantasievollem Rankenwerk überzogen. Sogar von den Bändern der schmiedeeisernen Türbeschläge verlaufen sich noch feine eiserne Ranken aufs Holz hinaus.
Ein Prunkstück für sich ist der 1501 fertiggestellte und nahezu 4 m hohe Prunkkachelofen. Das zweistufig aufgebaute Prachtstück wird von fünf Löwen mit ihren Köpfen getragen. Das Unterteil besteht aus einem vierlagigen Rechteck, der turmartige Aufbau weist drei Kachelreihen und eine reichverzierte Kuppel auf. Die Kacheln des würfelförmigen Unterbaues sind mit Pflanzenmotiven, die des polygonalen Turmaufbaues mit figürlichen Reliefs aus der Heilsgeschichte mit Propheten, Aposteln, Heiligen und Wappenträgern zwischen Baldachinfigürchen verziert. Die oberste Kachelreihe schwingt in Kielbögen aus, über denen Kreuzblumen schweben.
Durch ein Marmorportal geht es schließlich in den Goldenen Saal, der seinen Namen von den zahllosen Goldknöpfen an der blauen Holzdecke hat. Beherrscht wird dieser Raum von vier massiven, gewundenen Säulen aus rotem Salzburger Marmor. Eine von ihnen wurde bei der Bauernbelagerung von 1525 durch eine bis hier heraufgeflogene Geschützkugel beschädigt. Ein über die gesamte Saallänge laufender Unterzugbalken ist mit den Wappen des Reiches, der Kurfürsten, der Suffraganbistümer und Stifte Salzburgs sowie Adeliger im Dienste des Erzbischofs verziert.
Das anschließende Rainer-Museum im Erinnerungsstücken an das ehemalige Salzburger Hausregiment »Erzherzog Rainer« nimmt jene Räume ein, in denen Erzbischof Wolf Dietrich von Raitenau 1612 zur Abdankung gezwungen und die folgenden fünf Jahre bis zu seinem Tod als päpstlicher Gefangener inhaftiert worden war. Er hatte versucht, den ewigen Salzstreit zwischen Bayern und Salzburg dadurch zu beenden, daß er Berchtesgaden besetzte. Als sich Herzog Maximilian I. von Bayern das nicht gefallen ließ, öffneten ihm die Salzburger die Tore, der Bischof aber mußte fliehen. Auf den Bischofsthron kam Markus Sittikus, der seinem in Kärnten ergriffenen Onkel in der Gefangenschaft auf Hohensalzburg gerade noch die Gesellschaft von zwei Franziskanern zubilligte.
Das untere Geschoß des Palas nimmt heute das Burgmuseum mit einer Sammlung mittelalterlicher Figuren, Waffen und Folterinstrumente ein.

Schloß Mirabell

In der Renaissance blieb den Salzburger Fürsterzbischöfen auf der Feste Hohensalzburg kaum noch ein Betätigungsfeld. Um so interessanter wurde es da, sich der Stadtresidenz oder einem Lustschloß zuzuwenden. Den Anfang damit machte der später so hart bestrafte Wolf Dietrich von Raitenau, als er 1606 für seine Mätresse Salome Alt (sie gebar ihm immerhin 15 Kinder) den Sommersitz Altenau errichtete.
Schon der Nachfolger Wolf Dietrichs, Markus Sittikus von Hohenems, nannte das Schlößchen Mirabell, um die Erinnerung an seinen Vorgänger und dessen unstandesgemäße Liaison auszulöschen. Erst Erzbischof Franz Anton Harrach ließ das Gebäude dann von 1721 bis 1727 durch Johann Lukas von Hildebrandt völlig um- und zu einem spätbarocken Stadtpalais ausbauen. Bereits 1818 aber ging all das in Flammen auf, das kostbare Inventar und die Deckenfresken von Johann Michael Rottmayr und Gaetano Fanti wurden zerstört. Heute ist das klassizistisch erneuerte Gebäude Sitz des Salzburger Bürgermeisters und Magistrates.
Einigermaßen restauriert sind lediglich das Treppenhaus und der Marmorsaal (allerdings ohne Fresken). Das Treppenhaus Hildebrandts besticht trotz des beengten Raumes durch seinen kunstvollen Aufgang und eine bunte »Versammlung« von Putten. Sie stammen ebenso wie die Figuren in den Nischen aus der Werkstatt von Georg Raphael Donner. Der Marmorsaal mit seinem roten und goldenen Stuck von Jakob Gall strahlt adelige Vornehmheit und noble Eleganz aus.
Der Park von Schloß Mirabell hat sein barockes Gepräge bis heute weitgehend in den Grundzügen erhalten wie sie 1690 von Fischer von Erlach festgelegt wurden. Das große Parterre ist nach wie vor mit einer Längsachse auf die Domtürme und dem dahinter aufsteigenden Festungsberg ausgerichtet. Die Einfassung bilden 2 vasenbesetzte Balustraden, den Eingang bewachen Götter- und Göttinnenstandbilder. Ottavio Mosto schuf 1690 als Symbole der 4 Elemente die 4 mythologischen Skulpturengruppen als Rahmen für die Mittelfontäne. Der schon 1661 von Kaspar Gras in Kupfer getriebene Pegasus kam dagegen erst 1913 an seinen heutigen Platz.

Schloß Hellbrunn

Als 1612 Wolf Dietrichs Vetter, Markus Sittikus von Hohenems, den Salzburger Bischofsstuhl bestieg, wollte er natürlich seinem Vorgänger nicht nachstehen. In Italien aufgewachsen, hatte er dort die Vorzüge der »Villa Suburbana« kennen- und schätzen gelernt und versuchte nun, ähnlich wie die Wittelsbacher in Nymphenburg, dieses Beispiel auf die Alpennordseite zu übertragen. Nachdem er bereits als 15jähriger 1589 je eine Domherrenpfründe in Konstanz und Salzburg erhalten hatte und eine weitere 1605 in Augsburg bekam, waren die Voraussetzungen für seine Baupläne ohnehin schon gut. Vollends problemlos wurde die finanzielle Seite, als der am 6. März 1610 in Konstanz zum Diakon geweihte Adlige zwei Jahre später zum Salzburger Fürsterzbischof gewählt wurde.
Bereits wenige Monate nach seinem Regierungsantritt gab Markus Sittikus dem Italiener Santino Solari den Auftrag, in der Aulandschaft südlich von Salzburg Schloß Hellbrunn zu errichten. In der nur dreijährigen Bauzeit entstand nach dem Vorbild oberitalienischer Villen ein zweistöckiges Lustschlößchen mit zwei zur Gartenfront vorspringenden Eck- und einem Mittelrisaliten. Die Fassade zur Auffahrtsallee wurde mit einer doppelläufigen Freitreppe über einer Brunnengrotte aufgelockert. Sie zeigt das Relief des Weingottes Bacchus, der zwei Steinböcke (Wappentier des Bauherrn) umschlungen hält. Das aus den Mäulern der Böcke fließende Wasser soll ein erster Hinweis auf die umfangreichen Wasserspiele im Park des Schlosses sein.

Über eine steile Marmortreppe geht es hinauf in die Fürstenzimmer, die einst alle mit kostbaren, goldgepreßten Ledertapeten bespannt waren. Lediglich im ehemaligen Schlafzimmer sind noch handgemalte chinesische Papiertapeten aus der Mitte des 18. Jahrhunderts erhalten. Auf ihnen sind vielästige Bäumchen mit weißen, roten und blauen Blüten sowie bunte Vögel und Schmetterlinge zu sehen.
Kostbarstes Stück des ehemaligen Speisesaales ist ein prächtiger, glasierter Kachelofen von 1608, der ursprünglich entweder für die Salzburger Residenz oder für Schloß Mirabell bestimmt war. Der kunstvoll in eine Rundbogennische eingebaute Fayenceofen ist ein Werk des Salzburger Hafners Friedrich Strobl. Seine hellen Kacheln sind mit zartblauen Ornamenten verziert, während die figuralen Darstellungen in kräftigen Farben mit der Betonung auf Gelb und Grün erscheinen. Sowohl in der unteren wie in der oberen Partie ist die Mittelplatte als muschelförmig gekrönte Nische ausgebildet und mit mythologischen Darstellungen gefüllt. Die nördliche Schmalseite des Saales ziert ein sehr aufschlußreiches Portrait des Bauherrn Markus Sittikus. Das Werk des Hofmalers Arsenio Mascagni zeigt zum einen ein Bild des halbvollendeten Salzburger Domes sowie im Hintergrund eine Darstellung von Hellbrunn, die beinahe heute gefertigt sein könnte.
Der Fest- oder Marmorsaal besticht durch seine an die Wände gemalte Architektur. Die eine Längswand ist zu einer Säulenhalle ähnlich den Uffizien in Florenz aufgelöst, in der nach Art der Renaissance vornehme Damen und Herren promenieren. Bei der gegenüberliegenden Wand scheint der Markusplatz in Venedig Pate gestanden zu haben. Neben den Tür- und Fensteröffnungen stehen zwölf in Goldbronze dargestellte Figuren römischer Kaiser, beginnend mit Julius Ceasar und endend mit Domitian. Die gemalten Balustraden in der Hohlkehle enthalten je drei Frauenpaare als Allegorien auf die Tugenden. Gefertigt wurden die Malereien von Arsenio Mascagni in einer speziellen Seccotechnik, bei der die Farben auf einen Malgrund aus geglättetem Marmorstuck aufgetragen wurden.
Das anschließende Oktogon diente als Musikzimmer. Seine Wände sind ebenfalls ganz bemalt. In derselben Maltechnik wie im Festsaal sind mit vergoldeten Ranken überzogene Säulen und Portalbögen italienischer Villen abgebildet, auf denen kleine Putten auf- und abklettern. In den Säulengängen promenieren wiederum feine Damen und Herren in den Gewändern des frühen 17. Jahrhunderts. Bei ihnen handelt es sich um Mitglieder der Salzburger Hofgesellschaft, unter anderem ist die erste Opernsängerin im deutschsprachigen Raum zu sehen. Der junge Kavalier, der einer Dame eine Blume überreicht, ist Markus Sittikus selbst.
Den eigentlichen Reiz von Hellbrunn machen aber seine ebenfalls bereits bis 1615 fertiggestellten, umfangreichen Wasserspiele aus. Den Auftakt bildet das Römische Theater mit seiner mit Nischen und Kieselmosaiken reich ausgestatteten Triumphbogenarchitektur. Die Mittelnische füllt die überlebensgroße Statue von Kaiser Marc Aurel, die Seitennischen enthalten gefangene Barbarenfürsten. Den gesprengten Giebel ziert die allegorische Figur »Siegreiches Rom«. Das Ganze dient als Hintergrund für eine Sitzgruppe aus Marmor. Ihr Tisch hat in der Mitte eine Vertiefung, in der durchfließendes Wasser den Wein kühlte. Zu jedem Hocker außer dem des Bischofs führt zudem ein fingerdickes Wasserrohr, so daß der Gastgeber seine Gäste nach Lust und Laune unter Wasser setzen konnte. Für die Gäste war das um so peinsamer, weil die Hofsitte verlangte, daß man so lange sitzen blieb, bis der Erzbischof selbst das Zeichen zum Aufstehen gab.
Nächste Station im Rundgang ist die Orpheusgrotte, in der die Macht der Musik verkörpert werden soll. In einer ganz mit Tuffstein verkleideten Grotte sind Orpheus und Eurydike in der Unterwelt dargestellt, Eurydike trägt dabei die Züge der Mätresse des Bischofs, das Wasser speit ein Steinbock, das Wappentier des Bischofs.
Dem Mittelrisalit des Schlosses gegenüber liegt der Sternweiher. Gegen den Garten hin ist er mit einer bühnenhaften Kulissenkonstruktion eingefaßt, in deren Mitte eine Grotte die

Auch Schloß Hellbrunn südlich von Salzburg entstand im Auftrag eines Salzburger Bischofs. Diesmal war es Wolf Dietrichs Vetter, Markus Sittikus von Hohenems, der ab 1612 nach italienischem Vorbild eine villa suburbana errichten ließ. Beispiele der kostbaren Ausstattung zeigen das Detail vom Prunkofen im Speisesaal sowie das mit goldenen Ranken eingerahmte Fresko im Musikzimmer.

◁ *Schloß Mirabell entstand ab 1606 als standesgemäße Wohnung für Salome Alt, die Mätresse von Bischof Wolf Dietrich von Raitenau. Den barokken Garten von Schloß Mirabell legte Fischer von Erlach 1690 an, die Götter- und Göttinnenstandbilder schuf Ottavio Mosto im selben Jahr.*

Figur eines römischen Kriegers mit Helm und Brustpanzer birgt. Links und rechts schließen sich je eine Figur für die vier Jahreszeiten an.
Das gesamte Erdgeschoß des Mittelrisaliten des Schlosses ist zu reichlich feuchten Grotten ausgebaut. Zentrum ist die völlig mit Marmor und Mosaiken aus Muscheln und Kieseln ausgekleidete Neptungrotte. Der Wassergott mit seinem Dreizack schwebt über zwei wasserspeienden Meerrossen und über einer Spottmaske, dem Hellbrunner »Germaul«. Die Maske streckt von Zeit zu Zeit die Zunge heraus und rollt mit den Augen. Angeblich sollte dies die Antwort des Fürsterzbischofs an alle Kritiker und Neider unter seinen Gästen sein. Daß aus den Rosetten an der Decke auch noch Salzburger Schnürlregen auf die Gäste niedergehen kann, sei nur nebenbei verraten.
Rechts schließen sich die venezianische Spiegelgrotte und dann die Vogelsanggrotte an. Sie erinnert an eine romantische Waldhöhle, in der man ein vielstimmiges Vogelkonzert erklingen lassen kann. Die ausschließlich über Wasserkraft erzeugten Vogelstimmen sind so realistisch, daß man glauben könnte, wirklich in einem verzauberten Wald zu sein.
Südlich des Sternweihers führt nun der »Fürstenweg« vorbei an kleinen Wasserautomaten und weiteren Brunnen und Grotten zum Mechanischen Theater. Es ist die einzige spätere Zutat, errichtet von 1747–1753 im Auftrag des Fürsterzbischofs Andreas Jakobus von Dietrichstein. Die 256 für die Darstellung des Lebens und Treibens einer barocken Kleinstadt notwendigen Figuren schnitzte der Dürnberger Salinenarbeiter Lorenz Rosenegger. Sämtliche Figurengruppen sind beweglich. So schlachtet etwa der Metzger sein Kalb mitten auf der Straße, die Musikanten spielen auf, Zigeuner tanzen mit einem Bären und vor dem Rathaus marschiert die Wache auf und ab. Die gesamte Mechanik ist ausschließlich mit Wasser angetrieben.
Danach folgen noch eine Steinbockgrotte, ein Dianabrunnen, eine Mydasgrotte, wo eine Blechkrone auf einem Wasserstrahl tanzen kann, und ein Perseusbrunnen. Natürlich darf auch ein Eurydikebrunnen nicht fehlen, ein weiterer Delphinbrunnen macht den guten Schluß.

Schloß Leopoldskron

Der Baufreude der Salzburger Bischöfe genügte oft ein geringer Anlaß, um ein neues Bauprojekt in Angriff zu nehmen. Für den unversorgten Neffen Erzbischofs Leopold Freiherr von Firmian erhielt der Benediktinerpater Bernhard Stuart 1736 den Auftrag, ein Schloß zu errichten. Dieser Rokokobau, der sich mit seinem giebelbekrönten Mittelteil wie ein Feenschloß im Teich spiegelt, wurde kunstvoll ausgestattet. Der zweigeschossige Festsaal im Mittelbau wurde von Johann Kleber zusammen mit Wessobrunner Gehilfen reich mit Stuck ausgestattet. Wand- und Deckengemälde lieferten Andreas Rensi (Festsaal) und Franz Anton Ebner (Kapelle).
Im Jahre 1918 erwarb der berühmte Regisseur Max Reinhardt Schloß Leopoldskron, stattete es mit einer verkleinerten Kopie der Klosterbibliothek St. Gallen aus und machte das Schloß bis zu seiner Emigration 1938 zum Treffpunkt der internationalen Künstlerwelt. Seit 1958 ist es Eigentum einer Stiftung, die hier Kurse abhält.

Schloß Klesheim

Ebenfalls unter Erzbischof Leopold Freiherr von Firmian wurde Schloß Klesheim fertiggestellt. Der Anlaß für den Baubeginn fand sich allerdings schon bei seinem Vorvorgänger, Erzbischof Johann Ernst Graf Thun. Der hatte am Platz des heutigen Schlosses 1690 einen kleinen Adelssitz erworben, um eine Fasanerie errichten zu lassen. Ab 1700 wurde dann nach Entwürfen von Johann Bernhard Fischer von Erlach mit dem Bau des Schlosses begonnen, 1732 war es bezugsfertig.
Die im Mittelteil des Schlosses gelegenen Festräume erhielten ihre vornehme Stuckierung an den Gewölben und den Bogenscheiteln von Paolo d'Allio und Diego Francesco Carlone. Der große Festsaal mit seinen leicht geschwungenen Seitenwänden öffnet sich zur Decke in eine durch querovale Fenster indirekt beleuchtete Orchestergalerie, in der die Musiker für die Gäste unsichtbar spielen konnten. Heute dient das Schloß der Salzburger Landesregierung als Gästehaus, für Besucher zugänglich ist nur der Park.

Schloß Anif

Wer von Schloß Hellbrunn nach Süden fährt, sieht plötzlich zwischen den Bäumen eine gotische Burg »blitzen«, glaubt seinen Augen nicht zu trauen und kann dann feststellen, daß es sich sogar um eine Wasserburg handelt. Noch etwas genauer geschaut, zeigt sich dann allerdings schnell, daß das Gotische trügt. Die neogotische Fassade nämlich entstand erst anläßlich eines Umbaues von 1838 bis 1848 durch den bayerischen Architekten Heinrich Schönauer. Bei dieser Gelegenheit wurde das Schlößchen erweitert, der Turm erhöht und die Hofarkade von Ludwig Schwanthaler mit der Statue einer Nymphe aus Carrara-Marmor verziert. Auch die gesamte heutige Innenausstattung entstand im Zuge des Umbaues.
Vor dem vom Grafen Arco-Stepperg veranlaßten Ausbau diente das in seinem Kern auf das 16. Jahrhundert zurückgehende Schlößchen von 1693 bis 1814 den Chiemseer Bischöfen als Sommersitz. Als Suffragane der Salzburger Fürsterzbischöfe fanden sie hier eine angemessene Residenz, wenn es galt, die Beziehungen zu ihren Herren zu pflegen. Der letzte von ihnen, Sigmund Christoph Graf von Zeil-Trauchburg, diente seinem Erzbistum während der Franzosenzeit sogar als Administrator. Dabei blieb ihm noch Zeit, den heutigen Landschaftsgarten um das Schloß anzulegen. Heute ist Anif Privatbesitz, Schloß und Park sind nicht zugänglich.

Burg Hohenwerfen

Als der Salzburger Erzbischof Gebhard 1077 beim Ausbruch des Investiturstreites mit dem Bau der Feste Hohensalzburg begann, veranlaßte er gleichzeitig den Baubeginn der Burg Hohenwerfen, um zum einen eine zweite Landesburg und zum anderen eine Sicherung vom Paß Lueg zu bekommen. Bischof Gebhard starb zwar selbst am 15. Juni 1088 auf Hohenwerfen, vollendet aber war damals die Burg noch lange nicht. Erst unter Bischof Konrad I. (1106–1147) wurde die Burg so ausgebaut und verstärkt, daß sie mit damaligen Mitteln uneinnehmbar wurde.
Nach einer Pause von nahezu drei Jahrhunderten wurde auf Hohenwerfen erneut gebaut, ohne daß dies aber soviel gebracht hätte, daß die Burg in den Bauernkriegen von 1525 den aufgebrachten Untertanen hätte standhalten können. Die wütenden Bauern brannten die kampflos eingenommene Burg nieder und wurden dafür 1529 gezwungen, sie im Frondienst wieder aufzubauen. Bis 1585 wurde die Anlage mit umfangreichen Vorburgen verstärkt und nach italienischen Vorbildern ausgebaut.

◁ *Schloß Leopoldskron ließ Erzbischof Leopold Freiherr von Firmian ab 1736 als angemessene Residenz für einen unversorgten Neffen errichten. Ab 1918 residierte hier Max Reinhardt, der das Schloß bis zu seiner Emigration 1938 zum Treffpunkt der internationalen Künstlerwelt machte.*

Ebenfalls im Auftrag von Erzbischof Leopold Freiherr von Firmian entstand auch das 1732 fertiggestellte Schloß Klesheim. Es dient heute der Salzburger Landesregierung als Gästehaus.

Das an eine mittelalterliche Wasserburg erinnernde Schlößchen Anif geht in seinem Kern zwar auf das 16. Jh. zurück, erhielt seine heutige Gestalt mit der neogotischen Fassade jedoch erst 1848.

Den letzten Bauschub gab es während des Dreißigjährigen Krieges unter Erzbischof Paris Lodron (1619–1653). Er ließ 1624 den Pulverturm und 1632 vom Salzburger Dombaumeister Santino Solari eine kunstvolle Zisterne aus Adneter Marmor errichten. Damit hatte die Burg ihre endgültige Form gefunden, danach wurde nur noch repariert oder wieder abgebrochen.
Um 1800 war das Gemäuer dann bereits sehr weit heruntergekommen. Um keinen Anlaß zum Angriff zu geben, waren bereits um 1800 alle Geschütze abtransportiert, 1804 wurde sogar die Besatzung abgezogen. Zwar verfügte Kaiser Franz I. noch im Oktober 1807, daß Hohenwerfen erhalten werden solle, doch griffen die ersten Rettungsversuche erst 1824, als Erzherzog Johann begann, das »pittoresque Altertum« zu erhalten. Richtig aufwärts aber ging es erst 1898, als Erzherzog Eugen von Österreich, der letzte Hoch- und Deutschmeister des Deutschen Ritterordens, die Festung erwarb, die alten Mauern renovierte und die Burg zu seinem Fürstensitz und zur Heimat seiner Kunstsammlungen machte.
Auch dieser Blüte war jedoch keine Dauer beschieden. Am 8. Januar 1931 brannten der Haupttrakt, der kleine Glockenturm und das Kaplanstöckerl völlig aus. Dabei wurden sämtliche Kunstschätze und die Fürstenzimmer vernichtet. Zwar wurden die Gebäude wiederhergestellt, doch dienten sie bald der NSDAP als Gauschulungsburg. Heute ist in Teilen der Burg die Salzburger Landesgendarmerieschule untergebracht.
Wer heute den so überaus markanten Werfener Burgberg hinaufsteigt, stößt schon etwa in halber Höhe auf das erste, 1560 errichtete Sperrbogengebäude. Von diesem zieht sich zum einen eine Mauer direkt zur Hauptburg hinauf, zum anderen schlängelt sich von hier eine Ringmauer aufwärts, die den Besucher wie in einem Schneckengang in einer etwa Dreivierteldrehung um den Berg herum und recht steil zur Hauptburg hinaufführt. Natürlich sind auf dem Weg alle möglichen Sperreinrichtungen, Türme und Wehrgänge eingebaut. Durch den zweiten Sperrbogen von 1535 und vorbei am Wallerturm geht es die Gedeckte oder Finstere Stiege hinauf zur zinnengekrönten Kapellenbastei, die wie ein großer Rundturm die ganze Südostecke des Hochschlosses umschließt.
Die östliche Ecke der ganzen Anlage markiert der 1564 errichtete Salzachturm, an ihm wendet sich der Weg nach Westen, bleibt aber weiter der Ringmauer treu. Vorbei am Linden- und Marienturm kommt man beim Marientor oder »Ersten Weintor« erst an das äußere Tor der Hauptburg. Wer jedoch glaubt, damit endlich oben zu sein, irrt sich gewaltig. Hinter dem Marientor öffnet sich lediglich ein kleiner Vorhof. Seine hohen Umfassungsmauern, die einst den Sinn hatten, den Hof vor Feindeinsicht von den Berghängen zu schützen, lassen ihn noch heute wenig einladend wirken. Die martialischen Zinnen und die drei sechseckigen Wachtürme steuern das ihre dazu bei, daß man unwillkürlich das Gefühl bekommt, über die unendlich lang und steil anmutende Weinstiege würden gleich die Abwehrgeschosse auf den unwillkommenen Besucher herunterregnen.
Dennoch ist diese steile Himmelsleiter der einzige Zugang in die Kernburg. Natürlich führt auch diese Stiege noch einmal durch ein Tor, doch immerhin ist dieses Obere Weintor das letzte Hindernis vor dem eigentlichen Burghof. Der teilt sich dann überraschend in einen kleineren, tiefer gelegenen Küchenhof und den größeren Haupt- oder Glockenhof. Der tiefer gelegene Küchentrakt enthielt unten die Küche und zeitweise Gefängnisse, darüber waren die Wohnräume des Burgpflegers.
Die Ostfront des Glockenhofes bildet der Palas oder Hohe Stock. Mit seinen zwei Stockwerken gegen den Hof wirkt er nicht sehr beeindruckend, doch darf man dabei die Höhe auf der Talseite nicht außer acht lassen. In diesem Osttrakt waren bis zum Brand von 1931 die Fürstenzimmer. Immerhin stammen Teile der Palasmauern und die gegen Süden anschließende Kapelle noch aus dem Mittelalter. Heute ist die ursprünglich dreischiffige und dem hl. Sigmund geweihte Kapelle nach einer neuen Wölbung im Jahre 1566 nur noch einschiffig.

Burg Hohenwerfen thront auf steilem Felskegel am Fuß des Tennengebirges. Wie Hohensalzburg wurde ihr Bau mit Ausbruch des Investiturstreits begonnen, jedoch erst gegen Ende des 16. Jh. mit umfangreichen Vorburgen nach italienischen Vorbildern zum heutigen Umfang erweitert. Dem Besucher vermittelt sie einen hervorragenden Eindruck mittelalterlicher Wehrfähigkeit.

Die Südseite der Burg besteht im wesentlichen aus einer zinnenbekrönten und mit einem sechseckigen Wachtürmchen bekrönten Wehrmauer als Verbindung zwischen Hohem Stock und Großem Glockenturm, dem 1568 errichteten Nachfolger des mittelalterlichen Bergfriedes. Der massive Turm gründet unmittelbar auf gewachsenem Fels und birgt in seiner offenen, achteckigen Laterne die »Schloßahnl«. Die 1568 von Hanns Löffler in Innsbruck gegossene Glocke wiegt immerhin knapp 4½ Tonnen, erklingt in reinem C und dringt gut 15 km weit.
Die Nordwestseite des Burghofes diente als reiner Wehrgang, der sich am Küchentrakt vorbei bis hinaus zum Luegturm, dem Gegenstück zum Glockenturm, erstreckt. Er bildet den nordwestlichen Eckpfeiler der Burg und diente der Absicherung des Paß Lueg mit Geschützen.

Schloß Mauterndorf

Wenige Plätze in den Ostalpen waren im Mittelalter strategisch so bedeutsam wie Mauterndorf am Südfuß der Tauernstraße. Nicht umsonst hatte Kaiser Heinrich II. den schon zu Römerzeiten bedeutsamen Ort bereits im Jahre 1002 dem Salzburger Erzbischof mit der Auflage geschenkt, ihn nach seinem Tode dem Domkapitel zu vermachen. Die Auflage sollte dazu führen, daß Mauterndorf bis zur Säkularisation 1803 Eigentum des Salzburger Hochstiftes blieb.
Zu Wohlstand kam die Siedlung nach und nach, als sie 1143 das Mautrecht erhielt. Zwar sollte dafür die Tauernstraße instandgehalten werden, doch kam die Mautpflicht wohl dem ganzen Tal zugute. 1217 jedenfalls konnte Kaiser Friedrich II. den Mittelpunkt des »predium in Lungowe« zum Markt erheben. Als Papst Innozenz IV. am 4. August 1253 den Bau von Burgen zum Schutz eigenen Territoriums genehmigte, machte sich das Salzburger Domkapitel umgehend daran, seine Mautstraße mit einer Wehranlage aus Bergfried, Palas, Kapelle und kräftiger Wehrmauer zu sichern.
Von dem 1253 begonnenen Bau ist heute der mächtige, 44 m hohe quadratische Bergfried mit seinem hofseitigen, rund 7 m über dem Burghof gelegenen Zugang erhalten. Das Unterteil des Bergfriedes wurde, wie so oft auf ähnlichen Burgen, als Verlies benutzt. Das Haupt- und Wohngeschoß ist von außen durch die schlanken, frühgotischen Doppelfenster an allen vier Seiten und durch den Rest einer Kaminanlage markiert. Darüber finden sich noch drei weitere Geschosse, von denen das mittlere eine hofseitige Ausgangstüre aufweist. Sie ermöglichte einst den Zugang zu einem hölzernen Wehrgang rings um den Turm. Das oberste Geschoß enthielt die Turmwächterstube, darüber gab es hinter einem Zinnenkranz eine Verteidigungsplattform.
Kaum weniger gut erhalten ist der Palas, der die gesamte Südseite einnimmt. Sein hoher Rittersaal weist an der schmalen Ostseite dreigliedrige, an der West- und Hofseite zweigliedrige, frühgotische Fenstergruppen auf, die die gleiche Bauzeit wie beim Bergfried belegen.
Interessant ist, daß die ursprüngliche Ummauerung zwar den Palas und die Kapelle umschloß, nicht aber den Bergfried. Der Grund für diese auffällige Konzeption liegt in der Mautstraße. Sie führte nämlich bis ins 15. Jahrhundert hinein praktisch durch die Burg hindurch (knapp neben dem heutigen Parkplatz).
Die erste Erweiterung der Burg wurde in der ersten Hälfte des 14. Jahrhunderts in Angriff genommen. Damals scheint die zunächst im Untergeschoß des Palas eingebaute Kapelle zu klein geworden zu sein, sodaß bis 1339 die »neue« Burgkapelle errichtet wurde. Sie muß im Sommer 1339 fertiggestellt worden sein, denn am 27. Juli dieses Jahres gewährte Erzbischof Heinrich von Pirnbrunn Besuchern einen 40-tägigen Ablaß.

Weil die neue Kapelle im alten Burginnern keinen Platz mehr fand, mußte sie auf der Ostseite zwischen Burg- und Vorburgmauer errichtet werden. Da dort aber die Mautstraße vorbeiging, behalf man sich einfach dadurch, daß man über der Straße einen Torbau errichtete, auf den die Kapelle gestellt wurde. Der gotische Spitzbogen dieses Torbaus ist bis heute erhalten, in seinem Gewölbe dürfte der Mauteinnehmer seine einträgliche Tätigkeit ausgeübt haben.
Ihr heutiges Äußeres und damit den hohen, turmartigen Aufbau erhielt die gotische Kapelle unter Erzbischof Leonhard von Keutschach, der nach 1500 für sich selbst Wohnräume über der Kapelle einbauen ließ. Bis etwa 1560 hatte die Burg schließlich den Umfang erreicht, mit dem sie sich noch heute präsentiert.
Mit der Säkularisation ging Burg Mauterndorf in den Besitz des Staates über und wurde prompt entsprechend vernachlässigt. Nach und nach wurde verkauft, was nicht niet- und nagelfest war. 1827 wurde die Schloßkapelle wegen Einsturzgefahr gesperrt und 1832 mußte gar die ganze Burg zur Ruine erklärt werden. Verschiedene Besitzer konnten daran nichts ändern, bis 1894 der preußische Stabsarzt Dr. Hermann Epenstein auftauchte und die Burg bis 1901 in neuem Glanz erstehen ließ. Seine Witwe vermachte ihren Besitz 1939 dem damaligen Generalfeldmarschall Hermann Göhring, ohne daß der jedoch das Erbe antrat. Nach einigen Zwischenstationen kam die Anlage deshalb 1968 in den Besitz der Salzburger Landesregierung.
Obwohl Burg Mauterndorf seit der Zeit von Erzbischof Keutschach gerne als Schloß bezeichnet wird, diente die Anlage doch weniger als vornehmer Wohnsitz denn als Staatsgefängnis für das Erzstift. Das ausbruchssichere Verlies im Burgfried war ein verläßlicher Verwahrungsort und der enge, von bedrückend hohen Mauern umgebene kleine Innenhof eignete sich vorzüglich für geheime Hinrichtungen unbequemer Gegner.
Heute empfängt die Burg ihre Besucher weit freundlicher. Außer alten Mauern kann man schließlich ein kleines Museum besichtigen und sich anschließend in der Schloßschenke stärken. Zuvor aber sollte man der gotischen Kapelle einen Besuch abstatten, immerhin gehört sie zu den bedeutendsten Kunstschätzen des Lungaues.
Ihr hohes Schiff wird von einer flachen, durch wenig erhabene Balken in sechs Längsstreifen abgeteilten Holzdecke geschlossen. Die Fresken um den spitzbogigen Triumphbogen stammen aus der Mitte des 14. Jahrhunderts und zeigen zunächst die Patrone der Kapelle: Kaiser Heinrich II. und seine Gemahlin Kunigunde. Der Bogen selbst zeigt an einem wellenförmig laufenden Ast mit dreiblättrigen Zweigen beiderseits acht runde Medaillons mit Heiligenbildern.
Höhepunkt ist über dem Spitzbogen ein Fresko mit der Krönung Mariens. Zu ihrem Thron führen an beiden Seiten sechs Stufen, vor denen je ein Löwe steht. Auf den Stufen selbst aber halten unter kleinen Baldachinen je fünf weibliche Heilige fromme Spruchbänder. Die Art der Darstellung erinnert an das Fresko »Maria auf dem Stufenthrone«, das im Gurker Dom um 1350 gemalt wurde.
Auch in der dreiseitigen Apsis der Kapelle finden sich Fresken aus derselben Zeit. Im Spitzbogen über dem mittleren Fenster segnet Christus seine Gemeinde, in den Fensterleibungen der seitlichen Fenster sind Szenen aus dem Alten Testament dargestellt: links Abraham mit dem zu opfernden Isaak und darüber den ein Lamm darbringenden Abel, rechts Melchisedech, der Abraham den Kelch mit Hostien reicht und darüber den ährenopfernden Kain.
Der Flügelaltar ist eine Stiftung des Dompropstes Burkart von Weißpriach, dessen Wappen den Altar auch ziert. Auf der Außenseite der Altarflügel ist Maria Verkündigung dargestellt, der Mittelschrein enthält links die hl. Katharina, rechts die hl. Barbara und in der Mitte eine Maria mit dem Kinde. Der Altar ist vermutlich eine Arbeit des Salzburger Malers und Schnitzers Gabriel Häring, der das Werk zwischen 1452 und 1461 schuf.

◁ *Der Weg über die Tauern war seit den Zeiten der Römer ein wichtiger Handelsweg. Das Salzburger Hochstift machte daraus eine Mautstraße, zu deren Sicherung das Domkapitel die Burg Mauterndorf als umfangreiche Wehranlage aus Bergfried, Palas, Kapelle und kräftiger Wehrmauer errichtete. Der 44 m hohe, quadratische Bergfried stammt noch von dieser ersten, 1253 begonnenen Burg. Die gotische Burgkapelle birgt Fresken aus dieser Zeit und einen Flügelaltar von Gabriel Häring von 1452–1461.*

Auch das ganz in der Nähe von Mauterndorf gelegene Schloß Moosham entstand als Burg der Salzburger Fürsterzbischöfe. Bis 1577 wurde Moosham zum Eckpfeiler der Salzburger Landesverteidigung und zur drittgrößten Burg des Landes nach Hohensalzburg und Hohenwerfen. Im 17. und 18. Jh. wurde die Wehranlage Gefängnis und Gerichtsstätte.

Schloß Moosham

Nicht weit von Schloß Mauterndorf entfernt steht auf einem Vorsprung des Mitterberges mit Schloß Moosham eine weitere Burg der Salzburger Fürsterzbischöfe. Schon im 12. Jahrhundert hatten sie im Murtal ihre Ministerialen, unter anderen die bereits 1191 urkundlich belegten Mooshamer, die damit zugleich den ersten Beleg für einen deutschen Familiennamen im zuvor slawischen Lungau lieferten. Als 1213 Kaiser Friedrich II. auf seine königlichen Rechte verzichtete, fiel der gesamte Lungau an das Hochstift Salzburg. Spätestens 1256 hatten die Salzburger Bischöfe dann die Burg Moosham errichtet und ihren Ministerialen zu Lehen gegeben.
Als Otto von Moshaim es 1285 mit der Treue seinem Lehensherrn gegenüber wohl nicht so ganz genau nahm, zwangen ihn die Salzburger Landesherren zum Verzicht auf seine Stammburg und machten daraus einen Eckpfeiler der Landesverteidigung im entlegenen, aber verkehrspolitisch um so bedeutenderen Lungau. Ab dem 14. Jahrhundert wurde Moosham zudem Sitz des Landrichters. Ende des 15. Jahrhunderts kam die Burg gar vorübergehend in den Besitz des Ungarnkönigs Matthias Corvinus.
Erzbischof Leonhard von Keutschach schließlich vergaß bei seiner umfangreichen Bautätigkeit auch Moosham nicht. Ab 1516 ließ er die bis dahin kleine Burg durch umfangreiche Neu- und Umbauten etwa auf den heutigen Umfang erweitern. Bereits vier Jahre später und lange vor Abschluß der Bauarbeiten kam das Pfleggericht für den Lungau auf die Burg und blieb dort bis 1790. Als um 1577 die Erweiterungsmaßnahmen abgeschlossen wurden, war Moosham zur drittgrößten Burg des Landes Salzburg nach Hohensalzburg und Hohenwerfen geworden.
Zweifelhafte Berühmtheit erlangte die Festung im 17. und 18. Jahrhundert durch zahlreiche Prozesse gegen Hexen, Zauberer, Bettler und andere »Malefikanten«, mit denen nicht selten äußerst kurzer Prozeß gemacht wurde und die meist schnell in der Hand des Henkers landeten. 1675 wurde so gleich gegen 180 Mitglieder einer berüchtigten »Zauberer-Jackl-Bande« ein Mammutprozeß geführt. Ähnlich wie Burg Mauterndorf diente also auch Moosham mehr als Gefängnis und Gerichtsstätte denn als Stützpunkt für die Landesverteidigung. Graduelle Unterschiede allerdings gab es sehr wohl: in Mauterndorf landeten ungeliebte, in Ungnade gefallene oder widerspenstige Adlige, auf Moosham wurden verdächtige oder unliebsame Bürgerliche abgeurteilt und reihenweise ins Jenseits befördert.
Mit Auflösung des Pfleggerichtes begann ein rund hundertjähriger Verfall, der erst mit dem Kauf der Ruine durch Graf Johann Nepomuk Wilczek im Jahre 1886 gestoppt werden konnte. Der »Kavalier von Wien«, wie er seinerzeit gern genannt wurde, ging mit Feuereifer an die Restaurierung und Neuausstattung der völlig ausgeplünderten Anlage. Unermüdlich trug er Kunst- und Gebrauchsgegenstände aus der Gotik und Renaissance zusammen, wo immer er sie bekommen konnte. Sein Schloß erhielt so mit der Zeit eine Einrichtung, wie sie hätte gewesen sein können, aber eben niemals war. Dies gilt natürlich auch für das Fürstenzimmer, in dem der Salzburger Erzbischof Wolf Dietrich 1611 die letzte Nacht vor seiner Gefangennahme verbrachte.
Noch heute ist klar zu erkennen, daß die Burg eigentlich aus zwei Teilen besteht. Die untere Burg ist der ältere, noch aus dem 13. Jahrhundert stammende Teil, während die obere mit dem Schüttkasten auf den Neubau in der ersten Hälfte des 16. Jahrhunderts zurückgeht. Der Wiederaufbau mußte sich vor allem der unteren Burg widmen, da hier der Verfall am weitesten fortgeschritten war. Graf Wilczek kam es dabei weniger darauf an, Originales zu restaurieren als seine Vorstellungen von einer »schönen« Burg zu verwirklichen. So wurden etwa die Landrichterwohnung abgerissen, dafür aber der Zwinger sowie die Obergeschosse des Wohnturmes und die Wehrgänge neu errichtet.

Heute ist Schloß Moosham eine Art Heimatmuseum, ohne daß es jedoch einen chronologischen oder thematischen Aufbau gäbe. Öfen, Möbel, Hausrat, Gemälde und Kupferstiche haben sich so zusammengefunden, wie man sie gerade erwerben konnte, ihren Platz in der Burg fanden sie mehr oder weniger willkürlich. So steht im Keutschacher Zimmer etwa ein Majolikaofen aus Südtirol, die Bibliothek ziert ein Rokokoofen aus dem Stift Admont und das Renaissancezimmer wärmt ein Majolikaofen aus Winterthur. Ähnliche Zufälligkeiten gelten für Vertäfelungen und Holzdecken. Lediglich im Renaissancezimmer, im Fürstenzimmer und im Schüttkasten sind die Originaldecken erhalten. Vor allem im Schüttkasten ist der gewaltige, 28 m lange Unterzug ein Schaustück für sich.
Trotz aller Zufälligkeiten und so mancher Willkür beim Wiederaufbau ist es doch das uneingeschränkte Verdienst des Grafen Wilczek, Moosham vor dem endgültigen Untergang gerettet zu haben. Seiner Familie bleibt das Verdienst, das kostbare Erbe bis heute bewahrt zu haben.

Burgen der Görzer Grafen

Schloß Bruck

Wer vom Felbertauerntunnel nach Lienz hinunterkommt, wird noch vor der Stadtgrenze des alten »locus Luenzina« von der mittelalterlichen Dynastenburg der Görzer Grafen begrüßt. Sie thront hoch oben auf einem Felsvorsprung an der Mündung des Iseltales und diente den Görzer Grafen für rund 2½ Jahrhunderte als »Regierungssitz« für ihre westlichen Besitztümer. Bis zum Jahre 1500, als das Schloß mit der zugehörigen Herrschaft nach dem Tode des letzten Görzer an die Habsburger fiel, galt Lienz deshalb nicht umsonst als die »heimliche Hauptstadt Tirols«.

Angefangen hatte es mit dem Herrschaftsanspruch der Görzer durch eine Schenkung Kaiser Ottos III., der Görz an den Grafen Werigand von Friaul und Istrien gab. Als Vögte des Patriarchats Aquileia gelang es seinen Nachkommen, nach und nach aus Patriarchengut eine Herrschaft mit dem Mittelpunkt Görz am Isonzo aufzubauen. Mit dem Erbe der 1125 ausgestorbenen Grafen des Lurngaues wurden sie Landesherren im Puster-, Gail-, Möll- und Drautal und erhielten die Pfalzgrafenwürde. Der 1258 verstorbene Meinhard III. von Görz wurde als treuer Parteigänger der Staufer 1248 sogar Reichsverweser der Steiermark.

Hauptanliegen Meinhards III. mußte es gewesen sein, seine Stellung zwischen den geistlichen Fürstentümern Salzburg und Aquileia einerseits und den Tiroler Herren an Etsch und Eisach andererseits zu behaupten und auszubauen. Wohl nicht zuletzt aus diesem Grund hatte er Adelheid von Tirol, die Erbtochter des Grafen Albert III. von Tirol, geheiratet und über sie 1253 die Grafschaft an Etsch und Eisack geerbt. Seinem Sohn Meinhard IV. gelang es dann als Meinhard II. von Tirol endgültig auf Schloß Tirol (s. S. 84f.) heimisch zu werden

Nach der Teilung des Görzer Gesamtbesitzes zwischen Meinhard IV. und seinem Bruder Albert, zerfiel die Familie 1271 in zwei nie wieder vereinigte Linien. Während Tirol nach der Herrschaft von Margarethe Maultasch 1363 an Rudolf IV. von Habsburg fiel, konnte sich die albertinische Linie der Görzer in der »vorderen Grafschaft« (Osttirol) und in Istrien halten, bis auch ihr Besitz im Jahre 1500 aufgrund von Erbverträgen an das Haus Habsburg fiel.

Maximilian I. allerdings schien auf den Besitz nicht sehr erpicht gewesen zu sein. Nur ein Jahr später jedenfalls verkaufte er, wohl um seine finanzielle Not etwas zu lindern, die Herrschaft an Michael Freiherr von Wolkenstein und Rodeneck, wobei mit der Herrschaft auch »unnser Sloss Brugg und unnser Stat Luentz« den Besitzer wechselten.

Rund ein Jahrhundert lang residierten nun die Grafen von Wolkenstein-Rodeneck auf Schloß Bruck und hielten damit auch die alten Mauern in Ehren. Die Wende kam 1605, als die Herren im Zentrum von Lienz zwei Häuser erwarben und sie zu einem neuen Amtssitz ausbauten. Das Schloß wurde damit zur Unterkunft gräflicher Beamter. Dies änderte sich auch nicht, als der Stern der Wolkensteiner zu sinken begann und die einst stolzen Grafen ihre Herrschaftsansprüche 1653 an das königliche Damenstift zu Hall in Tirol abtreten mußten. Nun tagte das Landesgericht im Rittersaal, Verlies und Folterkammer im Turm wurden aktiviert. Vom Gericht nicht benötigte Räume dienten dem Bezirk als Waffenarsenal.

Als 1783 das königliche Damenstift durch Joseph II. aufgelöst wurde, kam das Schloß wieder direkt in staatliche Verwaltung und sank damit noch weiter ab. 1796 wurde es zum Militärspital und während der Tiroler Freiheitskriege zur Kaserne. 1827 kaufte der dama-

Weil Schloß Bruck bei Lienz für rund 2½ Jahrhunderte als Residenz der mächtigen Görzer Grafen diente, galt Lienz als »heimliche Hauptstadt Tirols«. Erst im Jahre 1500 kam auch Lienz an das Haus Habsburg. Die heutige Eingangsseite des Schlosses mit der breiten, zinnenbewehrten Mauer entstand dagegen erst bis 1575 unter den damaligen Besitzern, den Grafen von Wolkenstein-Rodeneck. Heute gehört das Schloß der Stadt Lienz, die es ab 1942 restaurierte und zu einem umfangreichen Museum gestaltete. Prunkstück der Anlage ist die freskengeschmückte, noch weitgehend der Romanik zugehörende Kapelle mit Flügelaltar.

lige Lienzer Bürgermeister die Anlage und machte sie zur Speditionsniederlassung. Sein Erbe eröffnete eine Brauerei und eine Gastwirtschaft. Die endgültige Rettung von Schloß Bruck begann erst 1942, als es der Stadt Lienz gelang, die alten Mauern zu erwerben und sie nach und nach zur Heimat eines umfangreichen Museums zu adaptieren.
Begonnen wurde mit dem Bau der Görzer Residenz zwischen 1252 und 1277. 1252 nämlich verloren die Görzer Grafen im Gewaltfrieden von Lieserhof ihre alte Burg bei St. Andrä, 1277 wurde die neue Burg erstmals urkundlich erwähnt. Aller Wahrscheinlichkeit nach wurde zudem für den Neubau nicht auf etwas Vorhandenes zurückgegriffen. Trotz der augenfälligen Vorteile des Bauplatzes scheint es weder vor noch zu Zeiten der Römer auf dem Felsen oberhalb der Isel ein Bauwerk gegeben zu haben. Archäologische Grabungen ergaben »keinerlei Hinweise auf etwaige vormittelalterliche Siedlungshorizonte an dieser Stelle des Burghügels«.
Zum frühesten Baubestand aus der zweiten Hälfte des 13. Jahrhunderts gehören der massive Bergfried im Südwesten, der Südosttrakt mit Palas und anschließender Burgkapelle, der Nordwesttrakt sowie die das ganze Plateau der Anhöhe umfassende Ringmauer. Von Anfang an dominierte der bei einer Seitenlänge von gut 12 m nahezu quadratische und rund 30 m hohe Bergfried die Gesamtanlage. Wie bei vielen anderen Burgen war auch er nur über einen Hocheinstieg zugänglich und wies über dem Verlies ursprünglich noch fünf Stockwerke auf. Ein romanisches Biforienfenster mit Knospenkapitell verrät noch heute, wie der Bergfried einst »belichtet« war.
Nach der Fertigstellung der gut 1,5 m dicken Ringmauer wurden im Südosten der Palas mit Rittersaal und Kapelle sowie im Nordwesten ein Wohn- und Wirtschaftstrakt an ihre Innenseite angebaut. Eigenartigerweise wurde die länglich-rechteckige Kapelle mit eingezogener Rundapsis direkt über der Toreinfahrt eingebaut, obwohl dies die Doppelstöckigkeit als Zeichen der herausragenden Stellung der Görzer Grafen bautechnisch nicht gerade erleichterte. Doppelstöckig aber mußte sie wohl allein schon deshalb sein, weil die Görzer ihren Tiroler Konkurrenten auf Schloß Tirol nicht nachstehen wollten. In der zweiten Hälfte des 15. Jahrhunderts erhielt die Kapelle schließlich ihr Kreuzrippengewölbe sowie den polygonalen »Läuteerker«.
Noch im 14. Jahrhundert wurde die Lücke zwischen der Ostwand des Bergfriedes, der Ringmauer und der Südwestwand der Kapelle mit einem eigenen kleinen Trakt geschlossen. Mit der Verstärkung des inneren Burgtores durch einen Vorbau mit einem spitzbogigen Tor und seitlichem Mannsloch endete um 1490 die Bautätigkeit der Görzer Grafen.
Zum ringsum geschlossenen Baukomplex mit nahezu rechteckigem Innenhof wurde Schloß Bruck erst unter den Wolkensteinern und im Verlauf von rund 75 Jahren. Zum einen begannen sie die kleine Lücke zwischen der Nordwestecke des Bergfriedes und dem alten Wohntrakt zu schließen, zum anderen wurde die noch unbebaute nördliche Ecke der Ringmauer durch umfangreiche Vorbauten auf der Innenseite geschlossen. Verschiedene Einwölbungen im Turm und im Nordwesttrakt sollten darüber hinaus wohl die Wohnlichkeit steigern.
Mehr um die Steigerung der Sicherheit ging es dann bei den Baumaßnahmen Mitte des 16. Jahrhunderts, als auf der Südseite des Bergfrieds eine Zwingeranlage mit zwei mit Kegeldächern versehenen Rundtürmchen vorgebaut wurde. Bis 1575 wurde der Zwinger unter Einbeziehung des Torvorbaus bis zur Ostecke des Schlosses verlängert. Gleichzeitig entstand die die Frontpartie des Schlosses abdeckende, zinnenbewehrte Mauer.
Prunkstück der ursprünglichen Anlage ist heute die zweistöckige Kapelle zur hl. Dreifaltigkeit. Mit ihrem nahezu quadratischen Grundriß gehört sie trotz des Kreuzrippengewölbes aus dem 15. Jahrhundert noch ganz in die Romanik. In die gleiche Zeit gehören auch noch die Freskenreste in der Leibung eines ehemaligen Fensters rechts hinten, die den hl. Nikolaus und den hl. Martin erkennen lassen. Durch eine umlaufende, von den Räumen des

Schlosses unmittelbar zugängliche Galerie wird die Kapelle zweigeteilt und besitzt in jedem Stock eine eigene Apsis.
Die Bemalung der Apsiswölbung mit einem Gnadenstuhl erfolgte 1452 durch Nikolaus Kenntner, sämtliche übrigen Fresken – mit Ausnahme der vier Passionsbilder an der Südwand – schuf Simon von Taisten. Der Passionszyklus mit Geißelung, Dornenkrönung, Kreuzigung und Jüngstem Gericht dürfte Andrä Peuerweg um 1570 gemalt haben. Die Nordwand ist unten mit einem Marientod und dem Stifterehepaar Leonhard von Görz und Paula von Gonzaga verziert, oben ist eine Schutzmantelmadonna und über dem Eingang die Geburt Jesu dargestellt. Das Gewölbe zieren Kirchenlehrer und Evangelisten, der Schlußstein zeigt das Allianzwappen Görz-Gonzaga.
Der Altar im Unterchor stammt in seinem Mittelstück aus einem ehemaligen Flügelaltar. Dargestellt ist auf der Vorderseite die Geburt Christi, auf der Rückseite Christus vor Pilatus. Ergänzt ist dieses um 1500 entstandene Mittelstück mit den Flügeln des ehemaligen »Görzer Altars«. Zu sehen sind links Leonhard von Görz, rechts Paula von Gonzaga mit ihrem Töchterchen. Die Rückseiten zeigen den hl. Andreas und die hl. Elisabeth.
Auch der Rittersaal, der Hauptraum des Palas, birgt noch Anklänge an die romanische Entstehungszeit. Vor allem an der originalen Balkendecke sind noch Reste der romanischen Bemalung aus der Bauzeit erhalten. Museumsstück ist dagegen bereits das nahezu die gesamte Stirnfront bedeckende Fastentuch von Stefan Flaschberger aus Obermauern. Auf dem 1598 fertiggestellten Riesentuch ist in 42 Einzelszenen die gesamte Heilsgeschichte von der Erschaffung der Welt bis zum Jüngsten Gericht dargestellt. Besonders wertvoll ist das rund 34 qm große Tuch, weil sämtliche Stifter der einzelnen Szenen namentlich genannt und teilweise auch mit ihrem Wappen belegt sind. Vom Schöpfer dieses Fastentuches über weitere Osttiroler Künstler bis hin zu Albin Egger-Lienz reicht dann der Rahmen, der in Schloß Bruck ausgestellten Maler. Zusammen mit einer Volkskundeabteilung werden so Kunst und Kultur Osttirols vorbildlich dargestellt.

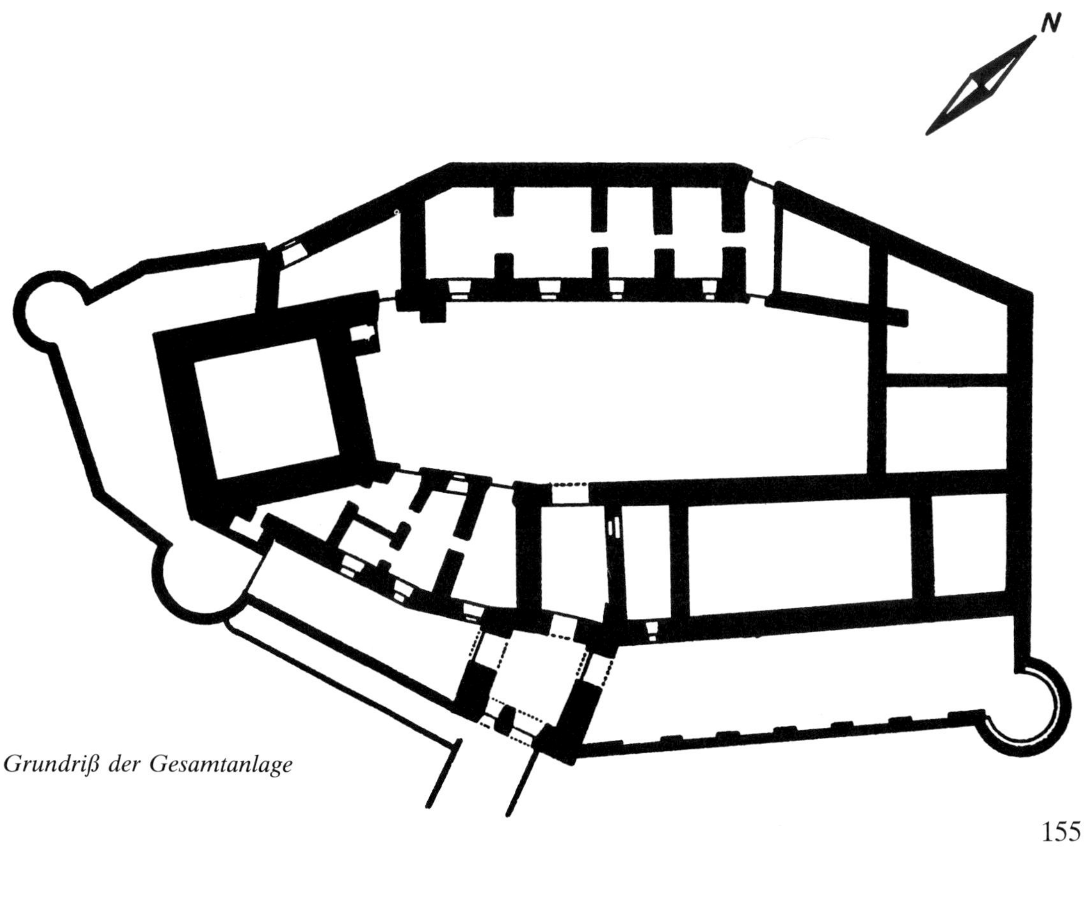

Grundriß der Gesamtanlage

Burg Heinfels

Eine Burg im »Dornröschenschlaf« ist Heinfels im Pustertal. Sie beeindruckt durch ihre beherrschende Lage hoch über dem Talboden. Die ausgedehnte Anlage wurde im 16. Jh. von den Görzer Grafen großzügig ausgebaut, doch hat davon heute leider niemand etwas, da der Privatbesitz langsam verfällt und auch nicht zugänglich ist.

Schloß Bruck ist sicher ein eindrucksvoller Bau, doch merkt man dies erst, wenn man unmittelbar davorsteht. Gerade umgekehrt verhält es sich bei Burg Heinfels am Westende des Osttiroler Pustertales. Ihre alten Mauern beherrschen zusammen mit dem Burghügel den gesamten Talboden, locken den Unkundigen von weitem an und lassen immer wieder Neugierige den steilen Anstieg hinaufschnaufen. Ganz anders als in Bruck laden dann aber nicht ein eindrucksvoller Innenhof und verwinkelte Burgkammern zur Besichtigung. Das Privateigentum eines Wiener Rechtsanwaltes hält seine Tore fest verschlossen. Dem Interessierten bleibt daher nur, ein wenig in der Geschichte »herumzukramen«.

Sie begann um die Mitte des 13. Jahrhunderts, als die Ministerialen von Heunfels am Ostrand der heutigen Anlage einen Bergfried und westlich daran angeschlossen einen zweiteiligen Palas errichtet hatten. Auf seiner Südhälfte war eine 1338 geweihte Kapelle eingebaut, die im 15. Jahrhundet auch noch ein Tonnengewölbe erhalten hatte. Um 1460 war sie mit Fresken ausgestattet worden, von denen noch einige Reste erhalten sind.

Um 1500 war die Burg landesfürstlich geworden. Die neuen Herren sorgten dafür, daß aus den bescheidenen Anfängen die respektable heutige Anlage wurde. Nun entstanden die schlanke Wendeltreppe zum Palas im Innenhof und die wohl durchdachten, komplizierten und ineinander verzahnten, um zwei Innenhöfe gruppierten Wehranlagen, die mit ihren eigentümlichen Schießscharten den verfeinerten Feuerwaffen Rechnung zu tragen versuchten. So wurde im Rondell an der Südwestecke eine Abschußplattform für gleich drei Geschütze geschaffen.

Immerhin war die Anlage noch bis weit ins 17. Jahrhundert hinein verteidigungsfähig, doch mußte sie ihre Wehrhaftigkeit nie ernsthaft unter Beweis stellen. Nach dem Abzug der Franzosen kam die Burg in private Hände, die häufig wechselten. Auch der heutige Besitzer ist nicht in der Lage, selbst für die Burg zu sorgen. Statt sie einer sinnvollen Nutzung zuzuführen, zieht er es vor, mögliche Besucher eine Burg im Dornröschenschlaf von außen bestaunen zu lassen.

Burgen der Ortenburger und Sternberger Grafen

Schloß Salamanca

Die Geburtsstunde für das heutige Spittal an der Drau schlug 1191, als die Ortenburger Grafen Otto II. und Hermann I. am Zusammenfluß von Drau und Lieser eine »capella cum hospitale« stifteten. Die aus Freising stammenden Grafen hatten ihre Stammburg am Fuße des Goldecks und eine Stadtresidenz am Platz des heutigen Salamanca-Schlosses. Bereits 1418 jedoch starb das reich begüterte Grafengeschlecht aus, so daß nach einigen Umwegen Kaiser Friedrich III. 1460 die Herrschaft übernehmen und als Pfand weitergeben konnte.
Für die alte Stadtresidenz der Ortenburger war es dann 1524 ein Glücksfall, daß der Spanier Gabriel Salamanca, der Generalschatzmeister von Erzherzog Ferdinand, den Besitz erwarb und 1527 den Neubau des Spittaler Schlosses begann. Bis 1597 bauten er und seine Söhne an dem wohl schönsten Renaissancebauwerk Österreichs.
Als die Salamanca 1639 ausstarben, erwarben die Kaufleute Gebrüder Widmann die Besitzung, verkauften sie jedoch bereits 1652 wieder an den Fürsten Johann Ferdinand von Porcia, der daraufhin seinen oberitalienischen Stammsitz Pordenone nach Spittal verlegte. Immerhin residierte die Familie Porcia bis 1915 in den vornehmen Renaissanceräumen. Seit 1930 ist das Schloß im Besitz der Stadt.
Nach den Vorbildern in Venetien und in der Lombardei ließ Gabriel Salamanca auf quadratischem Grundriß einen mächtigen, dreigeschossigen Kubus errichten. Obwohl der Architekt selbst unbekannt ist, liegt die Vermutung doch nahe, daß der Bauherr ihn aus Oberitalien geholt hatte. Dieser Architekt mußte die Reste älterer Wehrbauten (die kreisförmigen Türme an der Nordwest- und Südostecke) in seinen Neubau einbeziehen, ohne daß deshalb die auf Repräsentation angelegte Schloßarchitektur leiden durfte.
Für das Äußere löste der Baumeister die Aufgabe dadurch, daß er den gesamten Fassadenschmuck auf die Schauseite an der Nordfront konzentrierte. Sie gliederte er mit drei sich nach oben verjüngenden Rahmenpilastern, die Stockwerke betonte er durch breite waagerechte Gesimsbänder, auf denen die gleichmäßig angeordneten, im Mittelfeld zu dreien gebündelten Fenster aufsitzen. Genau im Zentrum öffnet sich das säulengerahmte und mit einem üppigen Aufsatz bekrönte Portal. Ein barocker Aufsatz entstand erst 1702 als Werk des Klagenfurter Stukkateurs Kilian Pittner. Zu sehen ist zunächst das Ortenburger Wappen mit Adler, Flügeln und Turm, darüber das Wappen der Porcia mit sechs Lilien. Eingerahmt sind die Wappen von allegorischen Männer- und Frauengestalten, Putti und einem reichen Rahmenwerk. Die wirkungsvolle Krönung des Ganzen bildet der Fürstenhut.
Seinesgleichen sucht dann das regelmäßige Geviert des dreigeschossigen, mit edlen Säulenlauben verzierten Innenhofes. Er erinnert an einen prunkvollen Saal mit dem Himmel als Decke und vereinigt Elemente eines Florentiner Palasthofes mit denen des Hofes in Schloß La Calahorra in der spanischen Sierra Nevada, das Lorenzo Vázquez bis 1512 für Don Rodrigo Diaz de Vivar y de Mendoza errichtet hatte. Interessanterweise waren Kapitelle, Türrahmungen und Zwickelfüllungen für das Schloß des Sohnes des berühmten spanischen Kardinals aus dem Friaul über Genua nach Andalusien gekommen. Geschaffen aber hatte die Werkstücke Giovanni Antonio Pilacorte aus Spilimbergo, also nicht allzuweit von Spittal entfernt. Vermutlich hat Salamanca diesen Pilacorte auf Empfehlung seiner spanischen Freunde kennengelernt und wohl auch für Arbeiten an seinem Schloß verpflichtet.

Allerdings ist dies nur für die Anfänge möglich, den Pilacorte starb bald nach 1531, während an einzelnen Werkstücken die Jahreszahlen zwischen 1542 und 1597 zu finden sind. 1539 jedenfalls bestimmte Salamanca testamentarisch, daß »mein Haus zu Spittal, welches, so es nit auspauet, fürderlich nach dem Modell, so ich zu Ortenburg gelassen, auspaut und vollendt soll werden«.
Die dreigeschossigen Arkadengänge des Innenhofes werden von Säulen mit korinthischen Kapitellen getragen und von Geländern aus Balustersäulen eingefaßt. Die Bogenzwickel sind mit Reliefs von Köpfen römischer Kaiser und mythischer Götter der Antike gefüllt. Pfeilersockel und Türrahmen sind mit Trophäen, musischen Allegorien und Medaillons bedeckt. Am reichsten ist die von einem Säulenpaar flankierte Tür im zweiten Obergeschoß verziert. Ihre Leibungen sind mit allegorischen, ornamentalen und figuralen Reliefs überreich geschmückt. Interessant sind auch die zwei hervorragend gearbeiteten Renaissancegitter, von denen das eine mit dem Vierpaßmuster italienischen, das andere mit dem Spiralenmuster deutschen Vorbildern verpflichtet ist. Das pompös stuckierte Wappenrelief an der Südwand wurde schließlich wiederum von Kilian Pittner erst 1702 geschaffen.
Von der Inneneinrichtung des Schlosses ließen die Wirren der Franzosenkriege leider kaum etwas übrig. Auch die um 1530 gearbeitete und mit Rosetten in den quadratischen Feldern verzierte Kassettendecke im Großen Saal ist nicht mehr original. Sie kam vielmehr erst 1866 aus dem Schloß der Georgsritter in Millstatt hierher. Die bemalte Decke im Nebensaal wurde gar erst 1879 von Martin Ladinik geschaffen. Zu sehen ist in der Mitte das große Wappen der Porcia, in der Kehlung 40 weitere Wappen adliger Geschlechter. Teile des Schlosses beherbergen heute ein Heimatmuseum mit Exponaten zu Volkstum und Geschichte Oberkärntens.

Ruine Landskron

Das Westende des Ossiacher Sees ist im Süden überragt von einer steilen, das Gebiet weithin beherrschenden Felsnase. Von ihr aus war zu allen Zeiten der Villacher Talboden hervorragend zu überwachen und zu beherrschen. Allein schon deshalb ist es nicht verwunderlich, daß Funde aus keltischer, römischer und langobardischer Zeit für Landskron eine Siedlungsgeschichte vermuten lassen, die bis in die Vorzeit reicht. Daß der Berg zudem eine bis ins 16. Jahrhundert hinein ausgebeutete Silbermine barg, steigerte seine Anziehungskraft sicher nicht wenig.
Greifbarer wird Landskrons Vorgeschichte mit einer Königsurkunde aus dem Jahre 878. Damals schenkte König Karlmann den Felsen und sein Umland dem bayerischen Kloster Altötting. Von dort aus wurde der Besitz zur Gründung des Klosters Ossiach genutzt. Vögte dieses Klosters waren die späteren Grafen von Sternberg, von denen es in der Kärntnerischen Chronik von Jakob Unrest heißt: »Die Grafen von Sternberg haben das Schloß Landskron zuerst gebaut und es zum Jagersberg genannt.« Wie deren Burg allerdings aussah, konnte bis jetzt nicht eruiert werden.
Als die Sternberger Grafen um 1330 ausstarben, verkaufte Abt Volkmar von Ossiach Landskron am 25. Juli 1351 an Herzog Albrecht II. von Habsburg. Der Handel kam den Habsburgern um so gelegener, als sie 1335 die Landesherren von Kärnten geworden waren und ihnen noch ein Zentrum zur Dokumentation ihrer Macht fehlte. Folgerichtig installierten sie auf Landskron als erstes ein eigenes Landgericht.
Die Burg selbst ging zeitweise als Pfand an die Grafen von Cilli, dann an die Herren von Stubenberg, dazwischen amtierten Pfleger. 1511 schließlich schenkte Kaiser Maximilian I. die Burg dem Millstätter St. Georgs Ritter-Orden. Daß dies keine sehr glückliche Tat war, zeigte sich 1542, als die Burg abbrannte und die Ordensritter nicht imstande waren, sie

◁ *Schloß Salamanca in Spittal an der Drau ist der wohl schönste Renaissancebau Österreichs. Der Blick in den dreigeschossigen, mit edlen Säulen und Lauben verzierten Innenhof verrät, mit welchem Ehrgeiz hier bis 1597 gebaut wurde und dabei florentinische und spanische Elemente verarbeitet wurden. Nach den Salamanca erwarben die Porcia aus Oberitalien das Schloß und bewohnten es bis 1915.*

Die Burg und das spätere Schloß Landskron hoch über dem Westende des Ossiacher Sees diente zunächst der Sicherung des Klosters Ossiach, dann ab 1351 den Herzögen von Habsburg zur Darstellung ihrer landesherrlichen Macht. Zum Familienschloß wurde die alte Anlage ab Mitte des 16. Jh. ausgebaut. Leider gerieten dann aber die Besitzrechte in die Wirren von Reformation und Gegenreformation, das Schloß selbst begann zu verfallen. 1812 machte ein Blitz die einst so stolze Anlage endgültig zur Ruine.

wieder aufzubauen. Der Kaiser mußte deshalb froh sein, daß der damalige Landeshauptmann von Kärnten, Christoph Khevenhüller zu Aichelberg, Landskron am 8. Juli 1542 um 6000 Gulden kaufte und sich verpflichtete, die Burg wiederaufzubauen.
Diesmal scheint die Rechnung aufgegangen zu sein, denn schon am 31. Oktober 1543 erhielt Khevenhüller vom Kaiser das Prädikat »von Landskron« verliehen, bis 1552 waren die alten Mauern so zum Schloß ausgebaut, daß der Landeshauptmann Kaiser Karl V. in seinem neuen Schloß bewirten konnte. Als Christoph Khevenhüller 1557 starb, setzte sein Sohn Bartlmä die väterliche Bautätigkeit zielstrebig fort und baute Landskron zum gleichermaßen wohnlichen wie wehrhaften Familienschloß aus. Aus einem Inventarverzeichnis von 1582 geht hervor, daß es auf der Burg damals immerhin zwei komplette Prunkrüstungen für Mann und Roß, 12 Rüstungen, 115 Landsknechtharnische, zwei große Kanonen, 11 kleine Kanonen, 241 Hakenbüchsen und neben vielem anderen Material auch noch 258 Pulverhörner gab.
Darüber hinaus gelang es Bartlmä Khevenhüller, die alte Rivalität zwischen der Stadt Villach und der landesfürstlichen Burg beizulegen. Dadurch wurde Landskron zum Mittelpunkt des gesellschaftlichen Lebens, an dem nun auch der Bischof von Bamberg, zu dessen Diözese Villach damals noch gehörte, regen Anteil nahm. Um das Schloß völlig autark zu machen, wurde ab 1584 in zehnjähriger Bauzeit sogar noch eine rund 150 m tiefe Brunnenfassung gebohrt, die praktisch bis zum Grundwasser des Talbodens reichte. Bis um 1600 hatte sich Landskron so zum prunkvollen und luxuriösen Herrensitz im Stil der Renaissance »gemausert«.
Dennoch war bei allem Gedeihen bereits der Keim des Unterganges auf Landskron aufgegangen. Der weltoffene Bartlmä Khevenhüller war nämlich protestantisch geworden, hatte im Schloß eine eigene Druckerei eingerichtet und nahezu 16 000 evangelische Bibeln drucken und verteilen lassen. Zunächst schadete ihm das wenig. Noch im März 1613 waren Erzherzog Ferdinand und Maximilian zu Gast, doch als Bartlmä im August desselben Jahres starb, zeichnete sich kommendes Unheil bereits ab. Als einziger seines Geschlechts durfte er nicht in der Grabkapelle der Familie in Villach beigesetzt, sondern mußte in der Schloßkapelle begraben werden. Wohl konnte sein Sohn Hanns das Erbe noch ungehindert antreten, doch fiel auch er unter den landesfürstlichen Erlaß vom 1. August 1628, demzufolge der evangelische Adel Kärntens zur Auswanderung und zum Verkauf der Besitzungen gezwungen wurde. Hanns Khevenhüller verschlug es nach Nürnberg, von wo er versuchte, sein heimatliches Schloß zu verkaufen.
Ein Gutes hatte – zumindest für uns heute – die kalte Enteignung aber doch. Zur Wertermittlung wurde eine genaue Bestandsaufnahme gefertigt, aus der hervorging, daß das Schloß 1628 von einer doppelten Ringmauer mit sieben Türmen umgeben war, daß das Hauptgebäude vier Stockwerke hoch war, daß es einen hohen Schloßturm gab und daß die Wehrtürme wohl ausgebaut waren. Auf dem Schloßturm gab es ein »schönes kostbares Horn von großen zinnernen Pfeifen, welches gar nach Villach in die Stadt gehört worden ist«. Dieses »Horn« dürfte eine ähnliche Windorgel gewesen sein, wie sie heute noch von der Feste Hohensalzburg täglich tönt.
Der gleichen Aufstellung zufolge, war auch die Innenausstattung des Schlosses recht kostbar. Die Räume waren voll von »kunstreichen Möbeln, Kleinodien und Kunstwerken seltener Art«. Allein die Rüstkammer mit ihren »metallenen und eisernen Stücken« (Kanonen) wurde auf 60 000 Gulden geschätzt. Der Wert der Gesamtbesitzung wurde mit 142 801 Gulden bewertet.
Mit dem Verkauf des teuren Anwesens (für einen Gulden bekam man damals immerhin zwei Schweine) wollte es allerdings nicht vorangehen. Grund dafür waren die Jesuiten, die 1598 in Millstatt die Rechtsnachfolge des St. Georgs Ritter-Ordens angetreten hatten. Obwohl die Rechtslage völlig eindeutig war, wandten sie ein, daß der Verkauf von

Landskron an Christoph Khevenhüller 1542 zu Unrecht erfolgt sei und Landskron deshalb ihnen zustehe.
Nicht zuletzt wohl aus Verzweiflung über diesen versuchten Rechtsmißbrauch der Vorreiter der Gegenreformation trat Hanns Khevenhüller 1631 in das Heer des Schwedenkönigs Gustav Adolf ein und lieferte damit der kaiserlichen Seite den Vorwand zu einem Hochverratsprozeß gegen ihn. Auch wenn sich die Kaiserlichen an ihm selbst nicht mehr rächen konnten (Hanns Khevenhüller starb an den Folgen einer Verwundung am 4. August 1632), nutzten sie den Prozeß doch zur Beschlagnahmung aller Güter und Besitzungen. Alles zusammen wurde 1639 von der kaiserlichen Hofkammer um 90 000 Gulden an den Grafen Siegmund Ludwig zu Dietrichstein verkauft.
Noch aber tobte der Dreißigjährige Krieg, und wer Sieger sein würde, stand noch keineswegs fest. Auf der einen Seite kämpften die Erben von Hanns Khevenhüller um ihren Besitz, auf der anderen Seite mußte Dietrichstein fürchten, ihn wieder zu verlieren. Alles zusammen aber sorgte dafür, daß das einst so stolze Schloß zu verfallen begann. Erst im Friedensvertrag vom 24. Oktober 1648 wurde auf Betreiben des schwedischen Königs bestimmt, daß den Erben Khevenhüllers alle durch die Beschlagnahmung eingezogenen Güter vollständig zurückzugeben seien.
Einmal mehr aber wurde damit die Rechnung ohne den Wirt gemacht. Was so klar geregelt schien, wurde von der kaiserlichen Hofkammer mit allen juristischen Tricks über 67 Jahre hinweg hintertrieben, bis die Erben 1715 endgültig aufgaben. Die Rettung für Landskron kam aber auch dadurch nicht mehr. Die Dietrichsteiner hatten das Schloß längst aufgegeben und für seine Erhaltung nichts mehr getan. Nach und nach wurden die zugehörigen Ländereien verkauft, das Schloß selbst diente bald als Steinbruch. Als 1812 ein Blitz auch noch die Dächer einäscherte, konnte nichts mehr den Verfall aufhalten. Heute beherbergt die Ruine ein Restaurant und eine Falknerei.

Burgen der Salzburger Bischöfe II

Die bischöfliche Residenz auf dem Petersberg

Als der Salzburger Erzbischof Gebhard (1060–1088) kurz nach 1075 daran ging, die strategisch wichtigen Punkte seines Erzstiftes zu befestigen, vergaß er auch keineswegs Friesach als seinen wichtigsten Stützpunkt im Südosten seines Herrschaftsbereiches. Immerhin konnte er von hier aus eine der wichtigsten Nord-Süd-Strecken der Ostalpen kontrollieren, über die die Handelsströme von Salzburg, Linz und Wien zum Balkan und nach Italien gingen. Vor diesem Hindergrund hatte schon Ludwig der Deutsche 860 dem Salzburger Erzbischof Adalwin den Hof »Friesah« geschenkt.
Um für mögliche schlimme Auswirkungen des Investiturstreites gerüstet zu sein, ließ Erzbischof Gebhard ab 1077 auf dem Friesacher Petersberg eine Burg errichten, die im Notfall als Ausweichresidenz dienen sollte. Zwischen 1124 und 1130 vergrößerte und verschönerte Erzbischof Konrad I. diese Burg und machte sie erstmals zu einer Zweitresidenz. Wie wichtig Konrad I. diese Zweitresidenz war, ist allein schon daran abzulesen, daß er ab 1125 hier die Friesacher Pfennige schlagen ließ, die sich schnell zur weithin anerkannten Währung entwickelten und bis zum Ausgang des Mittelalters im Umlauf waren.
Das neue Zentrum lockte bald die Größen der Zeit an. So weilte 1170 Kaiser Barbarossa hier, 1192 suchte Englands König Richard Löwenherz Zuflucht und 1224 gab es gar eine Versammlung praktisch aller geistlichen und weltlichen Fürsten zwischen Donau und Adria. Anlaß war zwar die Schlichtung eines Streites zwischen dem Kärntner Herzog Bernhard von Sponheim und dem Markgrafen Heinrich von Istrien, doch nutzte man die günstige Gelegenheit gleich zu Turnieren, an denen gut 600 Ritter teilnahmen. Weil auch der Minnesänger Ulrich von Liechtenstein anwesend war und darüber berichtete, wurde das Ereignis überliefert.
Jahrhunderte vergingen mit insgesamt 13 verheerenden Feuersbrünsten, drei großen Pestepidemien, Besetzung und Zerstörung durch böhmische, habsburgische, türkische, ungarische und zuletzt französische Truppen. Die Franzosen waren es denn auch, die 1797 die Burg auf dem Petersberg endgültig zerstörten. Noch einmal sechs Jahre dauerte es dann, bis die Salzburger Bischöfe ihren Besitz 1803 endgültig an Österreich verloren.
Lange vor der ersten Burg Bischof Gebhards gab es auf dem Friesacher Petersberg schon Bauwerke. Das erste war vermutlich der von König Ludwig dem Deutschen 860 verschenkte Hof, das zweite dürfte die 927 erwähnte kleine Kirche gewesen sein. Der Hof selbst ging dann auf in der ab 1077 errichteten Burg von Bischof Gebhard.
Von dieser ersten Burg auf dem Friesacher Petersberg sind noch zwei rechteckige Bergfriede erhalten. Der eine markiert den höchsten Punkt des Berges, der zweite versteckt sich hinter dem großen romanischen Bergfried von Erzbischof Konrad I. Dieser, in der ersten Hälfte des 12. Jahrhunderts errichtete Wehr- und Wohnturm war mit den Außenmaßen 14,8×9,8 m für die damalige Zeit allein deshalb schon ein Koloß, weil er auch noch sechs Geschosse hoch aufragte. Dazu gehörte außerdem noch ein heute nahezu ganz verschwundener Palas.
Bergfried wie Palas waren nach dem Bericht des Biographen von Bischof Konrad I. so luxuriös ausgestattet, daß sie eher für einen kaiserlichen Palast denn für einen Bischofssitz gehalten werden konnten. Prunkstück des Bergfriedes war die im vierten Geschoß gelegene zweijochige, mit Tonne und Stichkappen gewölbte Kapelle. Ihre Apsis kragte an der Ostseite dort vor, wo seit dem 14. Jahrhundert eine Wand mit Spitzbogenfenster eingezogen ist.

Die Kapelle war bereits zu Bischof Konrads Zeiten bemalt, doch ist von dieser Bemalung nichts erhalten. Auch von einer zwischen 1200 und 1210 erfolgten Neubemalung sind nur spärliche Reste erhalten. Gerade noch zu erkennen sind an der Nordwand der Einzug Christi in Jerusalem, an der Südwand das Abendmahl und an der Altarwand der hl. Rupert und der hl. Virgil. Die Westwand zeigt Maria auf dem Thron Salomons, und der die beiden Joche trennende Gurtbogen enthält Apostelmedaillons. Diese Fresken sind aller Wahrscheinlichkeit nach ein Werk des Meisters der Gurker Westempore. Auftraggeber war Erzbischof Eberhard II. (1200–1246). Ihre besondere Bedeutung erhalten die Freskenreste dadurch, daß die Darstellung Marias auf dem Thron Salomons die älteste erhaltene Darstellung dieses Themas im Abendland ist.
Ein Schatzkästlein für sich könnte die kleine Peterskirche an der steilen Südostspitze der Bergnase sein, wäre der spätkarolingische Bau nicht mit gotischen und barocken »Überarbeitungen« verändert worden. Interessant ist jedenfalls, daß der Grundriß des Kirchleins fast genau der um 930 entstandenen Grabeskirche Heinrichs I. in Quedlinburg entspricht. Wie dort reiht sich auch auf dem Petersberg an das quergelegte, rechteckige Schiff ein kreuzgewölbtes Chorquadrat mit Halbkreisapsis.

Burg Hochosterwitz

Zu den imposantesten Burgen Österreichs gehört zweifellos die auf einem steil aufragenden, freistehenden und gut 150 m hohen Kalkfelsen thronende Burg Hochosterwitz oder Astarvizza, wie man bis ins 12. Jahrhundert schrieb. Schon diese Schreibweise verrät, daß der felsige Zuckerhut bereits in keltischer Zeit als Fluchtburg benutzt worden war. Im Mittelalter nämlich stand das doppelte Z für ein scharfes S, sodaß sich aus dem Namen leicht das keltische Wort tarviss herausholen läßt. Das wiederum ist nichts anderes als die Vorstufe für die »tauriscae«, wie die Römer später die Bewohner der Hohen und Niederen Tauern nannten. Sie gaben denn auch der Fluchtburg ihren Namen Arx taurisca (Taurisker-Feste).
Alt ist nicht nur der Name, sondern auch die Geschichte der Burg. So wurden Scherben von Tongefäßen aus der jüngeren Steinzeit sowie aus der Hallstatt- und der La-Téne-Kultur gefunden. Die älteste auf Hochosterwitz gefundene Fibel (Gewandnadel) stammt aus der Bronzezeit (1200 v. Chr.), die jüngste verlor ein Römer. Als die Römer mit Virunum die Hauptstadt ihrer neuen Provinz Noricum errichtet hatten, stand auf dem Bergkegel noch ein Heiligtum der alten illyro-keltischen Gottheit Belinus.
Als König Ludwig der Deutsche dem Salzburger Erzbischof Adalwin den Hof in Friesach schenkte, gehörte zu der gleichen Schenkung auch ein Hof bei Osterwitz (curtis ad Astaruizza), der Burgberg selbst scheint damals aber »leer« gewesen zu sein. Wann genau auf Hochosterwitz die erste mittelalterliche Burg entstand, ist nicht bekannt. Gesichert ist lediglich, daß der Berg bis in die Mitte des 12. Jahrhunderts hinein den Salzburger Bischöfen gehörte, die dort eine Burg hatten und es als Lehensträger einen Grafen Ceizolf von Spanheim mit dem Beinamen von Osterwitz gab.
Ein neues Kapitel begann für die Burg gegen Ende des 12. Jahrhunderts, als sie in den Besitz des Landesfürsten überging. Damals errichtete Herzog Bernhard von Kärnten in St. Veit seine landesfürstliche Residenz und ernannte die Herren von Osterwitz zu seinen Mundschenken. Zu dieser Zeit gab es auf Hochosterwitz einen quadratischen Bergfried, einen kleinen Palas und eine Burgkapelle. Als Sicherung gab es das »Alte Tor« (das heutige vierte Tor) und eine Befestigung am Südhang.
Als am 30. Mai 1478 Hans Schenk von Osterwitz als letzter seines Stammes starb, kam Hochosterwitz als anheimgefallenes Lehen wieder an den Kaiser. Maximilian I. überließ

die Burg bereits 1509 pfandweise dem Gurker Bischof Matthäus Lang. Vor allem seiner Tatkraft war es zu verdanken, daß die Burg erhalten wurde und unbeschädigt an Christoph Khevenhüller übergehen konnte, dem König Ferdinand I. das Vorrecht für die Pfandeinlösung eingeräumt hatte. Derselbe Khevenhüller, der Burg Landskron zum Renaissanceschloß ausbauen ließ, trat am 22. November 1541 nach dem Tod von Matthäus Lang in dessen Rechte ein und machte sich sofort an einen umfassenden Ausbau. Jetzt entstanden die ersten der damals neu im Festungsbau verwendeten Bastionen als Schutz gegen die verfeinerten Feuerwaffen. Der Baumeister könnte nach einigen Indizien Domenico dell'-Aglio, einer der besten Festungsbauingenieure jener Zeit, gewesen sein.
Als Christoph Khevenhüller 1557 starb, übernahm sein Sohn Johann das Pfand (sein Bruder Bartlmä erhielt Landskron) und errichtete die Wirtschaftsgebäude am Fuß des Burgberges. Seinem Vetter Georg Khevenhüller, seines Zeichens Landeshauptmann und Geheimer Rat von Erzherzog Karl, gelang es dann am 18. März 1571, das Pfand von Erzherzog Karl käuflich zu erwerben und der Burg bis 1586 ihre heutige Gestalt zu geben.
Nicht umsonst verkündet eine Marmorgedenktafel von 1576 im Burghof, daß Georg Khevenhüller »diese Burg für sein Haus, aus eigenen Mitteln wieder instandgesetzt, mit Mauern umgeben, Bollwerken versehen und einem Zeughaus ausgerüstet« habe. All dies geschah, wie an einer anderen Gedenktafel am siebten Tor zu lesen ist, um »eine allgemeine Schutzfestung gegen den allgemeinen Feind« zu erhalten. Gemeint waren damit die Türken, gegen die Khevenhüller in der Steiermark und in Ungarn gekämpft hatte. Immerhin sorgte er dafür, daß mit den auf Hochosterwitz gelagerten Waffen ungefähr 700 Mann ausgerüstet werden konnten.
Zwar wurden 1626 auch die Erben Georg Khevenhüllers von Hochosterwitz vertrieben, doch gelang es ihnen, anders als ihren Verwandten in Landskron, auf ihren Besitz zurückzukommen und ihn bis heute in der Familie zu erhalten.
Ihre heutige Form erhielt Burg Hochosterwitz im 16. Jahrhundert im wesentlichen unter drei Bauherren. Den Anfang machte Erzbischof Matthäus Lang in kaiserlichem Auftrag, Christoph Khevenhüller setzte die Anstrengungen als Landeshauptmann fort und sein Neffe Georg baute schließlich nach dem Kauf der Anlage im Jahre 1571 ganz in privater Eigeninitiative. Seinen Anstrengungen vor allem ist zu danken, was heute den eigentlichen Reiz von Hochosterwitz ausmacht: die insgesamt 14, in 13jähriger Bauzeit zum Schutz des Burgweges errichteten Torbauten.
Diese Tore sind nicht nur einmalig in ganz Österreich, sie haben darüber hinaus auch noch jeweils eine andere Auslegung. Jedes Tor ist je nach Aufgabe unterschiedlich gestaltet, unterschiedliche Verzierungen mit Reliefs, Sgrafitti und Wandmalereien verraten darüber hinaus die Liebe des Bauherren zum künstlerischen Detail. Jedes Tor ist so ein kleines Kastell für sich mit Verteidigungseinrichtungen zum eigenen Schutz und des davor gelagerten Tores. Weil der von den Toren geschützte Zugang zur Burg zudem so geschickt an und in den Berg gelegt wurde, daß jede natürliche Verteidigungshilfe genutzt wurde, wäre einem möglichen Angreifer nichts anderes übriggeblieben, als sich den Weg mühsam von Tor zu Tor erobern zu müssen. Daß er dabei auch noch von allen Seiten dem Beschuß durch die Burgbesatzung ausgesetzt gewesen wäre, versteht sich von selbst. Mit der Fertigstellung des letzten Tores war die Burg jedenfalls uneinnehmbar geworden.
Je nach Lage, Aufgabe oder Ausstattung hat jedes Tor von Anfang an seinen eigenen Namen. Das erste am Ende des Parkplatzes heißt Fähnrichtor nach der Freskomalerei auf beiden Seiten des Tores, die zwei fahnenschwingende Landsknechte zeigt. Das Tor selbst ist aus weißem Kalkstein und grünem Schiefer gestaltet, der Schlußstein trägt ein Relief mit dem Jesuskind, einem Lamm und einer Fahne. Fertiggestellt wurde das Tor 1580, der darüber angebrachte Wappenstein der Khevenhüller mit der Jahreszahl 1575 kam erst später an diesen Platz. Original ist dagegen noch das eisenbeschlagene Tor, das ursprünglich

bemalt war und als Türklopfer einen bronzenen Widderkopf hatte. Der graue Reliefstein an der rechten Seite des Tores zeigt Margarethe Maultasch und erinnert damit an die Sage, nach der die Tiroler Herzogin Hochosterwitz vergeblich belagert habe.
Das kurz darauf folgende zweite Tor heißt Wächtertor. Es ist ganz an die steile Felswand gebaut und hat ein Plateau, von wo aus Steinbrocken auf Angreifer hinuntergeworfen werden konnten. Der Schlußstein dieses Tors ist mit einem Christuskopf verziert und 1577 datiert.
Durch das kleine, 1583 fertiggestellte Nautor geht es hinauf zu Tor Nummer vier, dem Engelstor. Es ist äußerst geschickt so auf einen Felssporn gesetzt, daß es auf der Bergseite durch den überhängenden Hang und auf der Talseite durch steile Abstürze hervorragend geschützt ist. Das Tor beherbergte eine eigene Wachmannschaft, die im Obergeschoß schlief und ihre Vorräte in einem eigenen Keller hatte. Das letzte Stück des Zugangs zum Tor war als Zugbrücke ausgebildet. Der Marmorschlußstein über dem Torbogen zeigt ein Engelsrelief und nennt das Jahr 1577 für die Fertigstellung.
Auch Tor Nummer fünf, das Löwentor, war nur über eine Zugbrücke erreichbar. Seinen Namen bekam es von den einst auf den eisenbeschlagenen Torflügeln gemalten Löwen. Diesmal zeigt der Schlußstein ein Kreuz, darüber ist eine Spruchtafel mit einem Christusrelief eingebaut. Fertiggestellt wurde dieses Tor 1577.
Das sechste Tor ist das Manntor, mit dem der Feind buchstäblich in die Falle gelockt werden sollte. Der Zutritt zur tonnengewölbten Durchfahrt nämlich ist unversperrt, doch konnte die Durchfahrt von allen Seiten beschossen werden. Ein möglicher Aggressor mußte zudem versuchen, das Tor gegen sich zu öffnen und kam dann voll in den Beschuß vom siebten, dem Khevenhüllertor. Sein Torbogen hat eine schöne Renaissanceumrahmung. Der Schlußstein von 1580 zeigt das Khevenhüller Wappen. Das Relief darüber enthält das Brustbild des Bauherrn. Georg Khevenhüller ist als Armeeführer mit Kommandostab, aber ohne Helm dargestellt. Gesichert ist das Tor auf der Vorderseite mit einem zweiflügeligen Tor, auf der Rückseite mit einem großen Fallgitter.
Zum nahezu unüberwindbaren Hindernis ist Tor acht, das Landschaftstor, gestaltet. Es steht auf einer kleinen Schlucht, die mit einer Zugbrücke passierbar gemacht ist. Sollte es nun dem Feind gelungen sein, das äußere Tor überwunden zu haben, stand er zum einen vor einem gähnenden Abgrund, zum anderen diente die hochgezogene Zugbrücke der Verstärkung des inneren Tores. Den Unterbau dieses Tores errichtete noch Christoph Khevenhüller, das Obergeschoß wurde 1570 unter Georg Khevenhüller aufgesetzt. Der Wappenstein zeigt das Kärntner Landeswappen.
Nach dem Landschaftstor erzwingt der Berg eine Kehrtwendung des Weges, wobei der nun so angelegt ist, daß er von oben auf voller Länge beschossen werden konnte. Die Tore neun, zehn und elf hatten daher nur die Aufgabe, zusätzliche Hindernisse auf dem Weg zu sein. Vom zehnten Tor aus konnte zudem hervorragend auf den darunterliegenden Weg zwischen Tor sieben und Tor acht geschossen werden.
Noch einmal ein äußerst schwierig zu überwindendes Hindernis ist Tor zwölf, das Brükkentor, mit dem wiederum ein tiefer Graben zum Einbau einer weiteren Zugbrücke genutzt wurde. Wer das Tor dennoch überwunden hätte, wäre dann voll in den Beschuß der darüberliegenden Hauptbastion geraten. Nach dem Brückentor macht der Weg neuerlich eine Spitzkehre und teilt sich vor Tor dreizehn, dem Kirchentor. Rechts vorbei konnten die Gläubigen der umliegenden Gemeinden die kleine Kirche erreichen, ohne daß deshalb der gesamte Zugang zur Burg offengehalten werden mußte. Tor dreizehn und vierzehn genügten schließlich in normalen Zeiten immer noch, um die Kernburg völlig abzuriegeln.
Die Kirche erhielt ihre heutige Form ebenfalls unter Georg Khevenhüller. Er hat die Marmorumrahmung des Haupttores wohl aus Italien importiert. Dargestellt sind seitlich

Erstes Tor am Aufgang zur Hochosterwitz, das sog. Fähnrichstor.

Blick in die Renaissance-Ausmalung der Burgkapelle mit der Darstellung des Letzten Abendmahls.

Die auf einem steil aufragenden, freistehenden und gut 150 m hohen Kalkfelsen thronende Burg Hochosterwitz ist sicher die imposanteste Burganlage Österreichs. Wo noch heute nicht weniger als 14 einzelne Torbauten den einzigen Zugang zur Hochburg sichern, stand im 12. Jh. eine Ministerialenburg der Herzöge von Kärnten. Daraus wurde bis 1586 Dank der Tatkraft der Familie Khevenhüller die heutige Anlage.

Büßer und Büßerinnen, im Querbalken die Brustbilder von Christus und den zwölf Aposteln. Der Altar des Kirchleins entstand 1729 in einer St. Veiter Werkstatt.
Das vorletzte und dreizehnte Tor, das Kirchentor, sollte vor allem als Ausfalltor für die Kernmannschaft dienen. Kam die Verteidigungsmannschaft hier in Bedrängnis, konnte sie unmittelbar von oben aus der Hauptburg verstärkt werden.
Das vierzehnte und letzte Tor, das Kulmertor, ist noch einmal mit allen Raffinessen der damaligen Verteidigungsmöglichkeiten gespickt. Vor dem Tor galt es, eine tiefe, quadratische Grube zu überwinden, dann die hochgezogene Zugbrücke zu durchbrechen und schließlich noch das Tor zu sprengen. Die Zugbrücke funktionierte darüber hinaus nicht einfach über Ketten, sondern war als »pont à bascule« ausgebildet. Dabei hing die Brücke an einem Waagebalken. Wurde das innere Ende des Waagebalkens verriegelt, konnte das Hindernis nur durch Zerstörung der gesamten Brücke beseitigt werden.
Half das alles noch nichts, konnte unmittelbar vor dem Tor noch ein spitzer Fallbaum herabgelassen werden. Im Inneren des Tores sorgten Gußlöcher für siedendes Öl und brennendes Pech für einen warmen Empfang, und mit einem Fallgitter wurde sichergestellt, daß beide auch genügend wirksam waren. Erst wenn auch noch das mit dicken Querbalken verriegelte innere Tor gesprengt und der anschließende Beschuß aus der Kernburg überlebt war, hätte ein möglicher Angreifer Zugang zur »Haupt-Vestung« gehabt.
Die eigentliche Hochburg entstand im wesentlichen im ersten Drittel des 16. Jahrhunderts, Renovierungen und Zubauten gab es 1575 und 1576. Der südliche Teil mit der Treppe und dem oberen Laubengang wurde auf Fundamenten der alten Brüstungsmauer um 1673 errichtet. Im kleinen (unteren) Burghof befindet sich ein rund 15 m tiefer Ziehbrunnen, der wahrscheinlich den Standort des alten Belinus-Heiligtums markiert. Einen zweiten, knapp 13 m tiefen Ziehbrunnen gibt es in der Nordecke des großen (oberen) Burghofes.
Rechts von ihm duckt sich am rekonstruierten Wehrgang die kleine Burgkapelle. Sie ist 1321 erstmals als Nikolauskapelle genannt und erhielt ihre jetzigen Wand- und Deckenfresken 1570. Der Altar ist Kärntner Knorpelwerk und entstand 1673. Links vom Altar präsentiert ein Holztafelbild Georg Khevenhüller mit seinen beiden Frauen Sibilla Weitmoser und Anna Turzo sowie die sieben Kinder.
Der alte Palas dient heute als Museum, in dem die von Napoleon übrig gelassenen Teile der alten Rüstkammer, Ahnenbilder, historische Gemälde und Urkunden aus dem Familienbesitz der Khevenhüller ausgestellt sind.

Register

Orte

(*Kursiv* gesetzte Zahlen beziehen sich auf Abbildungen)

Personen

Literatur in Auswahl

Überregionale Darstellungen

Amonn, Walther/Voithenberg, Günther: Burgen, Schlösser und Ansitze in Südtirol[2], München, Gütersloh 1985
Arx, Karl: Burgen und Schlösser in Bayern, Österreich und Südtirol, Bozen 1979
Attems, Franz/Koren, Johannes: Schlösser und Burgen der Steiermark, Innsbruck, Stuttgart 1986
Beckel, Lothar/Stenzel Gerhard: Von Burg zu Burg in Österreich, Wien 1973
Bracharz, Elisabeth: Die Burgen im unteren Inntal, Innsbruck 1966
Clavadetscher, Otto/Meyer, Werner: Das Burgenbuch von Graubünden, Zürich 1984
Ebner, Herwig: Burgen und Schlösser im Ennstal und Murboden, Wien 1982
Hauswirth, Fritz: Die schönsten Burgen und Schlösser der Schweiz, Kreuzlingen 1977
Hotz, Walter: Kleine Kunstgeschichte der Deutschen Burg, Darmstadt 1979
Maier, Dieter: Bayerische Königsschlösser, Luzern 1988
Meili, Hermann: Burgen, Schlösser und Burgherrengeschlechter der Ostschweiz, Trogen 1970
Meyer, Werner: Das große Burgenbuch der Schweiz, Zürich 1977
Moro, Gobert u. a.: Kärntner Burgenbuch, Klagenfurt 1976
Petzet, Michael: König Ludwig und die Kunst, München 1968
Plechl, Pia Maria: Traumschlösser, Wien 1979
Ribi, Hilde: Graubündens Schlösser und Paläste, Chur 1974
Schlegel, Walter/Zaisberger, Friederike: Burgen und Schlösser in Salzburg, St. Pölten 1978
Trapp, Oswald: Tiroler Burgenbuch, Bozen 1972ff.
Weingartner, Josef/Weingartner-Hörmann, Magdalena: Die Burgen Tirols[3], Innsbruck, Wien, Bozen 1981

Zu Einzelobjekten

Anderes, Bernhard: Werdenberg, St. Gallen 1983
Czerwenka, Fritz: Hellbrunn, Salzburg 1987
Daxer, Josef: Der Schloßpark Matzen und seine Umgebung, Brixlegg 1987
Ebner, Lois: Schloß Bruck bei Lienz, Lienz 1985
Egg, Erich: Die Hofkirche in Innsbruck, Innsbruck 1974
Fanzum, Christian/Müller, Iso: Schloß Tarasp, München 1982
Fuhrmann, Franz: Schloß Moosham, München 1984
Gell, Ernst: Aus der Baugeschichte des Schlosses Sargans, Mels 1968
Görlich, Walter: Die Geschichte des Schlosses Landskron in Kärnten, Klagenfurt 1986
Haug, Walter u. a.: Runkelstein, die Wandmalereien des Sommerhauses, Wiesbaden 1982
Petzet, Michael/Hoyer, Gerhard: Schloß Linderhof, München 1974
Innerhofer, Josef: Taufers – Ahrn – Prettau[2], Bozen 1982
Kollreider, Franz: Schloß Bruck, Innsbruck 1956
Kreisel, Heinrich: Schloß Hohenschwangau, München 1987
Ludwig, Rudolf: Maria Stein, Salzburg 1978
Malfer, Viktor: Die Triaden auf Schloß Runkelstein, Bozen 1967
Malfer, Viktor: Schloß Maretsch, Bozen 1980
Masser, Achim: Die Iwein-Fresken von Rodeneck, Brixen 1980
Mohler, Hans: Das Domleschg mit Heinzenberg und Rhäzüns, Bern, Stuttgart 1965
Müller, Iso: Die Herren von Tarasp, Disentis 1980
Petzet, Michael/Neumeister, Werner: Die Welt des bayerischen Märchenkönigs. Ludwig II. und seine Schlösser Neuschwanstein, Linderhof, Herrenchiemsee, München 1980
Nothdurfter, Hans: Schloß Tirol, Bozen 1986
Poeschl, Erwin: Die Kunstdenkmäler des Fürstentums Liechtenstein, Basel 1950
Rasmo, Nicolo: Runkelstein, Bozen 1975
Rasmo, Nicolo: Schloß Tirol, Bozen 1970
Scheicher, Elisabeth: Die Kunst und Wunderkammer der Habsburger, Wien 1979
Scheicher, Elisabeth: Schloß Ambras, Innsbruck 1981

Schlegel, Walter: Festung Hohensalzburg, Salzburg 1983
Stampfer, Helmut: Schloß Prösels, Völs 1986
Theil, Edmund: Burg Reifenstein bei Sterzing[2], Bozen 1981
Theil, Edmund: Schloß Velthurns bei Brixen[3], Bozen 1984
Theil, Edmund: St. Stephan bei Morter, Bozen 1986
Trapp, Oswald: Churburg, München 1986
Ulmer, Andreas: Schloß Feldkirch Schattenburg, Feldkirch 1916
Vallaster, Christoph: Schattenburg, Dornbirn 1984
Zallinger, Adelheid: Die Trostburg, Bozen 1978

Bildnachweis

Sämtliche Farbaufnahmen von Dieter Maier, außer: Beckel, Lothar, Bad Ischl: S. 149 (Luftaufnahme freigegeben v. BMfLV mit Zl. RAbtB 7/68/73), S. 169 (Luftaufnahme freigegeben v. BMfLV mit Zl. RAbtB 9531/73)
Stadtverkehrsbüro Salzburg: S. 131, S. 142 unten

Nachweis der Pläne

Anderes, Bernhard, Werdenberg: S. 23; Ebner, Lois, Schloß Bruck bei Lienz: S. 155; Hojer, Gerhard, Schloß Linderhof: S. 53; Nothdurfter, Hans, Schloß Tirol: S. 89; Petzet, Michael u. Hojer, Gerhard, Schloß Neuschwanstein: S. 48; Die profanen Denkmale der Stadt Salzburg: S. 133; Trapp, Oswald, Tiroler Burgenbuch: S. 66; Weingartner, Josef, Tiroler Burgenkunde: S. 112, 122, 124; Weingartner, Josef u. Weingartner-Hörmann, Magdalena, Die Burgen Tirols[3]: S. 105, 114, 129

Großformatige
Bild- und Landschaftsbände
für alle, die Freude
an schönen
Büchern haben:

Ursula Pfistermeister

Oberpfalz

3. Aufl., 104 Seiten, 46 Farbtafeln, Leinen
„Blendend schöne Landschafts- und Ortsaufnahmen sowie ein einfühlsamer Text mit detaillierten historischen und landeskundlichen Informationen."
Bayerische Blätter für Volkskunde, Würzburg

Bernd J. Weigand
Harry Weigand

Franken

Ein Bildband und Reiseführer
175 Seiten, mit Gebietskarten und 50 Farbtafeln, Leinen
„Mehr als 150 Städte und Ortschaften werden vorgestellt, dabei wurde mit viel Liebe zum Detail vorgegangen. – Ein in jeder Hinsicht vorbildliches Buch."
Westfälische Nachrichten

Bernd J. Weigand
Harry Weigand

Unterwegs in Bayerisch-Schwaben und im Allgäu

Landschaft, Kunst, Geschichte
180 Seiten, 50 Farbtafeln, Leinen
„Landschaft, Kunst und Geschichte werden sachkundig und sehr anschaulich vermittelt. Hilfreich – besonders für die Besucher – die übersichtlichen Gebietskarten und ein umfangreicher Anhang mit zahlreichen touristischen Hinweisen."
Münchner Merkur

In allen Buchhandlungen

Verlag Friedrich Pustet Regensburg